# 中國學術思想

研究輯刊

## 十七編

林慶彰 主編

## 第 18 冊

### 關洛學派思想關係研究
### ——以張載、二程爲主

張金蘭 著

花木蘭文化出版社

國家圖書館出版品預行編目資料

關洛學派思想關係研究——以張載、二程為主／張金蘭 著 --
初版 -- 新北市：花木蘭文化出版社，2013〔民 102〕
目 4+200 面；19×26 公分
（中國學術思想研究輯刊 十七編；第 18 冊）
ISBN：978-986-322-408-2（精裝）
1. 理學
030.8                                            102014745

ISBN-978-986-322-408-2

9 789863 224082

中國學術思想研究輯刊
十七編　第十八冊　　　　　　　ISBN：978-986-322-408-2

## 關洛學派思想關係研究——以張載、二程爲主

作　　者　張金蘭
主　　編　林慶彰
總 編 輯　杜潔祥
出　　版　花木蘭文化出版社
發 行 所　花木蘭文化出版社
發 行 人　高小娟
聯絡地址　235 新北市中和區中安街七二號十三樓
　　　　　電話：02-2923-1455／傳眞：02-2923-1452
網　　址　http://www.huamulan.tw 信箱 sut81518@gmail.com
印　　刷　普羅文化出版廣告事業
封面設計　劉開工作室
初　　版　2013 年 9 月
定　　價　十七編 34 冊（精裝）新台幣 60,000 元

本書是國家社科基金重大招標項目
「張載文獻集成與理學研究」階段性成果

# 關洛學派思想關係研究
## ——以張載、二程為主

張金蘭　著

## 作者簡介

張金蘭，女，1970 年出生於內蒙古集寧市。1995 年畢業於陝西師範大學歷史系，同年，任教於內蒙古集寧師專。1999 年在北京師範大學研究生班進修，2000 年返校開始承擔「中國政治思想史」教學。自此，與中國傳統思想文化結下深厚情緣。2004 年師從陝西師範大學哲學系林樂昌先生研修中國哲學。2010 年取得中國哲學博士學位。這期間，先後在國內刊物（包括《中國哲學史》）發表多篇論文。2011 年起，在內蒙古師範大學哲學系從事中國哲學教學與研究。

## 提　要

　　本文以張載與二程為主，對關學與洛學之間的思想關係作了比較全面系統的研究。文章在收集整理文獻的基礎上，以時間為主線，將關洛關係分為兩個階段：一是張載本人與二程交往和論學的階段；二是張載去世後，二程批評借鑒張載思想的階段，這兩個階段所涉及的主要問題構築起一個較為全面的關洛思想關係。文章一方面對以往經常涉及的老問題，如張載與二程的學術淵源問題，張載與二程對「窮理盡性以至於命」的討論，二程對張載「清虛一大」的批評等，從新的角度給予分析，使研究更為清晰而深透；另一方面對以往沒有引起關注的問題，如張載、二程京師論易，張載、程頤對「勿忘勿助」的討論，二程對張載心性思想的繼承與發展等，給予重視並進行了詳細地論證。對關洛學派關係研究而言，文章不但從廣度而且從深度都拓展了研究的視閾。

目

次

# 緒　論

## 一、研究現狀概述

### （一）研究現狀

　　在對關洛學派關係研究做概述之前，有必要對關學、洛學及其學派關係等概念做出界定，這不僅有助於說明本文的研究範圍，而且有助於對研究現狀的概括。對於「關學」的界定，學界存在爭議。〔註1〕本文所謂的關學，指的是張載在關中創立的道學學派；洛學則是指程顥、程頤在洛陽創立的道學學派。關洛學派關係，簡稱關洛關係，主要是指張載與二程在創立學派的過程中，相互交往，彼此論學，由此而產生的思想影響。它至少涉及兩個階段：一是張載與二程的交往論學階段；二是張載去世後，二程批評與借鑒張載思想的階段。〔註2〕如果具體化，這兩階段包括三種關係，即「所謂的」關學與洛學的學術淵源關係；張載與二程的生平交往關係；張載與二程的思想互動關係。這些方面互相聯繫，共同構成關洛學派之間的多維結構關係。概括而言，本文研究的範圍主要指張載與二程在創立學派過程中所形成的多種關係。

〔註1〕對關學的界定，學界存在兩種看法：例如張岱年認為：所謂關學，有兩層意義，一是指張載學說，二是指關中地區的學術思想。（陳俊民：《張載哲學思想及關學學派》，張岱年序。）概括起來，可以將關學分成廣義與狹義兩種。廣義的關學是指宋明理學思潮中由張載創立的一個重要學派，是宋元明清時代今陝西關中地區的理學。狹義的關學指的是北宋時期張載在關中地區創立的道學學派。

〔註2〕在關洛學派關係的第二階段中，關學弟子呂大臨與蘇昞等人在學派思想的互動中扮演重要角色，他們就工夫等問題求教於二程，甚至進行專題討論，但是由於他們之間的關係擴充的範圍較大，使論文論題變得更多更寬，駕馭起來更複雜，所以為了集中論述張載與二程的思想關係，二程與張載弟子的關係便不在本文論述的範圍之內，待以後再作專文補充。

關學與洛學是理學產生時期的兩大主要學派。〔註3〕在學派創立過程中，他們的密切交往對其學說形成產生何種影響，是研究北宋思想的重要內容之一。張載與二程作爲理學的奠基者和關、洛學派的創始人，在中國哲學史的研究中受到學者的普遍關注，但是關於關洛學派關係的研究則較爲薄弱，其論述散見於中國哲學史的某些著作中。如果以時間爲界，二十世紀五十年代以前，關於關洛關係的研究很少。在僅有的幾部哲學史與理學史的專著中，基本沒有涉及張載與二程的思想關係，而只是對他們的思想做分別論述。〔註4〕五十年代以後，涉及關洛關係的論著開始出現，尤其是近二十年來，隨著對宋明理學研究的不斷深入，張、程之間的思想關係愈來愈受到學者們的重視，涉及關洛關係的研究成果不斷問世。這些研究主要集中在研究張載與二程的專著中；另外，在哲學史、儒學史、易學史、理學史中或多或少、或深或淺對關洛關係都有所涉及。如果將這些著作歸類，一部分是將「關洛關係」作爲一節或一章的內容來論述，另一部分則沒有單列章節，只是隨具體問題散落在文中。以下選擇單獨羅列「關洛關係」（張、程關係）與論說有獨到之處的論著做簡單敘述，以便瞭解關洛關係研究的現狀。

首先，在研究張載的專著中，〔註5〕張岱年《張載——十一世紀中國唯物

---

〔註3〕 在後世所謂的濂、洛、關、閩四學派中，濂學在當時並沒有形成規模。張載說：「濂溪之學，舉世不知，……惟程太中始知之。」朱熹說：「濂溪在當時，……無有知其學者。」全祖望說：「元公弟子甚少。」《宋元學案・濂溪學案》（黃宗羲全集版・第三冊），第600頁，第634頁，第642頁。由此可見，與關學、洛學相比，濂學確實沒有形成規模。

〔註4〕 謝無量：《中國哲學史》（寫於1906年），胡適：《中國哲學史》（寫於1919年），馮友蘭的《中國哲學史》（二卷本），（寫於1930年），呂思勉的《理學綱要》（寫於1927年），陳鍾凡：《兩宋思想述評》（寫於1933年），都沒有涉及關洛關係。（日）渡邊秀方：《中國哲學史概論》（日本大正十三年，公元1924年出版，劉侃元譯，臺北：臺灣商務印書館，1977年版），在橫渠一節的結論中涉及張、程關係，認爲：張、程「互相推重，互相啓發」，第30頁。

〔註5〕 研究張載的專著大體有15部。大陸有七部著書：張岱年：《張載——十一世紀中國唯物主義哲學家》，湖北人民出版社，1956年。姜國柱：《張載的哲學思想》，遼寧人民出版社，1982年，及《張載關學》，陝西人民出版社，2001年。陳俊民：《張載哲學思想及關學學派》，人民出版社，1986年。程宜山：《張載哲學的系統分析》，學林出版社，1989年。龔傑：《張載評傳》，南京大學出版社，1996年。丁爲祥：《虛氣相即——張載哲學體系及其定位》，人民出版社，2000年。楊立華：《氣本與神化》，北京大學出版社，2008年。三部論文集：陝西省哲學學會主編：《氣化之道——張載哲學新論》，陝西人民教育出版社，1992年。萬榮晉等主編：《關學與南冥學研究》，西安地圖出版社，2000

---

主義哲學家》〔註6〕是最早介紹張載生平及思想的小冊子，寫成於1955年。此書有兩點值得注意：一是提到張載與二程的學說淵源關係時，認爲「程頤的說法比較公平」。〔註7〕二是涉及張、程的思想關係時，認爲二程反對張載的唯物論學說，對「清虛一大」進行批評；同意張載的倫理學，對《西銘》很贊許。〔註8〕張著以「唯物論」界說張載思想，對後來學界產生很大影響。姜國柱《張載的哲學思想》是改革開放以來最早涉及關洛關係問題的論著。其中「關學與洛學」一節，從宇宙論、認識論、人性說和道德學說等方面對關洛思想（張、程思想）進行比較與論述。姜著認爲：在宇宙觀方面二程反對張載以「清虛一大爲天道」；在人性論與道德說方面張、程基本是一致的；在認識論方面張、程是大同小異。其結論是「張、程之間互相啓發、互相學習，當然又不盡相同」。〔註9〕對張載與二程的學說淵源關係而言，認爲：不能說關學「發之」洛學，〔註10〕明確反對以往的成見。此著的不足在於簡單地陳述。陳俊民《張載哲學思想及關學學派》是研究關學思想的一部專著。其中專門論述關學思想源流、關學的洛學化。此著對張、程的學說淵源關係進行了詳細地論證，得出結論認爲：張載之學不出於二程，張載之學既無直接師承，也無間接私淑，是通過對儒經的「苦心力索」，獨立創造的。〔註11〕在張、程思想互動方面認爲二者「互相影響、互相吸收。」〔註12〕此著的不足之處在於論證分析不夠詳細。丁爲祥《虛氣相即──張載哲學體系及其定位》中，有「張載與二程──關洛學旨之異」一章，主要從地域差別、思想傳承、思想的不同架構、二程對《西銘》的

---

年。趙吉惠、劉學智主編：《張載關學與實學研究》，社會科學文獻出版社，2004年。兩部博士論文：胡元玲：《張載易學及道學研究》，北京大學博士論文，2004年。王帆：《張載哲學體系》，山東大學博士論文，2007年。臺灣：黃秀肌《張載》，（臺）東大圖書公司，1987年。朱建明：《張載思想研究》，（臺）文津出版社，1990年。一部以英文研究張載的專著：（美）葛艾儒：《張載的思想（1020～1077）》，上海古籍出版社，2010年。

〔註6〕此書收錄在《張岱年全集》（第三卷），河北人民出版社，1996年。（本論文的正文及附錄中引用同一書，只在第一次引用時列出該書的出版者、出版年，以後該兩項省略。）

〔註7〕張岱年：《張岱年全集》（第三卷），第237頁。

〔註8〕張岱年：《張岱年全集》（第三卷），第274～275頁。

〔註9〕姜國柱：《張載的哲學思想》，遼寧人民出版社，1982年，第172頁。

〔註10〕姜國柱：《張載的哲學思想》，第170～184頁。另外，姜在《哲學研究》（1982年第9期）有專文論述「關學與洛學」。

〔註11〕陳俊民：《張載哲學思想及關學學派》，人民出版社，1986年，第10頁。

〔註12〕陳俊民：《張載哲學思想及關學學派》，第5頁。

表彰與對《正蒙》的批評等方面對張、程關係進行了分析。具體內容包括對「識仁」與「定性」的討論；對「窮理盡性以至於命」的解析；二程對《西銘》的表彰與對《正蒙》的批評。主要觀點認爲張、程之間「表現爲一種頗爲複雜的關係。就精神指向上說，張載與大程更爲接近；……從理論規模上看，張載與小程又頗爲一致。」〔註13〕此著優點在於：並未簡單地對比張、程的異同，而是從學理本身出發，對張、程之間的相同、相異進行深入分析，以揭示他們各自的特點與關懷面向。尤其是對張、程在學理上的關係，分析較爲透徹，使得關洛關係研究進一步深化。此著是目前關於關洛關係論述最爲具體細緻且極具哲理思辨的著作。不足之處在於這些內容只作爲全書的一章，論述並未完全展開，可謂點到爲止。〔註14〕另外，有一部英文專著，即葛艾儒《張載的思想（1020～1077）》，其中有一小節涉及張、程關係，內容比較簡單，主要寫了二程對張載氣論的批評以及對《西銘》的表彰。〔註15〕

其次，在研究二程的專著中，〔註16〕最早涉及關洛關係的是徐遠和《洛

---

〔註13〕 丁爲祥：《虛氣相即──張載哲學體系及其定位》，人民出版社，2000 年，第 245 頁。

〔註14〕 丁爲祥：《虛氣相即──張載哲學體系及其定位》，第 203～245 頁。

〔註15〕 葛艾儒：《張載的思想（1020～1077）》，上海古籍出版社，2010 年，第 157 頁。

〔註16〕 研究二程專著大體有 25 部：大陸有十八部：十五部著書：姚名達：《程伊川年譜》，商務印書館，1936 年。管道中：《二程研究》，中華書局，1937 年。劉象彬：《二程理學基本範疇研究》，河南大學出版社，1987 年。徐遠和：《洛學源流》，齊魯書社，1987 年。盧連章：《二程學譜》，中州古籍出版社，1988 年。潘富恩、徐餘慶：《程顥程頤理學思想研究》，復旦大學出版社，1988 年。龐萬里：《二程哲學體系》，北京航空航天大學出版社，1992 年。程鷹《伊洛學派及其教育思想》，教育科學出版社，1993 年。蔡方鹿：《程顥程頤與中國文化》，貴州人民出版社，1996 年。潘富恩：《程顥程頤評傳》，廣西教育出版社，1996 年。徐洪興：《曠世大儒──二程》，河北人民出版社，2000 年。盧連章：《程顥程頤評傳》，南京大學出版社，2001 年。溫偉耀：《成聖之道──北宋二程修養功夫論研究》，河南大學出版社，2004 年。黃錦君：《二程語錄語法研究》，四川大學出版社，2005 年。郭曉東：《識仁與定性》，復旦大學出版社，2006 年。三部論文集：河南社科院哲學所主編：《二程思想研究文集》，河南人民出版社，1986 年。河南哲學學會編：《洛學與傳統文化》，求實出版社，1989 年。趙金昭主編：《二程洛學與實學研究》，學苑出版社，2005 年。臺灣有四部：鄧玉祥：《二程教育思想》，臺灣廣文書局，1973 年。李日章：《程顥‧程頤》，東大圖書公司，1986 年。張德麟：《程明道思想研究》，臺灣學生書局，1987 年。張永儁：《二程學管見》，東大圖書公司，1988 年。外國有一部，已譯成中文：葛瑞漢：《中國的兩位哲學家──二程兄弟的新儒學》，大象出版社，2000 年。

學源流》，此書的獨到之處是將洛學與關學的關係分爲兩個時期：張載身前是「程、張切磋學問的時期」；張載死後，則是洛學批判吸收關學和關學洛學化的時期」，並認爲「張載寫成《正蒙》等著作，標誌著關學已經最終形成，二程除《定性書》以外，都不是這個時期寫成。洛學尚在形成過程中，並未最終確立。」〔註17〕這些論斷，較爲符合歷史事實。其不足在於論述到「定性」、「識仁」、「清虛一大」等具體內容時，卻非常簡單。盧連章《二程學譜》在「二程與周敦頤、張載的關係」一節中除了簡單介紹二程與張載的生平交往之外，在思想關係方面認爲：在宇宙論方面二程反對張載的氣本論，堅持「理本論」；在認識論方面，二程與張載基本觀點一致，在「窮理盡性以至於命」的問題上有分歧。〔註18〕盧連章《程顥程頤評傳》有「二程理學與張載關學」一節，其觀點與《二程學譜》同。〔註19〕潘富恩、徐餘慶《程顥程頤理學思想研究》有一節「宋代理學的形成及二程與其他學派的關係」認爲：張載的思想對二程深有影響，……張載提出的許多命題，經二程擴充與發展後，成爲宋代理學思想體系最基本、最重要的命題。〔註20〕龐萬里《二程哲學體系》有一節「與關學的關係」。其中的觀點有：關學的創立早於洛學，關學形成之時，洛學處在形成的過程中；《西銘》中的民胞物與思想就是「仁者，渾然與物同體」；張載的天地之性、氣質之性、天理、人欲、民胞物與等理論和命題，經過二程的改造，成爲二程理學體系中的重要理論和命題。〔註21〕程鷹《伊洛學派及其教育思想》在二程思想淵源中認爲：張載關於人性論的論述直接影響了二程的人性論，在認識論方面，聞見之知與德性之知也被二程所吸收。〔註22〕蔡方鹿《程顥程頤與中國文化》有「二程洛學與張載關學」一節，指出除氣本論哲學外，二程基本上對張載持肯定態度，並從中加以吸取。……二程在吸取借鑒關學思想的基礎上，也豐富和發展了洛學。〔註23〕徐洪興《曠

〔註17〕徐遠和：《洛學源流》，齊魯書社，1987年，第20～23頁。

〔註18〕盧連章：《二程學譜》，中州古籍出版社，1988年，第171～176頁。

〔註19〕盧連章：《程顥程頤評傳》，南京大學出版社，2001年，第45～52頁。

〔註20〕潘富恩：《程顥程頤理學思想研究》，復旦大學出版社，1988年，第84頁。

〔註21〕龐萬里：《二程哲學體系》，北京航空航天大學出版社，1992年，第37～43頁。

〔註22〕程鷹：《伊洛學派及其教育思想》，教育科學出版社，1993年，第6～7頁。

〔註23〕蔡方鹿：《程顥程頤與中國文化》，貴州人民出版社，1996年，第254～256頁。

世大儒──二程》中有「論衡關學」一節，主要觀點認爲「關學的形成，略早於洛學，而洛學的影響卻大於關學。」〔註24〕以上論著中的這些觀點都較爲中肯，但不足之處在於對張、程思想關係論述很簡單。溫偉耀《成聖之道：北宋二程修養功夫論研究》與郭曉東《識仁與定性》從工夫論的角度對程顥哲學思想進行了深入研究。前者在論述程顥「一本」境界時，涉及到「識仁」與「定性」的問題；〔註25〕後者有「識仁與定性」一章涉及到張載與程顥的哲學關係。〔註26〕他們的優點在於：將張、程關係引入更爲哲學化的研究進程；其不足在於偏重從程顥的角度看問題，而忽略了張載一方，有時甚至以程解張。葛瑞漢《中國的兩位哲學家：二程兄弟的新儒學》是一部研究二程思想的英文專著。在「附錄三」介紹了「張載與二程的關係」認爲：張載的著作幾乎沒有提到二程，而二程的著作卻常常提到張載，如果以一方倚重另一方來解釋兩者的關係，我們幾乎不能不給張載以較爲優先的地位。事實上，更爲可能的是他們之間相互影響。〔註27〕這些說法，都較爲客觀。

再次，在思想史、哲學史、儒學史、易學史、理學史的研究專著中，侯外廬主編《中國思想通史》（1959年）是解放後最早涉及關學與洛學關係的論著。在「關學學風與張載的哲學思想」中有一節「關洛學術異同的爭辯」，其中包括張、程的學術聯繫，對太虛的批評，對《西銘》的肯定，對「窮理盡性以至於命」的不同解釋等。並指出按照道學的正統觀念，關學是洛學的一個分支，但這和歷史實際不盡符合。〔註28〕此觀點明確反對長期以來，在關、洛地位的認定問題上所存在的不合理現象，即以洛學爲前、關學爲後的時序倒錯的現象，這是在客觀研究關洛關係時必須認眞對待的問題。侯外廬等主編《宋明理學史》有「張載與二程的關係」一節，除了增加介紹他們的生平交往之外，其他方面與前書基本相同。其結論是「張載的思想對二程深有影響。二程從張載那裏吸取了不少東西，如理一分殊，天地之性與氣質之性的理論。張載提出的一些命題，經二程的擴充、發展，成爲理學思想體系的最

〔註24〕徐洪興：《曠世大儒──二程》，河北人民出版社，2000年，第211頁。
〔註25〕溫偉耀：《成聖之道：北宋二程修養功夫論研究》，河南大學出版社，2004年，第21～51頁。
〔註26〕郭曉東：《識仁與定性》，復旦大學出版社，2006年，第109～146頁。
〔註27〕葛瑞漢：《中國的兩位哲學家：二程兄弟的新儒學》，大象出版社，2000年，第251頁。
〔註28〕侯外廬：《中國思想通史》，人民出版社，1959年，第562～570頁。

基本的、最重要的命題」，〔註29〕並認為：綜觀張、程的思想，很難看出張載
對二程的因襲之處。〔註30〕這些論斷很具啓發性。不足之處在於沒有展開論
述。唐君毅《中國哲學原論‧原教篇》可謂研究宋明理學的專著，在「程明
道之無內外，徹上下之天人不二之道」一章中有「二程之學與橫渠之學的異
同問題」、「橫渠之言知心之所從來與二程之言心具天德」、「橫渠學中之定性
問題與明道定性書之核心義」三節，對張、程在天人、心性等問題上的異同
進行了極富哲學思辨的分析。總結說：「程子之學無論其自覺不自覺，吾人皆
可說之為乃以橫渠之學之所終，為其學之所始，而轉以疑橫渠之學之所自始
者。此即由橫渠之學至程子之學之一歷史發展，足見程、張之學之同而異，
異而未嘗不通，而程亦更進於張者。」〔註31〕唐著從公平客觀出發，結論極
具說服力。向世陵《理氣性心之間——宋明理學的分系與四系》有一節「『生
之謂性』與張、程之間」，〔註32〕對張、程的性論作了很透徹的論述。

　　最後，對一些雖然沒有單獨羅列關洛（張、程）關係，但對張、程關係有
獨到見解的論著做簡單介紹。蒙培元《理學範疇體系》在各個範疇中幾乎都涉
及到張、程在學理上的關係，其中多有精闢論述。陳來的《宋明理學》在論述
程顥的識仁與定性的問題中提出「程顥的仁學受到《西銘》」的影響。〔註33〕
余敦康《內聖與外王的貫通——北宋易學的現代闡釋》從易學的角度對張、程
思想（尤其是本體論方面所進行的建構）給予深入分析。〔註34〕崔大華《儒學
引論》在「性理之學」一章中對張、程思想關係（包括本體、心性思想等）多
有論及，〔註35〕其論證精細而深入。牟宗三《心體與性體》是研究宋明理學的
專著，他將宋明理學分為三系，張載與程顥被歸為一系。在論述程顥思想中涉
及到「識仁」、「定性」、「窮理盡性以至於命」的解析，極富哲學思辨。〔註36〕

〔註29〕侯外盧、張豈之、邱漢生：《宋明理學史》，人民出版社，1984 年，第 125～
　　　　126 頁。
〔註30〕侯外盧、張豈之、邱漢生：《宋明理學史》，第 92 頁。
〔註31〕唐君毅：《中國哲學原論‧原教篇》，中國社會科學出版社，2005 年，第 82
　　　　頁。
〔註32〕向世陵：《理氣性心之間——宋明理學的分系與四系》，人民出版社，2008 年，
　　　　第 40～64 頁。
〔註33〕陳來：《宋明理學》，華東師範大學出版社，2004 年，第 64 頁。
〔註34〕余敦康：《內聖與外王的貫通——北宋易學的現代闡釋》，學林出版社，1997
　　　　年，見第七章與第八章。
〔註35〕崔大華：《儒學引論》，人民出版社，2001 年，見丙篇：三、性理之學。
〔註36〕牟宗三：《心體與性體》（中），上海古籍出版社，1996 年，第 178～205 頁。

韋政通《中國思想史》對「定性」有比較獨特的看法，認爲程顥對張載的提問「是從境界上說，可謂答非所問」。〔註37〕勞思光《新編中國哲學史》對「定性」的問題也有說明，他認爲這反映了張載與程顥在聖人境界上的不同，一個是「窮神知化」，一個是「立大公心」。〔註38〕以上這些內容，重要的特點是將張、程思想關係向縱深方向推進，對於從事哲學史研究而言，最值得借鑒。

另外，有大量的論文（包括博士、碩士論文），在研究宋明理學或者張載、二程、呂大臨、朱熹等人物思想時，涉及到關學與洛學的關係，其中也有很多值得借鑒之處。筆者將隨文引注，此處不再贅述。

### （二）存在問題

從以上研究成果中可以看到，過往的研究雖然從不同方面爲我們提供了參考與借鑒，而且愈來愈重視張、程之間在思想上的承接與轉進，但是在關洛學派關係的研究上仍然存在問題。首先，多數論著對張、程關係只作平面敘述或僅僅對比異同。這樣不足以展示關洛關係的範圍與深度，也使得研究不夠開闊深入。其次，目前的研究比較零散，大多散落在相關論著中，而沒有做專題研究，這就使得問題不夠集中，無法全面系統地瞭解關洛關係。第三，多數論著提出的論點缺乏足夠的論證，只是提綱挈領而已，缺少細緻地分析與詳細地論證，可以說是論斷多於論證。第四，論著多注重人物思想本身的研究，而缺乏從人物思想關係的角度入手研究問題。思想關係的研究反映的是學派思想的交點，從交點出發看問題，將會產生新的視角，得出與人物研究不盡相同的結論。第五，目前的研究大都抽離掉了具體的時代語境，以至於不能使張、程之間的論題盡可能還原，難以有效地說明關洛關係的全貌。所以，對於全面的關洛關係來說，目前的研究仍然處於薄弱狀態。

## 二、選題意義及寫作程序

### （一）選題意義

由於以上問題的存在，全面解決關洛學派關係的問題就成爲一個很值得作專項研究的課題。所以，本選題的意義在於：

一、關洛關係作爲宋明理學的主要內容之一是個老問題，但其中經常涉

---

〔註37〕韋政通：《中國思想史》，上海書店出版社，2003 年，第 783 頁。
〔註38〕勞思光：《新編中國哲學史》（卷三上），廣西師範大學出版社，2004 年，第 161～162 頁。

及的問題並沒有完全被解決。最典型的例子就是關洛學派思想淵源問題，最早對這一問題評說的是二程弟子。他們的主張是「關學出於洛學」，〔註39〕南宋朱熹認為：「橫渠之學，是苦心得之，乃是『致曲』，與伊川異」。〔註40〕朱熹雖肯定「橫渠之學，實亦自成一家」，但仍認為「其源則自二先生發之耳」。〔註41〕這幾乎成為定論。二程弟子之所以認為張載「學於」二程，可能是為了維護學派門戶；朱熹將這種不符合歷史事實的觀點作為定論加以維護，則可能是出於建立「道統」的需要。雖然程頤以及後世一些學者對這一觀點持否定態度，〔註42〕但張、程之間這種不符合歷史事實的學術淵源關係仍然被傳延下來。直到現在因為受這種成見的影響，使得張、程關係研究仍不能回復正常狀態，這就需要對這些老問題，包括張載與二程的學術淵源問題，以及張載與二程對「窮理盡性以至於命」的討論，二程對張載「清虛一大」的批評等等給予重新論證，以便使問題更加明晰化。

　　二、關洛關係也是一個新問題，雖然學術界關於宋明理學的研究在不斷拓展與深化，但是對於關洛關係卻沒有進行全面系統研究，以至於仍有很多問題沒有引起關注，例如張載、二程京師論易，張載、程頤對「勿忘勿助」的討論，二程對張載心性思想的繼承與發展等等，這些則需要給予重視並進行深入分析，以便擴大關洛關係研究的範圍與深度。所以，關洛關係仍然是一個「值得專門研究的課題」。〔註43〕

〔註39〕呂大臨寫《橫渠先生行狀》有張載「見二程，盡棄其學」之語。《二程集》，中華書局，2004 年，第 414 頁。二程弟子楊時直接說：「橫渠之學，其源出於程氏，而關中諸生尊其書，欲自為一家。」朱熹：《伊洛淵源錄》（《朱子全書》第十二冊），上海古籍出版社，2002 年，第 1002 頁。游酢也說：「張子厚友而師之」。《二程集》第 334 頁。二程弟子認為張載學於二程。

〔註40〕黃宗羲、全祖望：《宋元學案》（黃宗羲全集版・第三冊），浙江古籍出版社，2006 年，第 926 頁。

〔註41〕朱熹：《伊洛淵源錄》（《朱子全書》第十二冊），第 1002 頁。

〔註42〕程頤說：「表叔（指張載）平生議論，謂頤兄弟有同處則可，若謂學於頤兄弟則無是事」。《二程集》第 414～415 頁。程頤的觀點很明確，張載之學雖與他們兄弟有相同的地方，但張載之學不出於二程。南宋陳亮則說：「橫渠張先生崛起關西，深思力行而自得之。視二程為外兄弟之子，而相與講切，無所不盡。」《陳亮集》《伊洛正源》序，中華書局，1987 年，第 252 頁。明清之際黃宗羲認為：橫渠之學並非轉手於二程。《宋元學案》（黃宗羲全集版・第三冊），浙江古籍出版社，2006 年，第 37 頁（序）。這些觀點則更接近歷史事實。

〔註43〕林樂昌：《20 世紀張載哲學研究的主要趨向反思》，《哲學研究》，2004 年，第 12 期。

三、宋明理學是當今中國哲學史研究的熱點與難點之一。雖然研究成果不斷問世，但有待進一步研究的問題仍然很多。隨著研究不斷深化與細化，從新的角度、新的視域，用新的方法、新的理論從事研究，已經成爲中國哲學史所面臨的重要任務。正是基於這一研究趨勢，「關洛學派思想關係研究」試圖從一個新的角度對理學創立時期兩大重要學派的學術互動、思想脈絡予以梳理、分析、論證，使人們對這一領域有更爲系統而又清晰地把握。

### （二）寫作程序

首先，解決文獻來源的問題。若要全面把握關洛關係，所要做的第一項工作就是文獻的來源。任何論點的論證都必須依託於文獻，否則將是空論。關洛關係的建構與分析也必須建立在文獻收集的基礎上。《二程集》中涉及關學的材料較多。《程氏遺書》中有三大卷都是關學弟子所記錄。《洛陽議論》（1077 年）爲蘇昞所記，是最早的二程語錄，朱熹將其編在《遺書》卷十。《東見錄》（1079 年）是呂大臨所記，被牟宗三稱爲最有價值的語錄〔註44〕，編在《遺書》卷二，分成上下兩卷。《入關語錄》（1080 年）是程頤在關中講學時關學弟子集體的記錄，編在《遺書》卷十五。這三大卷語錄加起來約有 300 條（《洛陽議論》35 條，《東見錄》（上下）168 條，《入關語錄》196 條），包括的內容極其豐富。另外散落在《遺書》與《外書》其他卷中的內容也不少。直接與張載及其弟子相關的語錄，《遺書》與《外書》合計大約有 150 多條。《程氏文集》中涉及關學的內容有九篇，其中有著名的《答橫渠先生書》（《定性書》）等。另外從《張載集》中摘錄出涉及二程的內容，大約有十條。將這些文獻彙錄起來，就成爲研究關洛關係的基本文獻。

其次，在文獻的基礎上，構築問題框架。依據以上文獻，大體可以將這些材料劃歸以下幾類，宇宙論哲學：具體涉及道體論、天人關係、氣化論、自然現象。心性論思想：具體涉及心性關係、知論、命遇問題。工夫論思想：具體涉及定性問題的討論、勿忘勿助的討論、窮理盡性以至於命的討論、識仁工夫、中和問題的討論，以及人物品評、聖賢氣象等。另外，還有人物交往；對佛教的批評；《西銘》等；「政術」則包括論政、論禮、論井田；不好歸類的合併爲「雜說」。如果將這些歸類的問題再以時間爲序，劃歸在兩個階段中，即張載與二程學術交往階段；張載去世後，二程對張載思想借鑒時期，

---

〔註44〕牟宗三認爲：呂大臨所記語錄「既重要而分量又最多」。見《心體與性體》（中），
　　　　第 1 頁。

這樣，關洛關係包涵的具體內容就從縱橫兩方面全方位地呈現出來。

再次，框架形成之後，需要充分的論證。有了架構，就需要補充豐富的內容，這樣才能形成關洛關係的全貌。所以對以上文獻進行更爲客觀地、合理地、深入地分析與研究，將是本文重要的趨向。

另外，在寫作過程中，大體運用了以下研究方法。第一，運用歷史與邏輯結合的方法。既要把哲學家置於特定的歷史環境中進行考察，以理清發展淵源和發展脈絡；又要從他們各自獨立的理論體系中，探尋他們哲學思想發展的獨特性。運用歷史的方法有助於清晰的理順各學派的來龍去脈；運用邏輯的方法有助於深入分析各學派的特點與相互關係。第二，詮釋的方法。研究關洛關係，所遇到的概念、範疇、命題等，盡量將其放在具體的時間段與具體的語境中進行分析，關於二程對張載評說的內容，本著「求其不同，更求其會通」的原則，盡力做到放在思想家各自的思想體系中進行說明，不以程解張，避免誤讀。第三，比較的方法。運用比較的方法可以清晰的看到哲學家思想的異同，一方面呈現出學派的獨特性，另一方面有助於分析學派之間的繼承發展關係。最後，考據的方法。文獻是本文研究的基礎，對文獻必須有所揀擇，以保證所引文獻的正確與恰當。

在寫作的過程中，筆者貫穿了以下三個思想：第一、注重思想家思想發展的階段性。每個思想家的思想都帶有階段性，張載、二程也不例外。在研究三者思想關係時，如果忽視這種階段性，將造成諸多不完全正確的論斷。以時間爲序進行分析，不但會使問題的分析更爲客觀，而且一些不必要的爭執會迎刃而解。第二、對程顥、程頤思想差異採取「大同小異論」。〔註45〕基本的主張是：程顥在世時，承擔著主要的學派創立任務，而程頤只起輔助作用；程顥去世後，程頤承擔起繼續發展道學的任務。〔註46〕其異於其兄的地

〔註45〕黃宗羲認爲：「大程德性寬宏，規模闊廣，以光風霽月爲懷；二程（即小程）氣質剛方，文理密察，以峭壁孤峰爲體。其道雖同，而造德自各有殊也。」《宋元學案》第656頁。陳鍾凡《兩宋思想述評》（1933年）一書概括出二程思想的四大不同。（見《兩宋思想述評》，東方出版社，1996年），第129～130頁。馮友蘭也較早論說到二程之間的差異。見《中國哲學史新編》（五），人民出版社，1988年，第124頁。彭耀光將二程哲學思想差異的研究分爲：「主流觀點：二程哲學思想分屬兩個思想系統；另一個極端：二程哲學思想可以不做區分；中間立場：二程哲學思想傾向不同。」見《近百年來二程哲學思想異同研究述評》《哲學動態》，2007年，第6期。

〔註46〕溫偉耀認爲：在此期間（1072～1085年），明道作爲兄長，於講學授徒中居於

方，與其說是差異，毋寧說是對程顥思想的進一步發展。所以，我們依據文獻本身的需要，該分論則分論，該合論則合論。第三，集中於「關係」的研究。不對張、程思想做面面俱到的研究，只以收集到的文獻爲依據，梳理張載與二程思想的交點內容，爲了集中於「關係」的論述，不屬於關係的內容，基本不予涉及。

## 三、論文結構

論文主要包括四部分，共九章內容：

緒論部分主要是陳述這一領域的研究現狀，指出目前研究存在的問題，介紹選題的意義及寫作程序與研究方法，最後介紹論文結構。

第一章到第五章，主要論述的是張載與二程的生平交往與學術思想的討論。第一章介紹了關洛學派創立的文化背景。一方面從外部環境探究道學興起的原因，包括隋唐五代佛教、道教的發展狀況；另一方面從儒學內部的發展趨勢說明道學興起的原因，包括中唐到宋初儒學在對抗佛道過程中的發展狀況。從而揭示道學興起的背景及其面對的理論任務。第二章到第五章，主要以張、程生平的四次重大學術交往爲主線，介紹並論證他們探討的哲學問題。首先，「京師論易」是張、程第一次論學，其雖沒有多大學理意義，但卻隱含著理學創立的幾個重要問題。其次，定性工夫是第二次論學的關鍵內容，以往研究多從程顥角度出發，雖很細密，但並不全面。從關係角度出發對此問題給予新的論證是論文的特點之一。此章不僅展示張、程從探索工夫修養方面，爲儒學提供不同於佛道修爲工夫的努力，而且說明理學兩種不同的工夫路徑的形成。再次，「虛無即氣」之論與「勿忘勿助」是第三次論學的主要內容，這次討論不但涉及對工夫的討論，更重要的是展現張載的本體論思想。這次討論說明張載本體論思想已逐漸成熟。最後，第四次論學是關於「窮理盡性以至於命」與「政術」的討論，其不但顯示張、程在工夫論方面的深度建構；而且體現出他們對政治的關注與重視，從而證明理學家主張的「道學與政術」不二的觀點。

第六章到第九章，主要論述的是張載去世後，以關學弟子爲中介，二程對張載思想的總結批評、借鑒吸收。第六章論述二程對張載宇宙論思想的批評以及二程宇宙論思想的完全呈現。第一，論述了二程在批評張載「太虛」

---

領導地位（此期間伊川語錄較少）：明道去世後的二十年間，伊川確定並開展出其本人的哲學見解。見《成聖之道》第 132～133 頁。

本體論思想的基礎上，呈現「天理」本體思想。第二，從張載「天人合一」到程顥「天人本無二」，論證了二者的差別與會通。第三，對程頤批評張載氣論作了簡單分析。第七章分析張、程之心性關係。第一，在對張、程心性思想做概要的基礎上，論述了張、程心性關係的差別與會通。第二，介紹了張載的知論及程頤對知論的繼承。第三，分析了張載的命運觀以及張載、程頤對「義命」思想的重視。第八章以《西銘》作為單章，說明其在關洛關係中所起的重要作用，以揭示關洛學派為理學家構築起共同的精神家園。第一，《西銘》釋義，展示《西銘》自身所包含的深厚蘊意及博大精神。第二，從二程對《西銘》之表彰與闡發，說明二程在《西銘》的傳播中所作出的重要貢獻。第九章論述張、程對佛教的批判及其「聖賢氣象」，展示理學家的情懷與境界。

　　結尾宏觀總結了論文的創新之處；揭示張載、程顥、程頤三者在思想傳承過程中的層層遞進關係；並對朱熹對關洛之學的繼承與發展做了簡單介紹。

# 上編　張載與二程四次論學
## （1056～1077 年）

　　張載與二程一生中有過密切交往，他們之間重要且有記載的學術交往大致有四次：第一次論學是在仁宗嘉祐初年至二年（1056～1057 年）。嘉祐初年，張載與二程在京師初次見面，後來一起論《易》，並「共語道學之要」。第二次論學是在嘉祐四年（1059 年）前後。這期間張載與程顥書信往來討論定性工夫，共同探討修爲工夫中最爲棘手的問題。第三次論學是在神宗熙寧二年至三年（1069～1070 年）。期間程顥任監察御史裏行，張載應召入京，二人再度京師相會，共同論學，因有議而未合之處，張載又致信程頤。時程頤隨父在漢州任所，與張載互致書信，共同討論學問。第四次論學是在熙寧九年至十年（1076～1077 年）。熙寧九年，張載再度應召入京，途徑洛陽與二程、司馬光等聚會。第二年，張載辭官歸陝，經洛陽，再次與二程會晤，再次論學。這次交流是他們最後一次論學。

# 第一章　關、洛學派產生之文化背景

　　每一種思想的孕育都與特定的社會背景與文化趨勢息息相關。介紹關洛學派產生的背景旨在爲理解學派思想提供一個平臺。馬克思說：「每一個社會時代都需要有自己的大人物，如果沒有這樣的人物，它要把他們創造出來。」〔註1〕張載與二程創立學派正是主動承擔時代使命的表徵。關洛學派產生的文化背景可從內外兩方面概括，就儒學外圍而言，主要是佛、道二教對儒家思想的衝擊；就儒學內部而言，一方面自身理論上的粗糙與缺失使其遠遠落後於佛、道二教；另一方面，儒學自身的覺醒與復興，正在不斷地彌補理論上的不足。由於這些因素的共同激蕩，在北宋中期，以關洛學派爲代表的理學產生了。

## 第一節　佛道二教對儒學之衝擊

### 一、北宋之前佛教的發展

　　佛教於東漢時期傳入中國，魏晉期間有很大發展。魏晉時期，天下大亂，給佛教提供了乘虛而入的機會。由於社會動蕩，人們的生活沒有任何保障，而佛教理論有對於人生苦難處境的深切體驗和對人生歸宿的強烈關懷，對於不同層次的人都有吸引力。佛教之所以鼓動人心，不僅在於高度抽象的思辨方法與理論上的精緻與深奧；更重要的還在於，面對世俗社會，它能提供足以撫慰心靈的神學彼岸世界，面對精英社會，它能提供足以滿足終極關懷的

〔註1〕馬克思：《馬克思恩格斯選集》（第一卷），人民出版社，1995年，第432頁。

超越哲學。於是，佛教不但征服了上層思想界，而且也逐漸主宰了民間文化。佛教發展到隋唐，出現鼎盛局面，才華出衆的中國僧人創立宗派，依據佛典建立起自己的佛教理論體系，走上獨立發展的道路。諸多流派產生，（如天台宗，華嚴宗、禪宗等），意味著佛教中國化的完成。禪宗是中國化特色最濃的一個宗派，從六祖慧能起，已經提出「砍柴挑水，皆是妙道」的思想，開始向人間佛學轉化。禪宗直指心性，見性成佛的修行方法，有極大的魅力，對後世產生了深遠的影響。

佛教對儒學的衝擊（僅從理論層面而言）歸結起來大體有三方面：首先，在三教的相互衝突中，佛教依據自身雄厚的理論實力，對於儒家理論的粗糙給予深刻的批評。如華嚴宗高僧宗密在《原人論》中說：「萬靈蠢蠢，皆有其本；萬物芸芸，各歸其根。未有無根本而有枝末者也。況三才中之最靈，而無本源乎？且知人者智，自知者明。今我稟得人身，而不自知所從來，曷能知他世所趣乎？曷能知天下古今之人事乎？……然今習儒道者，只知近則乃祖乃父，傳體相續，受得此身；遠則混沌一氣，剖爲陰陽之二，二生天地人三，三生萬物，萬物與人，皆氣爲本。」〔註 2〕在宗密看來，世界萬物都有其最根本的依託，人作爲萬物之靈當然也有其本源。但是，這個本源人們卻不知其所從來。在儒道看來，人受此身，只是陰陽氣化的結果。而宗密認爲氣屬於生成變化之物，不足以爲萬物之根本，更不能爲人提供安身立命的根據。宗密的批評，實際是站在本體論高度對儒道兩家的宇宙生化論提出了一種超越的評判，以揭示其理論根底的不徹底性與不牢固性。再如宋初高僧契嵩批評韓愈：「韓子何其未知夫善有本而事有跡也，規規滯跡，不究乎聖人之道奧耶？韓氏其說數端，大率推乎人倫天常與儒治世之法，而必欲破佛乘道教。嗟夫！韓子徒守人倫之近事，而不見乎人生之遠理。豈暗內而循外與？」〔註 3〕這說明韓愈守事而不見理，循外而暗內。這意味著，宋儒的理論建構便以展現人生之遠理爲務，必須爲儒家的人倫近理提供一個形上依據。其次，佛教形成的完備理論體系（包括本體論、心性論、工夫論），在形上領域據主導地位。平心而論，佛教對儒學的挑戰，主要不是針對經世之學，而是集中在

---

〔註 2〕宗密：《華嚴原人論》，見弘學選編《中國佛教高僧名著精選》，巴蜀書社，2006
年，第 422 頁。

〔註 3〕契嵩：《鐔津文集》（卷十四）《非韓生》第一，上海商務印書館，民國二十五
年。

心性之學的領域，換句話說，佛教的注意力主要集中在修證佛法方面，所以其對心性工夫有極其精微細緻的闡述。於是，儒學沒能發展出的這片形上空間，自然被佛教佔據。而曾經主導人們精神世界、處於獨尊地位的儒家，其功用僅限於實際政治與貴族禮法的具體政治領域。第三，佛教給人們提供了修成正果（登堂入室）的具體途徑。佛教不管是對慧根高的人或是對慧根低的人，都提供了具體的修行方法，使人們有所憑藉。相反，儒學卻很少給人們提供成賢成聖的具體途徑。所以，就人生的最後歸宿而言，這一時期，人們往往歸於佛教，這就使得儒家道德哲學受到了前所未有的挑戰。

## 二、北宋之前道教的發展

　　道教產生於東漢末年，在魏晉時期有較大發展。在發展的過程中，道教不斷吸收借鑒儒學與佛教的思想資源，依照佛教的教義、戒律、儀式，建立了自己的宗教體系。這一時期，做出重要貢獻的道教人物有：寇謙之對天師道進行改革，使之建立規範；陸靜修建立了具體的道教齋儀制度；陶弘景開創了茅山宗等。到隋唐，尤其是在李唐王朝的支持下，道教又得到長足發展，由以前的民間宗教，走向官方承認的正統宗教。在唐代，道教的主要經典都已形成，道教不僅逐漸由外丹學轉入內丹學，而且基本形成包括宇宙論、心性論、工夫論在內的完整體系。最有代表性的人物就是成玄英，從他的「重玄」思想中，我們可以對道教的理論水平做一個大概瞭解。重玄的思想是通過對《老子》「玄之又玄」理論的重新詮釋而形成的。成玄英在「重玄」的命題中注入了新的理論內容，他說：「玄者，深遠之義，亦是不滯之名。有欲之人，唯滯於有；無欲之士，又滯於無，故說一玄，以遣雙執。又恐學者滯於此玄，今說又玄，更袪後病。既而非但不滯，亦乃不滯於不滯，此則遣之又遣，故曰玄之又玄。」這一詮釋，將「玄」說成是破無與有之執，而達到「不滯」的程度；「又玄」是破「不滯」之執。〔註 4〕顯然，這是一種極高的智慧，其中不但包含著深刻的哲理，而且也是一種修為方式。道教不但在理論上日趨成熟，而且其玄遠深邃的意境以及自由逍遙的追求為士大夫提供了擺脫塵世煩惱的世外桃源。

　　另外，魏晉時期興起的玄學思潮也為關洛學派的產生提供了思想資源。與漢代相比，魏晉玄學是一種宇宙本體論的思想理論。宇宙本體論是玄學的主題。其中正始玄學中，王弼「貴無論」最具形而上的理論色彩。玄學的有

---

〔註 4〕崔大華：《儒學引論》，第 385 頁。

無之辨，一方面以高度的形上思辨對儒家的繁瑣經學提出了挑戰，另一方面玄學在處理名教與自然的關係中爲儒家的道德倫理作了形而上的論證，這顯示出儒道的進一步融合。這樣，玄學爲儒家道德哲學提供了一種思辨的方法論，到了宋明理學時期，就發展爲儒學的體用論。總之，佛道的思想理論不同程度地開啓了宋代新儒學先驅者們的思路。

## 第二節　儒學之覺醒與復興

### 一、儒學之覺醒

　　漢唐以來，儒學自身的理論在傳承中過分注重功用層面，而喪失了本有的形上層面，於是日漸變得粗淺與缺失。主要表現是董仲舒以天人感應學說重建的儒家綱常倫理與漢唐儒學的章句訓詁之學。這些都突出了一種外向型的現實主義的追求，而缺乏高層次的理論興趣。缺乏高水平的理論思辨和超越的形而上的結果就是使人們喪失了精神支柱。就實際的歷史情況看，儒學在政治領域的地位，始終沒有中斷，它在政治倫理、典章制度、行爲規範等領域一直支配著人們的生活，「只是在心性之學與經世致用的貫通上處理不當，破壞了內聖外王之道，造成心性思想的缺失。人們爲了從事禮法名教社會的建設，忙碌於現實生活，關注外在事功而無暇顧及內心世界的修爲，以至於在這一領域無所建樹，被佛道二教所佔領。」〔註5〕正是在這樣的條件下，佛道二教乘虛而入，佔據了人們的精神領域。所以從唐中期開始，以韓愈爲代表的儒者開始自覺「排佛樹儒」，他們從外圍不斷深入佛教內部對佛教進行批判，這意味著儒學自身的覺醒。韓愈的理論嘗試集中表現在他的《原道》、《原人》和《原性》三篇文章中。韓愈的「道統說」、「性三品說」、對儒家倫理的論證，以及推尊孟子、重視《大學》、排斥佛道、倡導古文運動等都爲儒學的復興開了先河。繼韓愈之後，對佛教理論作進一步批判的是李翱，他的代表作是《復性書》。其中說：「人之所以爲聖人者，性也；人之所以惑其性者，情也。喜、怒、哀、懼、愛、惡、欲七者，皆情之所爲也。情既昏，性斯匿矣，非性之過也。」〔註6〕顯然，他認爲「性」是成聖的內在根據。李翱

---

〔註5〕余敦康：《內聖外王的貫通》，第269頁。
〔註6〕李翱：《李文公集》（卷二）（文淵閣四庫全書本，集部別集類），臺灣商務印書館，1983年。

認爲普通人與聖人的「性」是沒有差別的，聖人只是「人之先覺者」，不被七情所蔽，所以聖人明其「性」。而普通人之所以不能「復其性」，是因爲喜怒哀懼愛惡欲七情交相循環，蒙蔽了人的本性，所以他提出要「滅情復性」。李翱的復性說顯然受到佛教思想的影響，但他的進步在於：第一，他提出的「性情不離說」頗有暗合孔孟仁學之處。第二，他在《復性書》中援引了《中庸》、《易傳》及《孟子》，這和韓愈的《原道》援引《大學》一樣，表明了他們試圖重返先秦儒學以回應佛學理論的宏願。從這個意義上來說，他們是上承先秦儒學，而下啓宋明理學。

## 二、儒學之復興

儒學的復興是指儒家學者以佛道的理論爲參照，對儒學的各個方面進行全方位的補充、整合以及重新詮釋，以使儒學形成可以與佛老相抗衡的完整的理論體系。入宋以來，儒學復興還有以下兩個助緣。

首先，大唐之後出現的五代十國，可謂中國歷史上最黑暗的時期，這使得有識之士重新審視儒家的優勢。唐末五代長期混戰，造成社會動亂和分裂，正常的社會秩序被破壞，致使倫常衰敗，道德淪喪，理想失落，精神迷惑。歐陽修說「五代之際，君君臣臣父父子子之道乖，而宗廟、朝廷、人鬼皆失其序，斯可謂亂世者歟！自古未之有也。」〔註7〕出現這種局面的原因之一在於：「唐朝社會充斥著詩人和佛教徒。佛教信徒終不免帶有出世性；詩人則不免帶有浪漫性，於是光輝燦爛盛極一時的大唐時代終不免於沒落，而且沒落到一個不可收拾的地步。」〔註8〕北宋建國承接的是五代十國這樣的亂世，而自身又充滿了內憂外患。宋代雖是統一王朝，但宋代自開國以來，北有遼，西有夏，並不曾有眞正的統一。當時儒者心中所懷抱的似乎還是一番撥亂世的心情。面對這種境遇，儒者們（甚至包括佛道人士在內）重新審視儒、佛、道各自的弊端與優勢，他們認識到儒學雖然在理論方面不及佛、道，但儒家對現世的重視與治理卻是佛、道所不及。佛教以此岸世界的修煉，追求彼岸世界，道教在追求精神玄遠的同時，隱遁避世，其消極作用非常明顯；三者中，對於治理國家、投身社會而言，則非儒家莫屬。五代十國時期，由於儒學社會功能的失落，造成嚴重社會後果。所以北宋立國之初有一共識：追求

〔註7〕歐陽修：《新五代史》（卷十六），中華書局，1992年，第173頁。
〔註8〕錢穆：《朱子新學案》，巴蜀書社，1986年，第7頁。

太平盛世，必須復興儒學。

其次，宋代王權採取的各項措施為儒學的復興提供了條件。第一，北宋最初的三個皇帝，為了建立文官政治，都大力推行崇儒獎學政策。他們除了自己帶頭讀書之外，多次親臨太學視察，表示對教育事業的支持與關懷。他們提倡儒學，重用儒士，興辦學校和書院，印行儒家經典，都為儒學的復興創造了條件。三次興學熱潮〔註9〕，不僅普及了官辦學校，而且也推動私立學校的發展。城鎮、鄉村的私立小學，大量湧現。〔註10〕書院式學校也在兩宋時期興起。〔註11〕書院的教育方式比官學更為靈活多樣。第二，科舉考試大幅度向社會開放。太宗時期大幅度增加了進士數量，經諸科錄取名額的增加既拓寬了儒生由科舉入仕的途徑，同時也向儒學提出了更新學理的歷史要求。第三，科學技術的進步促進了文化事業的繁榮也為宋代理學的產生創造了良好的外部條件。唐末印刷術的發展對於文化事業發展起了很大的推動作用。儒家經典大量刻印，廣泛傳播，讀者增多，注者增加。《宋史·邢昺傳》載儒家經書「國初不及四千，今十餘萬，《經傳》、《正義》皆具，臣少從師業儒，對經典有疏者，百無一二，蓋力不能傳寫。今版本大備，士庶家皆有之，斯乃儒者逢辰之幸也。」〔註12〕可見當時文化事業呈現前所未有的發展，為宋代理學的開創準備了相應的文化土壤。

北宋前期的措施，為士這一階層的崛起創造了條件，所以出現了「慶曆之際，學統四起」〔註13〕這種儒學蓬勃發展的局面。如果說，新儒學所需完成的主要任務是兩個層面：第一層是要排斥佛道二教，承接先秦儒家的「道統」，站在理論的高度論證儒家仁義禮樂存在的合理性，建立一個取代佛道的新儒家哲學形態，使儒家思想重新成為人們的精神歸宿，進而能重新全面指導人們的社會生活。第二層是從事宇宙本體和價值本體的建構，以此為儒家

---

〔註9〕 第一次興學熱潮在仁宗明道、景祐（1032～1038 年）前後興起，范仲淹主持的慶曆新政進一步推動了這次興學運動，第二次興學熱潮在神宗元豐年間（1068～1085 年），王安石主持。徽宗崇寧年間（1102～1106 年）開始，掀起第三次興學熱潮。

〔註10〕 仁宗時期，前後興起的州學達 67 所。見郭寶林《北宋的州縣學》，《歷史研究》，1988 年，第 2 期。

〔註11〕 北宋六大書院：江西廬山白鹿洞書院，潭州嶽麓書院，河南應天府淮陽書院，河南登封嵩陽書院，湖南衡州石鼓書院以及江寧茅山書院。

〔註12〕 脫脫：《宋史·邢昺傳》，中華書局，1997 年，第 12798 頁。

〔註13〕 黃宗羲、全祖望：《宋元學案》（黃宗羲全集版·第三冊），第 316 頁。

思想作出論證；將儒家的倫理道德和禮樂刑政等學說，提到「天道性命」的哲學高度來思考。這樣才能從根本上回應與解決佛老對儒學所造成的挑戰。那麼，第一層任務則是由宋初儒者來完成的。

在儒林代表范仲淹、歐陽修等人大力呼籲下，胡瑗、孫復、石介等儒者率先響應下，相繼解決第一層面的任務。〔註14〕當時，儒者所面臨的要務就是反對佛教，確立儒家正統。例如，歐陽修提出了「莫若修其而勝之」的主張，可以說「修本勝之」的觀點確實點到了闢佛道的要害。又如，宋初三先生胡瑗、孫復、石介，極力反對佛老二教，他們力斥其逃君臣之禮，去父子之情，絕夫婦之義，嘗試著重建仁義道統。他們推尊儒家的仁義、禮樂、王政，這樣就從價值層面對儒學的復興起到積極作用。這裏需要特別強調的是胡瑗在新儒學兩層面任務的轉變中所起到的關鍵作用。他在創立其教育宗旨時，提出「明體用之學」，這樣就把佛道的「體用」範疇引入儒家思想中，標誌著儒學從功用層面真正開始向哲學本體論方向的發展。至此，儒學不再僅限於人倫道德的實踐及宇宙始源生化的解釋，而是首先努力確立起人倫道德之所以存在的最終依據，之後再引申出各種踐履工夫，以及齊家治國平天下之政治方略。胡瑗「明體達用」之學，已經成為當時儒學的基本共識，開創了儒學本體論的先聲。到了新儒學思潮的第二階段，對本體的探討開始受到學者的重視，他們基本多從事於宇宙本體和價值本體的建構，以此為儒家思想作出論證。儒家的倫理道德和禮樂刑政等學說，開始被提到了「天道性命」的哲學高度來思考。這就是道學產生的時期。

另外，需要指出宋代三教融合的進一步加強也促進了儒學的復興。隋唐時期，儒、佛、道三家融合趨勢就已經很明顯，隋唐是儒佛道三教融合的重要時期。佛教吸收儒家心性思想，形成最具中國化的禪宗；道教吸收儒家心性思想形成重玄學；它們的重心都落在心性上。其核心內容就是如何通過修養工夫達到超越，這為儒學進一步融合佛、道提供重要參照。宋初，三教歸一已是大勢所趨。這首先突出表現在三家使用的哲學範疇、概念大致相同，如心、性、理、氣、道、陰陽等，在這一系列範疇的解釋上，表現出三教相互影響，相互融合的傾向。其實不少範疇在先秦儒家經典中已提出，後被佛

〔註14〕初期宋學氣派之開闊，如胡瑗之道德，歐陽修之文章，范仲淹之氣節，堪稱三足鼎立，給當時人以很大影響。見錢穆：《中國學術思想史論叢》（五），安徽教育出版社，2004年，第4頁。

道吸取並加以發揮,賦予他們哲學思辨的內涵,至宋代又重新被儒者接受並進行新的詮釋。在這樣的背景下,就形成了新儒學的義理體系。湯用彤先生說:「沒有南北朝的文化特點,恐怕隋唐佛學也不會有這樣的情形;沒有隋唐佛學的特點及其演化,恐怕宋代的學術也不會那個樣子。」〔註15〕所以理學的產生是宋儒吸收佛道、重整儒學思想、重構儒學體系的結果;也是文化傳承遞進的結果。

文化背景展示出北宋道學面臨的時代課題就是:如何彌補儒家本體論的欠缺並重構儒家心性論。如果將時代課題轉化成理學家的問題意識,這就是:如何建立儒家本體論,與佛道抗衡;如何重構儒家心性論,爲世道人心確立道德的根據;如何在此岸世界爲人們確立一個終極的關懷。入室操戈,方能進至佛道的核心之處,儒學則能與佛道抗衡,更能以堅實的理論基礎立足於現實社會。關洛學派正是在這樣的背景下,承擔重構儒學體系的任務。

---

〔註15〕湯用彤:《湯用彤全集》(卷二),河北人民出版社,2000年,第330頁。

# 第二章　第一次論學：京師論學
## （1056～1057 年）

## 第一節　張載、程顥、程頤生平

### 一、張載生平

　　張載，字子厚，生於宋眞宗天禧四年（公元 1020 年），卒於宋神宗熙寧十年（1077 年），世稱橫渠先生。張載祖籍大梁（今河南開封），出生於長安。祖父張復仕眞宗朝，擔任過給事中，集賢院學士等職，後贈司空。父張迪仕仁宗朝，擔任過殿中丞，後知涪州，贈尚書都官郎中。張迪病逝涪州任上，張載和他的弟弟張戩均尚年幼〔註 1〕，無力返回汴京（開封），在護送靈柩的歸途中將父親安葬在鳳翔郿縣橫渠鎮大鎮峪口（今陝西長安），於是他們在橫渠鎮定居下來。張載從小「志氣不群，知虔奉父命，守不可奪，涪州器之」，〔註 2〕父親去世後，張載一邊守墓耕讀，奉母教弟，敝衣粗食，一邊立志求學。長在關西的張載，深受邊關環境的薰陶，「少喜談兵。」〔註 3〕宋仁宗康定元年（1040 年）初，宋軍與西夏交戰的過程中，連連失利，這對於年輕氣盛的張載來說極受刺激，他想抗擊侵略，奪回失地，爲國家建功立業。於是，21歲的張載親赴延州前線，拜謁范仲淹（時任陝西經略安撫招討副使，掌管邊

---

〔註 1〕　於浩編：《宋明理學家年譜》（一），北京圖書館出版社，2006 年，第 36 頁。
〔註 2〕　張載：《張載集》，中華書局，1978 年，第 381 頁。
〔註 3〕　張載：《張載集》，第 385 頁。

境防務），上書陳述禦寇守邊的策略。司馬光所說的「先生負才氣，弱冠遊窮邊；麻衣揖巨公，決策期萬全，謂言叛羌輩，坐可執而鞭」〔註4〕就是這一時期的事情。范仲淹見到張載後，識其可成大器，僅讓他當一名將領，那是大材小用，便責告說：「儒者自有名教，何事於兵！」〔註5〕並勉勵張載讀《中庸》。至此張載由「建功立業」之志轉向探索儒家名教之樂。張載認眞研讀了《中庸》，雖然喜歡，但卻未足，又主動訪求釋老之書研讀，結果仍然不滿足，便返歸六經，重新研讀儒家經典，從中找到了精神寄託。

宋仁宗嘉祐初年（1056年），張載赴京趕考，在京師其間，張載在當時非常有名的相國寺講《易》，並與二程兄弟論《易》，他們之間初次建立了學術交往。二年（1057年），張載中進士第，先是被派往祁州擔任司法參軍；後又調到丹州雲岩縣當縣令，治理社會大抵以敦本善俗爲先。期間，他與程顥書信往來討論「定性」問題。後又遷著作佐郎，又任渭州軍事判官公事，截止熙寧二年（1069年）再次入京之前，張載一直在地方任職。宋英宗治平二年（1065年），張載應文彥博之聘，在長安當了一年學官，〔註6〕次年，京兆府「王公樂道」，將張載請到郡學講學，張載多以儒家道德教人。四年（1067年）在渭州，張載到西方前線任簽署渭州（今甘肅平涼）軍事，環慶經略使蔡挺（字子正）特別尊重張載，軍府中的大小事務都要向他咨詢，他對蔡挺治理軍務的幫助很大。張載曾說服蔡挺在大災之年取軍用物資數十萬救濟災民；提出罷除戌兵換防，招募當地土人取代等多項軍事建議。寫有《與蔡帥邊事畫一策》、《經略司畫》、《涇原路經略司論邊事狀》。熙寧元年（1068年），張載從邊關返回關中講學於綠野亭。〔註7〕二年（1069年），神宗啓用王安石準備變法，廣招天下賢士，在御史中丞呂公著的舉薦下，張載被召入朝。神宗召見，問以治道，張載以「回覆三代之治」爲答。神宗很滿意，準備重用張載，但張載自認他剛從地方到中央，對朝中的情況不熟悉，希望瞭解一段時間再做計議，神宗應允。由於和王安石所倡導的改革方式存在很大分歧，張載沒有被重用，而是被任命爲崇文院校書。此時程顥也在京師，兩人再次會

---

〔註4〕 張載：《張載集》，第388頁。

〔註5〕 張載：《張載集》，第381頁。

〔註6〕 呂大臨在《行狀》中說，張載在長安學宮講學是「未弟時」（即1057年之前）。武澄認爲此條記載有誤，文彥博治平二年（1065年）判長安，此時，張載已是46歲。見《宋明理學家年譜》（一），第48頁。

〔註7〕 綠野亭在陝西路武功縣。見《宋明理學家年譜》（一），第51頁。

面並論學，後又與程頤書信論學。由於朝中改革派排擠，張載被派到浙東去解決獄案。張載辦完獄案還朝，正趕上其弟張戩（任監察御史）因反對王安石新法獲罪被貶，張載便謁告西歸。三年（1070 年），張載回到橫渠鎮，至此過著耕讀與講學的生活。他依靠家中的數百畝土地，過著雖不富裕，但卻安然自得的生活。這段時間是他一生思想最為精進的階段。對道學的探索在這幾年形成完備的體系。九年（1076 年），張載「感異夢，忽以書屬門人」，〔註8〕將自己一生精思所得，擇其精要合為一書，命名為《正蒙》。

　　熙寧十年（1077 年），由呂大防舉薦，張載再次入京。此次出行張載已是身有重疾，但因為感念皇上曾經的知遇之恩，他帶病入朝。入朝之後，張載並沒有被適得其用，只是知太常禮院，負責一些制定龍女衣冠之類的小事，並且與禮官議禮總是不合，於是「引疾而歸」。在歸途中過洛陽與二程討論道學與政事，後在歸途中病逝於臨潼驛館，享年 58 歲。張載臨終時，只有一個外甥在身邊，清貧無資，無以為殮，直到在長安的學生聞訊趕來，才得以買棺成殮，並將靈柩運回橫渠鎮。張載的著作主要收在《張載集》中。

## 二、程顥生平

　　程顥，字伯淳，生於宋仁宗明道元年（公元 1032 年），卒於宋神宗元豐八年（1085 年），世稱明道先生。程顥祖籍為安徽徽縣，高祖程羽「賜第京師，始居開封」。〔註9〕父親程珦將先人之墓遷到河南伊川，並在洛陽定居。高祖程羽受到宋太祖提拔並為宋太宗重用，官至兵部侍郎，贈太子少師。以後，程家累代推恩為官。曾祖程希振，官至尚書虞部員外郎。祖父程遹，贈開府儀三司吏部尚書。父親程珦又因蔭庇獲官，歷任黃陂、廬陵二縣縣尉，潤州觀察支使。後任大理寺丞，知虔州興國縣、龔州、徐州沛縣。又任監在京西染院、知鳳、磁、漢三洲事。宋神宗熙寧中，管勾西京嵩山崇福宮，七十歲乞致仕。

　　程顥生於黃陂，父程珦在縣尉任內。他自小聰慧過人，十歲能為詩賦，十二、三歲時「如老成人，見者無不愛重」。〔註10〕十五時，在父親程珦的引導下，與汝州周敦頤從學，「逐厭科舉之業，慷然有求道之志」，〔註11〕確立

---

〔註 8〕 張載：《張載集》，第 384 頁。
〔註 9〕 程顥、程頤：《二程集》，中華書局，2004 年，第 656 頁。
〔註 10〕 程顥、程頤：《二程集》，第 630 頁。
〔註 11〕 關於周敦頤與二程的關係：早在南宋已經有人爭論，在《伊洛淵源錄》中，朱熹認為周敦頤與二程有師弟子關係。對於這一說法朱熹的好友汪應辰表示

了求道的志向。周敦頤引導程顥致力於尋找「孔顏樂處」，其實是將其引入「向上一路」，即探究儒家的內聖之學。但是程顥並沒有找到進入聖門的途徑，於是「泛濫於諸家，出入於老、釋者幾十年」，〔註12〕廣泛涉獵各家學說，研究釋老之學近十年之久。但是他並沒有找到眞正的依託，所以又返回六經，最終，找到了精神歸宿。宋仁宗嘉祐元年（1056 年），程珦升任國子博士，二程兄弟隨父來到京師，程顥準備參加應試，他在儒生中聲望很高。在京師，二程兄弟與張載有了學術交往。

　　宋仁宗嘉祐二年（1057 年），程顥中進士第，與張載等人同第。次年（1058年），他請調到風景秀麗的京兆府擔任鄠縣主簿，〔註13〕在此期間，張載、程

異議。全祖望在《宋元學案·濂溪學案》的序錄中，對周敦頤與二程兄弟的師生關係有一段總的概括：「濂溪之門，二程子少嘗遊焉。其後伊洛所得，實不由於濂溪，是在高弟滎陽呂公已明言之，其孫紫微又申言之，汪玉山亦云然。今觀二程子終身不甚推濂溪，並未得與馬、邵之列，可以見二呂之言不誣也。晦翁、南軒始確然以爲二程子所自出，自是後世宗之，而疑者亦踵相接焉。然雖疑之，而皆未嘗考及二呂之言以爲證，則終無據。予謂濂溪誠入聖人之室，而二程子未嘗傳其學，則必欲溝而合之，良無庸矣。」他承認二程少年時代曾跟隨周敦頤學習過，但是不承認二程的學術思想出於周敦頤。這一觀點也並非定論。徐遠和的《洛學源流》有一節「濂洛師承」，認爲：二程與周敦頤在學術思想上有師承關係；二程不守師說而有自己的發展。梁紹輝主編的《濂溪學研究》對於周敦頤與二程的關係論述比較詳細，包括受學時間、地點的問題，學術上所受影響的主要方面，影響的程度等。王興國在《周敦頤與程顥程頤兄弟》（湖南科技學院學報，2005 年。）中認爲，二程受周敦頤的影響除表現在人生境界方面，如尋找顏子樂處、吟風弄月等；在「主敬」思想上也受到周的「主靜」思想的影響；另外程顥的仁學思想也受到周的影響。此文的觀點未必準確，但從思想的繼承問題上拓寬了進一步研究的思路。就港臺、國外來看，錢穆的《朱子新學案》對周、程之關係作了歷史的考察，認爲「二程得統於濂溪，此皆自朱子之主張始」。勞思光的《新編中國哲學史》將周、程關係分爲「『早年之影響』與『成熟期之學說』」，並指出，「濂溪理論之得失是一事，與二程之關係是另一事」，這些都有助於拓寬周、程關係的研究視閾。

〔註12〕程顥、程頤：《二程集》，第 638 頁。
〔註13〕鄠縣（戶縣）屬於陝西路京兆府。見《宋明理學家年譜》（一）第 108 頁。關於程顥是哪一年任鄠縣主簿，學界存在爭議。傳統的說法認爲，他在中進士第的第二年（1058）到任鄠縣主簿。而謝寒楓認爲：《程顥與大程書院》一書據程顥在戶縣主簿任上爲周公姬旦後人所作《姬宗世譜序》中的『嘉祐庚子冬，調主戶縣簿』之語，考定程顥是於嘉祐庚子年始任戶縣主簿的，庚子年即嘉祐五年，1060 年（《程顥哲學研究》（中國社會科學院研究生院博士論文，2002 年）。此說不僅孤證不足以推翻傳統說法，而且從《二程文集》的《遊鄠縣山詩十二首序》中，程顥親自說：「嘉祐二年，始應舉得官，遂請於天官氏，

顯保持書信交往，有《定性書》傳世。在任期間，程顥的行政能力初步顯示，他不但斷案英明，治役有方，而且破除迷信，整頓風俗。五年（1060 年），程顥調任江寧府上元縣主簿，在任期間，他抑制土地兼併整頓訟事，率領百姓防洪堵壩，救助船卒，破除迷信等等。宋英宗治平元年（1064 年），程顥遷任澤州晉城令，過磁州探望父親（1052 年，母侯氏已卒），此時，邢恕以師禮「初見先生於磁州」。〔註14〕在晉城，他施仁政，重教育，民風為之大振。

　　在地方任官期間的政績大大提高了程顥在政界的聲望，宋英宗治平四年（1067 年），程顥改任著作佐郎，由地方調到中央。熙寧二年（1069 年）二月，在神宗的支持下，王安石變法開始，程顥等被調任三司條例司屬官，四月，王安石派程顥等八人到各地視察農田，水利，賦役等方面新政實施的情況。八月，由御史中丞呂公著推薦，程顥授太子中允，權監察御史裏行（即見習御史）。神宗對程顥的名聲早有所聞，所以對程顥很器重，頻頻召見程顥。程顥對神宗進說甚多，「大要以正心窒欲，求賢育材為先」。〔註15〕王安石在變法的過程中，沒能廣泛徵求意見，尤其是青苗法的實施更是引起強烈反對。程顥與王安石的分歧愈來愈大，他不斷上書批評王安石新政的種種弊端。此時，張載因與王安石意見不同，被神宗派往明州辦理獄案，程顥上《乞留張載狀》。三年（1070 年），由於反對變法，程顥離開朝廷到澶州任職。五年（1072年），程顥罷歸洛陽，以便養親，並開始在洛陽講學。七年（1074 年），司馬光、呂公著、文彥博罷官，都閒居洛陽，與程氏父子交往甚密。九年（1076年），王安石罷相，春，張載由呂大防推薦，招同知太常禮院，過洛陽與二程等會晤。十年（1077 年），張載罷歸，經洛陽與二程兄弟論學，此次論學被弟子歸入《洛陽議論》，這是二程言論的最早記錄。十二月，張載在歸途中病逝，程顥作《哭張子厚先生》。

　　神宗元豐元年（1078 年），冬，程顥知扶溝縣事。是年，謝良佐始受學於程顥。游酢也應召來扶溝任學職，並從學於程顥，同年，周純明從學於二程。在扶溝期間，程顥治盜有方，解決百姓的糧食問題，為官清正，不怕權貴。「視民如傷」是他的座右銘。二年（1079 年），藍田「三呂」及蘇昞、范育等張載

　　　顯主簿書於是邑。」《二程集》第 472 頁。另外，《宋明理學家年譜》（一）第
　　　106 頁與第 344 頁，兩種程顥年譜都認為程顥是在 1058 年到鄠縣任主簿。筆
　　　者採用傳統說法。
〔註14〕程顥、程頤：《二程集》，第 332 頁。
〔註15〕程顥、程頤：《二程集》，第 633 頁。

門人從學於二程。三年（1080 年），程顥改任奉議郎，到穎昌侍奉老父。四年（1081 年），程顥在穎昌，楊時、李籲見二程於穎昌，與游酢、謝良佐同學於二程。楊時師事於程顥，李籲從師二程。這時韓維、王彥霖與二程交往密切。五年（1082 年），程顥居洛陽講學，冬，劉絢來洛陽以師禮見程顥。六年（1083 年）程顥「監汝州酒稅」，劉絢、朱光庭先後去汝州見程顥。同年，程頤也來到汝州。八年（1085 年），神宗病逝，哲宗即位，程顥被召為宗正寺丞，沒來得及上任，因病去世，享年 54 歲。程顥的著作收入《二程集》中。

## 三、程頤生平

程頤，字正叔，生於宋仁宗明道二年（公元 1033 年），卒於宋徽宗大觀元年（1107 年），世稱伊川先生。程頤，生於黃陂，時父程珦在縣尉任內。程頤「幼有高識，非禮不動」。〔註16〕十四歲從學於周敦頤，令其尋找「孔顏樂處」，受周敦頤影響，有了求道之志。宋仁宗皇祐二年（1050 年），18 歲的程頤表現出極大的政治熱情，他上書仁宗，指出社會中存在的時弊，表現出憂國憂民之心以及有所作為的抱負。宋仁宗嘉祐元年（1056 年），程頤隨父兄到京師，進太學讀書。當時，胡瑗主持太學，以「顏子所好何學」試諸生，程頤的答卷讓胡瑗很賞識，授以學職。在京師二程與張載開始了學術交流。四年（1059 年），程頤參加進士考試，廷試不過。程頤本來對科舉及做官不感興趣，從此程頤不再參加科舉考試，靠父親蔭庇得來的官位，也都讓給了同族的人，這樣程頤便成了一位有名望的處士。治平二年到熙寧四年（1065～1071 年），程頤一直隨父在各任所，協助父親草擬文書，掌管州學事務等。在漢州其間，與張載書信討論學問，有《答橫渠先生書》、《再答》傳世。

熙寧五年（1072 年），隨父至京師，後回洛陽，與兄程顥在洛陽開始授徒講學。七年（1074 年），呂公著、司馬光罷官歸洛陽，二程兄弟經常與他們聚會飲酒，評論時政。十年（1077 年）張載罷官歸陝，途徑洛陽與二程論學。元豐元年（1078 年），周純明在扶溝從學於程頤。二年（1079 年），呂大臨來扶溝從學於二程。三年（1080 年），程頤入關中講學，洛學的影響擴大到關中地區。關中弟子記有《雍行錄》、《入關語錄》。四年（1081 年），在穎昌，楊時、李籲來從學。五年（1082 年），程頤居洛陽講學，朱光庭來從學。八年（1085 年），程顥病逝，程頤撰寫《明道先生行狀》，對程顥的一生作了總結。

〔註16〕程顥、程頤：《二程集》，第 338 頁。

　　哲宗元祐元年（1086 年），朱光庭推薦程頤為講官，閏二月，程頤至京師，接受西京國子監教授之職。三月，任崇政殿說書，他竭盡全力，忠心耿耿輔養哲宗的德性。是年，與呂大臨討論未發與已發的心性問題，有《與呂大臨論中書》。任侍講官期間，一方面程頤態度極其認真，作為帝師名望很高，一時間，歸其門下的人數很多；另一方面程頤頗自負，議論褒貶，無所顧忌，激起與他不合之人的反感。當時在朝廷中有影響的是以程頤為首的洛黨和以蘇軾為首的蜀黨。二年（1087 年），在蜀黨的彈劾下，程頤罷崇政殿說書，差管勾京西國子監，程頤受命就職，後乞致仕，但沒有得到批准。是年，劉絢、李籲先後病卒，程頤寫了祭文。四年（1089 年），呂公著病卒，寫了祭文。五年（1090 年），父親程珦病卒，因父喪辭官，並葬父於伊川先塋。是年，尹焞以師禮見程頤。七年（1092 年），程頤服除，判京西國子監，程頤因病暫不能赴職，此時，其《易傳》初稿已成。是年，呂大臨、楊國寶、范育病卒。八年（1093 年），楊時、游酢以師禮見程頤於洛陽，留下「程門立雪」一段佳話。紹聖元年（1094 年），哲宗親政，重申判京西國子監之命，程頤再辭不受。三年（1096 年），朱光庭病卒。七、八年間，同志共學之人相繼而逝，這對程門倡明道學事業是個沉重打擊，程頤獨自一人在洛陽繼續授徒講學。是年，寫《答楊時論西銘書》。四年（1097 年），黨論起，元祐舊黨人物被判為奸黨，程頤被累，下詔追毀出身以來文字，並遣涪州編管。元符元年（1098 年），在困境中，程頤修改《易傳》，並計劃寫《春秋傳》、《論語解》、《孟子解》和注解《禮記》。二年（1099 年），《易傳》修改完成，並寫《易傳序》。三年（1100 年），徽宗繼位，4 月，程頤被赦，復宣德郎，可以自由居住，後歸洛陽。回洛陽後，張繹、孟厚先後以師禮來見；羅從彥從福建來洛陽向程頤學《易》；謝良佐也來洛陽見程頤，這時在弟子們的請求下，《易傳》始出示人。徽宗建中靖國元年（1101 年），周孚先來從學。宋徽宗崇寧元年（1102 年），徽宗復行新法，立元祐奸黨碑，程頤被隸入黨籍，回復的官職被撤銷。是年，呂舜以師禮見。二年（1103 年）蔡京任右相，程頤被人彈劾，追毀所有文字，不得教授弟子，被迫與弟子分別，程頤囑咐四方弟子不必及門。其子程端彥受牽連被罷官。三年（1104 年），馬伸辭官來從學。程頤離開龍門山到伊川鳴皋講學，尹焞、張繹一直跟從。五年（1105 年），彗星出現在西方，徽宗以星變下詔毀掉元祐黨人碑，蔡京除相，除去黨禁。程頤恢復宣義郎，致仕。徽宗大觀元年（1107 年），蔡京再度為相，

元祐黨禁依然持續。程頤患麻痺症臥床不起，將《易傳》授門人，九月病逝，享年 75 歲。程頤的著作收入《二程集》中。

# 第二節　京師論易

「京師論易」是張載與二程第一次論學的主要事件，是他們討論學問，建立學術交往的開始。張載、程顥、程頤既是親戚〔註 17〕，又是講友，在探索與創立道學的過程中，他們不斷講論、切磋，收授於關、洛兩地，成爲關學、洛學的創立者。以往學界認爲「京師論易」沒有學理意義，不予重視，都是一筆帶過。其實，關於張載與二程的學說淵源問題正是出於「京師論易」這一事件。另外，「京師論易」也隱含著張、程早年一些重要的學術志趣，作爲理學的創立者，他們的這些趣向都有必要提及。

## 一、「京師論易」之經過

宋仁宗嘉祐初年（1056 年），正值全國大考，各地考生齊聚京師，準備應試。是年，程珦升任國子博士，二程兄弟隨父來到京師，程顥準備參加應試。張載在這一年也上京趕考。這樣，他們都來到京師。考試結束之後，在京城等候發榜的日子裏，在文彥博丞相的鼓勵下，張載在相國寺〔註 18〕開壇講《易》。此時張載對《周易》已有深入研究，因此，前來聽他講《易》的人很多。有一日，二程前來拜望張載，三人在一起討論易學，他們之間相互欣賞，並結下深厚情誼。這就是所謂的「京師論易」。

記載這件事情的文獻有兩則，第一則《宋史‧張載傳》：張載「嘗坐虎皮講《易》京師，聽從者甚衆。一夕，二程至，與論《易》，次日與人曰：『比見二程深明《易》道，吾所弗及，汝輩可師之。』撤坐輟講」。〔註 19〕第二則《程氏外書》記載：「橫渠昔在京師，坐虎皮，說《周易》，聽從甚衆。一夕，二程先生至，論《易》。次日，橫渠撤去虎皮，曰：『吾平日爲諸公說者，皆亂道。有二程近到，深明《易》道，吾所弗及，汝輩可師之。』（逐日虎皮出，

---

〔註 17〕二程祖母張氏是張載的姑母，張載是二程之父程珦的表弟，二程稱張載爲表叔。

〔註 18〕相國寺是京師開封最有名的佛教寺院，號稱「皇家寺院」，距離皇宮很近。屬於禪宗勝地。

〔註 19〕張載：《張載集》，第 386 頁。

是日更不出虎皮也。）橫渠乃歸陝西。」〔註20〕

　　雖然記載的是同一件事，但相較於第二則，第一則文獻更為客觀。〔註21〕兩則材料至少給我們提供了以下信息：一、張載「坐虎皮講《易》京師，聽從者甚眾」，反映張載對易學的造詣已達到較高程度，否則不可能在眾人面前講學。二、二程拜望張載說明張載當時的聲望比較高。三、二程與張載論《易》以及張載對二程易學水平的高度評價說明二程易學造詣也相當深厚。四、張載「撤坐輟講」，顯示出張載具有心胸寬廣、謙虛包容的品質。總之，這次論《易》，他們之間談得很是默契。由於「論易」並未盡興，於是，他們又另約了時間在興國寺繼續討論學問。據呂大臨記載：「伯淳嘗與子厚在興國寺曾講論終日，而曰：『不知舊日曾有甚人於此處講此事。』」〔註22〕從「終日」一詞我們可以推測當時的討論一定很熱烈、很深入，以至於感覺不到時間的流逝。從程顥滿懷豪情的說出此話的情形可見，彼此的談論定是非常地盡興而且深感志同道合。正如唐君毅所說：「尤見其相講論，已至無古今人我之境」。〔註23〕這樣的討論再次加強他們建立道學的信心，堅定了道學志向。難怪程顥滿懷豪情地說：「不知舊日曾有甚人於此處講此事」。張載也「渙然自信曰『吾道自足，何事旁求』」。〔註24〕從此他們積極致力於道學的探索與建立，逐漸形成關學與洛學。

## 二、「京師論易」隱含之問題

　　「京師論易」時，張載與二程的思想都尚未成熟，但對易學的研究程度都已達到相當高的程度。由於文獻缺乏，我們無從考索其學理意義，但隱含的幾點問題值得提及。

　　一、易學在三人思想中的地位很重要。北宋時，道學的建立是圍繞《周易》的詮釋和發揮展開的。思想家大都是通過對《周易》的創造性解讀與詮釋，構建起高度哲學化的儒學形態。〔註25〕因此，幾乎所有的理學家，都堪

〔註20〕 程顥、程頤：《二程集》，第 436～437 頁。
〔註21〕 第二條有溢美之詞，帶有濃厚的門戶之見。見余敦康：《內聖外王的貫通》，第 365 頁。
〔註22〕 程顥、程頤：《二程集》，第 26 頁。
〔註23〕 唐君毅：《中國哲學原論・原教篇》，2006 年，第 79 頁。
〔註24〕 張載：《張載集》，第 382 頁。
〔註25〕 例如：胡瑗有《周易口義》，歐陽修有《易童子問》，周敦頤有《太極圖說》、《通書》，王安石有《易說》，蘇軾有《東坡易說》，程頤的主要著作是《周易

稱易學家，張、程也不例外。黃宗羲認爲張載思想「以《易》爲宗」〔註26〕，王夫之也說：「張子之學，無非《易》也」。〔註27〕韋政通概括的更爲全面，他說：「橫渠和邵、周一樣，都曾以《周易》爲其思想的出發點，早期的《易說》不必說，即晚期的《正蒙》依舊籠罩在《易》學的氛圍之中」，並認爲「《易傳》以後，沒有人能像他那樣，用極富哲思而又簡潔的文字，表達形上義理組織形上系統的。」〔註28〕張載整個哲學思想體系是建立在易學基礎之上的。如果以《橫渠易說》爲其易學的代表，以《正蒙》爲其道學的代表，那麼張載《正蒙》中有四分之一的內容來自於《橫渠易說》。〔註29〕這說明張載易學對其道學的形成與發展起了重要作用，顯示出張載的思想是從易學發展爲道學。可見易學在其思想當中的重要地位。程顥不重著書，沒有易學著作，但其思想受易學的影響也相當深。有學者認爲程顥的學術根底在易學〔註30〕，此言不無道理。舉幾例以示說明：其一，在京師，程顥與張載論《易》，得到張載的認可與讚揚說明程顥易學造詣很深。其二，《遺書》記載，程顥任鄠縣主簿時，與人討論《易》與《春秋》。〔註31〕其三，程顥最早的《定性書》引《易》中之語：「貞吉悔亡。憧憧往來，朋從爾思」，「艮其背，不獲其身，行其庭，不見其人」，〔註32〕來闡釋自己的思想。另外，現存語錄中也有討論《周易》的大量內容，其語錄關於「理」的論說亦多發揮《周易》。〔註33〕這些都顯示易學在程顥思想中的重要地位。程頤一生都在致力易學研究，爲此他付出了不懈的努力，晚年成書的《程氏易傳》是其一生學術的結晶。嘉祐二年

程氏傳》，張載的主要著作是《正蒙》、《易說》。程顥不注重著書，沒有《易》學著作，但他和程頤同以善於說《易》在京師聞名。

〔註26〕黃宗羲、全祖望：《宋元學案》（黃宗羲全集版・第三冊），第797頁。

〔註27〕王夫之：《張子正蒙注》，中華書局，1975年，序論。

〔註28〕韋政通：《中國思想史》，上海書店出版社，2003年，第752頁。

〔註29〕胡元玲：《張載易學及道學研究》（北京大學2004年博士論文）第二章第一節：《橫渠易說》的文獻問題。

〔註30〕王新春認爲：程顥的理學，質而言之，其學術根柢在易學。透過對易學的創造性論釋與轉化，他建構起仁與天理通而爲一視域下的嶄新易學天人之學，推出了他的理學體系。見《仁與天理通而爲一視域的程顥易學》，《周易研究》，2006年第6期。

〔註31〕「謝師直爲長安漕，明道爲鄠縣簿，論《易》及《春秋》。」見《二程集》第249頁。

〔註32〕程顥、程頤：《二程集》，第460頁。

〔註33〕金春峰：《宋明理學若干特性的再認識》，《陝西師範大學學報》（哲學社會科學版），2008年第4期。

（1057年），20多歲在京師與兄程顥和張載論易時，其易學造詣已相當深厚，這時可能已開始寫易傳，以後的歲月裏，他隨寫隨改，直到元符二年（1099年），60多歲時《易傳》成書，書成之後又過了七年，才出以示人。程頤自己說：「某於《易傳》，殺曾下工夫」，〔註34〕確是肺腑之言。《易傳》是程頤學術體系的代表作，他的「理學就是他的易學」。〔註35〕可見易學在其思想中的重要地位。

二、張、程三人受王弼易學的影響很深。他們的易學思想都反對章句訓詁，而以崇尚義理為重。這是對王弼義理派解易思想的繼承。張載在《橫渠易說》中多次提到王弼易學，〔註36〕可知他在解易時，將王弼《易》作為重要參考文獻。程顥受王弼的影響可以從《定性書》看出，他說：「天地之常，以其心普萬物而無心；聖人之常，以其情順萬事而無情。」而這句話的來源則是：王弼「以為『聖人茂於人者神明也，同於人者五情也。神明茂，故能體沖和以通無；五情同，故不能無哀樂以應物。然則聖人之情，應物而無累於物者也。今以其無累，便謂不復應物，失之多矣。』從這一則材料看來，《定性書》受到王弼的影響相當深。」〔註37〕程頤曾說：「易有百餘家，難為徧觀。如素未讀，不曉文義，且須看王弼、胡先生、荊公三家。理會得文義，且要熟讀，然後卻有用心處。」〔註38〕由此可見，他們推重王弼易學。

三、他們認為「易本天道而歸於人事」，因此，張載、二程從理論到實踐都在踐行易道。張載曾說：「《易》之為書與天地準。《易》即天道，獨入於爻位繫之以辭者，此則歸於人事。」〔註39〕又說：「《易》言天道，則與人事一滾論之。」〔註40〕可見張載強調天道與人事的統一。程顥教導弟子說：「易又不只是這一部書，是易之道也。不要將易又是一個事，即事盡天理，便是易

---

〔註34〕程顥、程頤：《二程集》，第374頁。
〔註35〕余敦康：《內聖外王的貫通》，第373頁。
〔註36〕《橫渠易說》中涉及王弼的內容有：「王弼謂『命呂者律』，語聲之變，非此之謂也。」《張載集》第75頁。「王弼於此無咎又別立一例，只舊例亦可推行，但能嗟其不節有過之心則亦無咎也。若武帝下罪己之詔而天下悅，大人過既改，則復何咎之有！」《張載集》第170頁。「形聚為物，形潰反原，反原者，其遊魂為變乎！所謂變者，對聚散存亡為文，非如螢雀之化，指前後身而為說。輔嗣所解，似未失其歸也。」《張載集》第184頁。
〔註37〕郭曉東：《識仁與定性》，復旦大學出版社，2006年，第145頁。
〔註38〕程顥、程頤：《二程集》，第248頁。
〔註39〕張載：《張載集》，第181頁。
〔註40〕張載：《張載集》，第232頁。

也。」〔註41〕《遺書》記載:「謝師直爲長安漕,明道爲鄠縣薄,論《易》及
《春秋》。明道云:『運使,《春秋》猶有所長,《易》則全理會不得。』師直
一日說於先生。先生答曰:『據某所見,二公皆深知《易》者。』師値曰:『何
故?』先生曰:『以運使能屈節問一主簿,以一主簿敢言運使不知《易》,非
深知《易》道者不能。」〔註42〕這一段文字是弟子記錄程頤的語錄,大體是
說程顥在擔任鄠縣主簿時與任長安漕〔註43〕的謝師直論易的情況。在程頤看
來,上級願意屈尊與下級討論易學,而下級敢直言上級不知《易》,這都是很
不容易做到的事,不是深明《易》道之人做不到。而程頤以是否能運用易理
爲評判知易與否,也可知其貴於用易。《遺書》記載程頤的事例:「先生踐履
盡《易》,其作《傳》只是因而寫成。」〔註44〕這說明程頤一生都在身體力行
地實踐著易學的義理,其《易傳》只是其實踐易學的心得而已,他的易學就
是其人格的寫照。由此可知,張、程都是深明《易》道之人,他們在生活中
自覺地實踐易理。學《易》之人不在於扣索文字,而在於通過文意,掌握易
理。邵雍嘗言「知《易》者不必引用講解,是爲知《易》。孟子之言,未嘗及
《易》,其間《易》道存焉,但人見之鮮耳。人能用《易》,是爲知《易》。如
孟子,所謂善用《易》者也。」〔註45〕眞正懂《易》之人是能將易理運用在
生活當中的人。南懷瑾先生將學《易》之人分三等:第一等人領導變化;第
二等人掌握變化;末等人則是跟著變化走。〔註46〕以此作爲評判標準,張、
程至少已屬於把握變化之人。

四、張載、二程出入佛老,返歸六經的緣由。張載、程顥出入佛老多年,
這在各自《行狀》中都有記載;程頤沒有出入佛老的記載,但從他對佛教的批
評以及借鑒,說明他對佛教經典有過深入研究。〔註47〕這裏就產生第一個問題:

---

〔註41〕程顥、程頤:《二程集》,第 31 頁。
〔註42〕程顥、程頤:《二程集》,第 249 頁。
〔註43〕轉運司,簡稱「漕司」,宋初只負責轉運物資事務,開寶九年,剛即位的宋太
　　　宗詔轉運使舉察本地區知州、通判等官員的政績。最初轉運司長官的名稱不
　　　一,宋太宗時通稱爲轉運使。
〔註44〕程顥、程頤:《二程集》,第 345 頁。
〔註45〕黃宗羲、全祖望:《宋元學案·百源學案》(黃宗羲全集版·第三冊),第 457
　　　頁。
〔註46〕南懷瑾:《易經繫傳別講》,復旦大學出版社,2002 年,第 26 頁。
〔註47〕程頤雖然沒有出入佛老,但是對佛老之學的研究也相當深入,僅《遺書》(卷
　　　十五)有多處對佛老的評判,例如:「釋氏之學,又不可道他不知,亦儘極乎
　　　高深。」《二程集》第 152 頁。「《老子》言甚雜,如《陰符經》卻不雜,然皆

爲什麼張、程立志求道之後需要訪諸「釋老」？他們訪求佛老的目的是什麼？
筆者試圖從兩方面作答。首先，從佛老方面而言，佛老思想在當時有很大影響，
可以說是那個時代最重要的話語語境。唐代的儒者普遍地出入釋老，視爲當然，
蔚爲成風。經過五代十國，進入宋代，儒者對佛老的熱衷依然很深。〔註 48〕孫
復說「佛老之徒，橫於中國，……天下之人……莫不爭奉而競趨之。」〔註 49〕
張載說：「自其說熾傳中國，儒者未容窺聖學門牆，已爲引取，淪胥其間，指爲
大道。」〔註 50〕二程說：「浮屠之術，最善化誘，故人多向之。」〔註 51〕范育
說：「以爲大道精微之理，儒家之所不能談。」〔註 52〕這表明佛教盛行是當時學
者有目共覩的事實。佛老不但在理論形態上具有領先地位，而且是當時最重要
的文化語境，想脫離這樣的語境來重構儒學體系，幾乎不可能。所以，張載「求
諸釋老，累年究其說」，程顥「出人老、釋氏幾十年」，也就是很正常不過的事
情了。其次，從儒學方面而言，儒家經典中雖然樹立了一個「聖人」的理想，
但是卻沒有指出具體的進入聖門的途徑。這樣，聖人目標就變得高不可攀，難
以企及。所以，道學建構者必須提供入德之途。所謂入德之途就是證悟聖人境
界的具體途徑。如果不解決這個問題，生活在名教社會的人們就無法體會到名
教之樂。而在心性工夫方面，正是佛老所長，他們有完備細密的工夫論，從佛
老那裏學習心性工夫的理論與方法，以彌補儒家在這方面的欠缺，這也是勢所
必然。所以，張、程通過親身經歷從佛老的思想中汲取營養，尋求借鑒，爲儒
學彌補工夫論的不足，並探尋實現聖人目標的具體途徑與方法。

　　第二個疑問是：爲什麼張、程在佛老中沉浸多年之後，最終返歸六經，
以儒家爲歸依？筆者認爲其具體原因在於：一、從小立志求道的志向沒有改

---

窺測天道之未盡者也。」《二程集》第 152 頁。「釋氏之說，若欲窮其說而去
取之，則其說未能窮，固已化而爲佛矣。」《二程集》第 155 頁。「佛、莊之
說，大抵略見道體。」《二程集》第 156 頁。如果不是對佛老有深入研究，很
難做出這樣的評判。

〔註 48〕 在宋代儒士中，幾乎找不到一位與佛禪絕緣的。例如：周敦頤曾從學於潤州
　　　　（江蘇鎮江）鶴林寺僧壽涯，又參禪於臨濟宗禪師黃龍慧南，自稱「窮禪客」；
　　　　歐陽修受教於東林寺祖印禪師，自號「六一居士」；蘇東坡主儒釋道「三教合
　　　　一」，自稱東坡居士。

〔註 49〕 黃宗羲、全祖望：《宋元學案・泰山學案》（黃宗羲全集版・第三冊），第 140
　　　　頁。

〔註 50〕 張載：《張載集》，第 64 頁。

〔註 51〕 程顥、程頤：《二程集》，第 50 頁。

〔註 52〕 張載：《張載集》，第 4 頁。

變。張載的思想任務從一開始就被范仲淹提到了「向上一路」，方向明確。范仲淹的引導使年青的張載樹立了偉大的抱負和強烈的責任感與使命感。二程在周敦頤的教導下尋找孔顏樂處，立志求道，從年輕時起就自覺地致力於直承孔孟。程顥甚至打算放棄科舉，以便潛心於對「道」的探求。「志者，教之大倫而言也」，〔註53〕因此，這種志向是不會輕易改變的。二、從佛老思想中沒有找到「安泊處」，即安身立命之處。張、程「泛濫」於佛老，徘徊其間多年卻仍然沒有解決「名教之樂」的問題。在這期間，他們經歷了怎樣的努力與艱辛、苦悶與彷徨，由於史料缺乏，我們不得而知。不過，朱熹的類似經歷或多或少可以給我們一些參考。《朱子大傳》中詳細記敘了朱熹早年出入佛老的心理歷程：無路的彷徨，在困學中的艱難跋涉，思想的交戰與搏鬥等等。〔註54〕這些說明在求索歸宿的過程中，佛老思想最終仍無法讓他們有「安身立命」之感。三、從家庭環境或個人氣質來看，張、程都屬於「儒家型」。張載的家庭背景屬於儒家型，他年青時的「建功立業」之舉也是典型的儒家型，只不過是儒家所謂的「末」而已。二程的家庭背景屬於儒家型，從小就接受嚴格的禮教。母親侯氏「仁恕寬厚」，「事姑舅以孝謹稱」，「撫愛諸庶，不異己出」，〔註55〕而對二程的教育卻非常嚴格。程頤回憶：「夫人男子六人，所存惟二，其愛慈可謂至矣，然於教之之道，不少假也。才數歲，行而或蹈，家人走前扶抱，恐其驚啼，夫人未嘗不呵責曰：『汝若安徐，寧至蹈乎？』飲食常置之坐側，嘗食絮羹，皆叱止之，曰：『幼求稱欲，長當如何？』雖使令輩，不得以惡言罵之。故頤兄弟平生於飲食衣服無所擇，不能惡言罵人，非性然也，教之使然也。與人爭忿，雖直不右，曰：『患其不能屈，不患其不能伸。』及稍長，常使從善師友遊；雖居貧，或欲延客，則喜而爲之具。」〔註56〕這種家庭環境培養了他們的儒者氣質。概言之，張、程之所以「返歸六經」，最重要的是因爲他們具有深厚的儒家情懷。儒家情懷的核心就是對現世的責任。在張、程看來，如果儒者只爲追求個人的心性修養而不具備對社會的責任感，那麼他與佛老追求的成佛成仙沒有本質區別。對於張、程來說，儒家情懷賦予他們對社會的擔當精神，因此，在徘徊多年之後，他們重新回歸儒

---

〔註53〕張載：《張載集》，第32頁。

〔註54〕束景南：《朱子大傳》，華東師範大學出版社，2003年，第81～198頁。

〔註55〕程顥、程頤：《二程集》，第653頁。

〔註56〕程顥、程頤：《二程集》，第654頁。

學，並以此作爲自己精神與生命的歸宿。在當時，學術前沿的問題就是重新
建構儒學，而他們自覺地承擔起時代的使命。〔註57〕

　　最後需要強調，「京師論易」之重要意義在於：它標誌著張、程開始共同
致力於道學的建構。

# 第三節　「關學不出於洛學」之考論

## 一、從「京師論易」論「關學不出於洛學」

　　「關學出於洛學」是二程弟子對關洛「淵源關係」的定位。從宋代到明
清，對這一問題的爭論在前文緒論中已經詳細說明，此處不再贅述。總之，
從事實上判斷，關洛的「淵源關係」根本就是一個不存在的問題。但是由於
受到「關學出於洛學」觀點的影響，當代學者仍有人將「京師論易」認爲是
程顥啓發張載「盡棄異學」的契機。〔註58〕所以，在此還須花費筆墨對這個
問題提供一些佐證。

　　首先，「京師論易」時，張、程都已經返歸儒家正統，只有志同道合的問題，
不存在程顥「啓發」張載的問題；即便有「啓發」，那麼也是「相互啓發」的可
能性較大。從張載來看，他在拜見范仲淹之後，開始走上學術探索的道路。經
歷了「訪諸釋老」未得之過程，又返求於《六經》，最後有了歸依，這表明張載
已經返歸儒家正統。之後，張載赴京趕考以及在京師講易。從程顥來看，他「自
十五六時，聞汝南周茂叔論道，遂厭科舉之業，慨然有求道之志。未知其要，
泛濫於諸家，出入於老、釋者幾十年，返求諸《六經》而後得之。」〔註59〕程
顥見周敦頤於宋仁宗慶曆六年（1046 年），當時十五歲。後來曾「出入於老釋

　　〔註57〕　以往研究者認爲，張、程由佛老返歸《六經》是其人生的轉折，這種看法值
　　　　　　　得商榷。筆者認爲，張，程訪諸釋老，應該理解爲在探究名教之樂的過程中
　　　　　　　主動尋求一種借鑒與新的解讀方式，以便在儒學體系重構中有所超越。張、
　　　　　　　程返歸六經尤其說是「轉變」，不如說是「回歸」，或許從一開始他們就沒打
　　　　　　　算以佛老爲依歸。出入佛老的經歷不但爲他們建立道學體系提供了參考，而
　　　　　　　且也爲他們後來批評佛老提供了依據。
　　〔註58〕　郭曉東認爲：嘉祐元年張載恰好也經歷了一個從釋老返歸六經的思想歷程，
　　　　　　　而這一轉變的契機即在於與二程兄弟「共語道學之要」，從這一則史料中我們
　　　　　　　可以看出，明道在這個時候已經先行實現了從釋老到六經的思想轉變，否則
　　　　　　　的話，又何以啓發橫渠「盡去異學」。《識仁與定性》，第 142 頁。
　　〔註59〕　程顥、程頤：《二程集》，第 638 頁。

者幾十年」，就是說有將近十年的時間出入釋老，這就可以推斷，他返歸《六經》的時間大約在二十五歲，即仁宗嘉祐元年（1056 年）前後。從「厭科舉」到「返歸《六經》」再到參加科舉考試，說明程顥已回歸儒家正統。「京師論易」時，如果張載的思想框架不能說已初步形成，但至少可以說是學有根底。張載是二程的長輩，長二程十多歲，張載對二程易學思想給予極大認可，不僅說明他人品的可貴之處，而且說明他的易學造詣深厚，因爲有眞工夫的人才有能力去評判他人。因此，張、程彼此欣賞、互相啓發的可能性較大。

其次，張載在去京師之前已經以儒道爲己任，而並非受二程啓發才「盡棄異學」。嘉祐二年（1057 年）三月，程顥 26 歲，與張載、朱光庭、蘇軾、蘇轍、曾鞏同第。宋仁宗御殿親試，程顥作《南廟試策五道》，在第二道結尾處說：「聖門之學，吾不得而見焉，幸得見其幾者矣。則子厚之願掃其門，宜乎！」〔註 60〕程顥認爲從事聖門事業的人很少，而張載已是難得的以儒道爲己任的人物。從這則史料可以看出，程顥對張載的評價很高。程顥之所以敬重張載就在於張載在「京師論易」之前，就已經以儒道爲己任，而並非受二程的啓發才確立這樣的人生目標。所以，最多只能說張載與程顥之間是互相推重，而不能說二程啓發張載。

不難想像，在佛老思想佔據人們心靈世界的大背景下，張載與二程相遇相知，他們的志向都是振興儒家事業，而且有足夠的積纍共同討論道學的核心問題，定有遇到知己的感覺。程顥後來的詩中「歎息斯文約共修」，〔註 61〕說得就是他們共同致力於道學的探索。「共修」說明他們是志同道合的「同道」，不存在淵源的問題。他們之間的討論更多的是相互激勵，從而在儒學重構的道路上更自信、更堅定。張載對《周易》「君子之道，或出或處，或默或語。二人同心，其利斷金。同心之言，其臭如蘭。」的詮釋或許可以再次證明他們致力道學的堅定。他說：「君子自知自信，了然不惑。又於出處語默之際護與人同，則其志決然，利可斷金。」又說：「惟仁者能聽盡言，己不欲爲善則已，苟欲爲善，惟恐人之不言。『二人同心，其利斷金』，夫一人固自明矣，又有一人言而同心，其爲利也如金鐵之可斷。」〔註 62〕

---

〔註 60〕 程顥、程頤：《二程集》，第 467 頁。
〔註 61〕 《哭張子厚先生》「歎息斯文約共脩，如何夫子便長休！東山無復蒼生望，西土誰共後學求？千古聲名聯棣萼，二年零落去山丘。寢門慟哭知何限，豈獨交親念舊遊？」《二程集》第 485 頁。
〔註 62〕 張載：《張載集》，第 194 頁。

## 二、從學派創立先後再論「關學不出於洛學」

「關學不出於洛學」還可從學派創立的角度再次做出論證。為了論述清晰，我們有必要對學派的形成先做瞭解。學派的形成至少應該具備三個條件：一、有創立者；二、有成熟的理論形態，三、有眾多的弟子從學。具備了這三個條件，才可稱其為「學派」。以下從這三個方面分析關洛學派創立的先後，進而得出「關學不出於洛學」的結論。

一、張、程創立學派的起步時間大致同期。從嘉祐初年，「京師論易」之後，張載與二程共同承擔起振興儒學的重任，一起致力於道學的發展。可以說作為道學學派的領袖人物，他們的起步大致是同期。

二、張載成熟理論形態的形成早於二程。成熟著作的形成應該是理論形態成熟的標誌。即便不以《橫渠易說》、《經學理窟》、《文集》、《語錄》等為準，僅以《正蒙》為代表，張載的思想體系在 1076 年已成熟。此年，張載集畢生立言彙成《正蒙》，交與弟子蘇昞，編為十七篇。同期，二程僅有《定性書》與《顏子所好何學論》兩文，最早的語錄是 1077 年的《洛陽議論》，由張載的弟子蘇昞記錄的關於張載與二程的談話。而二程哲學中的核心範疇「天理」觀，〔註63〕是在 1079 年呂大臨《東見錄》中第一次完整地體現出來，而這已是張載去世之後的事情。

三、張載眾多弟子從學的時間早於二程。張載有眾多弟子從學的時期在 1070～1076 年間。二程弟子集中從學的時期則在 1078～1085 年。

北宋五子中，張載的年譜最為簡單，什麼時候開始授徒以及從學弟子有多少都沒有清楚的記錄。現只能從《行狀》、《宋元學案》、《張子年譜》、《關學編》中將零星記錄綜合起來，以瞭解張載講學情況及弟子從學情況。

張載的為學大體可分三個階段。第一階段是康定元年～嘉祐初年（1040～1056 年）。康定元年，張載受范仲淹的啟發，走上學術探索的道路，此前的理想在於「建功立業」，此後的努力卻著落在學問的探索中。范仲淹對張載的啟發甚大。張載曾說：「范文正才氣老成。」〔註64〕可見張載對范仲淹很是尊重。范氏的引導以及與范氏的交往對張載的自我定位產生重要影響。「建功立業」只是儒家之末，「名教之樂」才是儒家之本。在范仲淹看來，《中庸》可以引導張載

---

〔註63〕「天理」觀的形成應該是二程哲學思想成熟的標誌。《定性書》只能反映程顥早期的修養工夫論。而不能作為思想成熟的標誌。
〔註64〕程顥、程頤：《二程集》，第 67 頁。

探討「聖人之德」、「名教之樂」。而范仲淹對「先天下之憂而憂，後天下之樂而樂」的追求，爲儒家名教之樂提供了最好的詮釋，這正是深深打動張載、使他聽從范氏勸告的關鍵所在。范仲淹從一開始引導張載進入的就是學術探索的「向上一路」。〔註65〕張載由追求外王事業轉向追求內聖修養，由經世之學轉向對心性之學的探求。嘉祐初年，張載入京參加科舉考試並講易京師，已經學有根柢；與二程探討道學之要，更加堅定了對重建道學的信心，之後積極致力於對道學的建構。第二階段是嘉祐二年～熙寧二年（1057～1069 年）。張載一邊從政，將儒家的義理付諸實踐；一邊從事學問，教導弟子。主要的講學經歷有：宋英宗治平二年（1065 年），張載應文彥博之聘，在長安當了一年學官，次年，京兆府「王公樂道」，將張載請到郡學講學，張載多以儒家道德教人，他說：「孰能少置科舉，相從於堯舜之域否？」〔註66〕學者聽了他的話，「多有從之者」。據「多有從之者」判斷，此時師從張載的人應該較多。第三階段是熙寧三年～十年（1070～1077 年）。這是張載學術理論創作的精進階段，也是關學形成規模的階段。他不但在理論方面而且在實際生活中不斷地充實著對道學的探索。在學術方面，他精思力索，勇於造道；將一生精思所得，合爲一書，命名爲《正蒙》。在教學方面，有眾多弟子從學。有文獻記載的張載弟子情況如下：據明代馮從吾《關學編》記載，北宋關學人物依次是張載、張戩、呂大忠（附呂大防）、呂大鈞、呂大臨、蘇昞、范育、侯仲良。〔註67〕《宋元學案・呂范諸儒學案》記載有：呂大忠、呂大鈞、呂大臨、蘇昞、范育、游師雄、种師道、潘拯、李復、田腴、邵清、張舜民、薛昌朝。〔註68〕將這些綜合起來，張載弟子合計十四人：呂大忠（字晉伯）；呂大鈞（字和叔），學者稱京兆先生；呂大臨（字與叔），張載弟張戩之婿；此三人合稱「藍田三呂」。蘇昞（字季明）〔註69〕；范

〔註65〕 余敦康：《漢宋易學解讀》，華夏出版社，2006 年，第 323 頁。所謂「向上一路」的任務就是全面建構儒家的工夫論、本體論、心性論。

〔註66〕 張載：《張載集》，第 382 頁。

〔註67〕 馮從吾：《關學編》，中華書局，1987 年，第 1～15 頁。

〔註68〕 黃宗羲、全祖望：《宋元學案・呂范諸儒學案》（黃宗羲全集版・第四冊），第 362 頁。

〔註69〕 蘇昞：字季明，京兆武功人，世稱武功先生。《關學編》記載，他與游師雄「師橫渠張子最久」。蘇昞可能是最早從學於張載的弟子之一。《橫渠先生行狀》記載，治平三年（1066 年），京兆王公樂道嘗延致郡學，先生多教人以德，從容語學者曰：「孰能少置意科舉，相從於堯舜之域否？」學者聞法語，亦多有從之者。蘇昞作爲京兆人可能是此時從學。熙寧元年（1068 年），張載講學於武功綠野亭，這次講學可能與蘇昞（京兆武功人）有關。蘇昞從學至少不晚

育（字巽之）；游師雄（字景叔）；种師道（字彝叔）；潘拯（字康仲）；李復（字履中），學者稱涑水先生；田腴（字誠伯）；邵清（字彥明）；張舜民（字芸叟）；薛昌朝（字景庸）。加之，張載弟張戩（字天祺）也是關學代表人物。張載講學，每以「知禮成性」、「變化氣質」之道教導弟子。在社會實踐方面，他帶領弟子與鄉里進行恢復古禮與井田制的實踐。這一階段，關學學派已經形成規模。

程顥的爲學也可大致分爲三個階段。第一階段是慶曆六年～嘉祐元年（1046～1056 年）。慶曆六年，在周敦頤的影響下，程顥確立了求道之志。周敦頤對程顥的影響，是將他引入「道學領域」，直接進入「向上一路」，追求的「孔顏樂處」，就是儒家安身立命之所。但是由於年齡尙小，對儒家經典存在諸多困惑，於是出入釋老以求解決困惑的途徑，十年之後，返歸於六經，找到了安身立命的所在。嘉祐初年，與張載在京師會面，共語道學之要，更加堅定致力於道學的信心。第二階段是嘉祐二年～熙寧五年（1057～1072 年）。程顥中進士後，一邊擔任地方及中央的行政事務；一邊繼續從事儒學的建構。期間有個別弟子從學。第三階段是熙寧六年～元豐八年（1073～1085 年）。這一階段主要在洛陽授徒講學，創立學派。其中元豐年間（1078～1085 年），是程門弟子從學最爲集中的時期，有名的學者多是在此期間從學，二程語錄大量記錄下來，洛學學派形成規模。

程頤的爲學可以分爲四個階段。第一階段是慶曆六年～嘉祐四年（1046～1059 年）。程頤十四歲從學周敦頤，周敦頤對他的影響，是將其引入「道學領域」，直接進入「向上一路」，追求「孔顏樂處」，開始確立求道之志。之後，科考不中，放棄科舉，專心於學問。第二階段是嘉祐五年～熙寧四年（1060～1071 年）。隨父事親，一邊輔助父親處理日常事務，一邊繼續專研學問。第三階段是熙寧五年～元豐八年（1072～1085 年），與兄程顥開始授徒講學，創立學派。第四階段是元祐元年～大觀元年（1086～1107 年）。程顥去世後，程頤獨立承擔道學的發展使命，繼續思考探索，在理論上有更進一步的發展，並且呈現出自身的特點。

關於二程弟子從學的情況，盧連璋在《二程學譜》中有詳細記載。這裏揀擇重要的簡要介紹。程顥弟子大量從學的年代在元豐年間（1078～1085 年），有名的學者多是在此期間從學。元豐元年（1078 年）冬，程顥知扶溝縣事，謝良佐始受學於程顥；游酢也應召來扶溝任學職，並從學於程顥；同年周純明從

於這一年。

學於二程。元豐二年（1079年），「藍田三呂」及蘇昞、范育等張載門人從學於二程，《龜山先生年譜》記載：「時明道門，皆西北士，先生與建安游定夫酢，往從學焉，於言無所不說，明道甚喜。」〔註70〕這說明，張載去世後，弟子們轉師二程，已是程門早期弟子。這時二程語錄大量記錄下來。四年（1081年），二程兄弟在穎昌，楊時、李籲見二程於穎昌，與游酢、謝良佐同學於二程。楊時師事於程顥，李籲從學二程。五年（1082年）冬，劉絢來洛陽以師禮見程顥。六年（1083年）程顥「監汝州酒稅」，劉絢、朱光庭先後去汝州見程顥。元豐八年（1085年），程顥病逝。之後，程頤繼續講學授徒。元祐五年（1090年），尹焞以師禮見程頤。八年（1093年），楊時、游酢以師禮見程頤於洛陽。元符三年（1100年），張繹、孟厚先後以師禮見程頤於洛陽；羅從彥從福建來洛陽向程頤學《易》。徽宗建中靖國元年（1101），周孚先來從學。崇寧三年（1104），馬伸辭官來從學。

　　從以上史料可以看出，二程弟子集中從學，洛學出現盛況，已是張載去世以後的事情了。這就進一步證明「關學不出於洛學」。勞思光認為「程門之學盛於橫渠身後」，〔註71〕確實是正確的判斷。所謂「關學之盛，不下洛學」〔註72〕正確的理解應該是：關學當時的盛況不亞於後來洛學的盛況。事實上，在關學思想已經完全成熟的時候，洛學尚在形成之中。關學的創立早於洛學若干年，這才使洛學觀摩與批評關學成為可能。後來，二程在自身學說成熟的過程中，將張載思想作為最重要的參照糸，吸收了張載的很多重要命題和觀點。只有承認了這個事實，才可以有效地說明：我們現在從張載與二程的思想材料中，為什麼看不到張載因襲二程的地方，反而可以看到很多二程批評借鑒張載的地方。

　　綜上所述，我們可以做這樣的判斷：張載學術最精進的階段是1070～1077年，程顥學術最精進的階段是元豐年間1078～1085年，程頤學術最精進的階段則是在程顥去世以後的1086～1107這二十年間。也就是說，張載、程顥、程頤三人在學術發展的過程中，其實有著層層相繼的關係。

---

〔註70〕於浩編：《宋明理學家年譜》（二），第14頁。楊時29歲從明道於穎昌。
〔註71〕勞思光：《新編中國哲學史》（三上），第148頁。
〔註72〕黃宗羲、全祖望：《宋元學案・序錄》（黃宗羲全集版・第三冊），第33頁。

# 第三章　第二次論學：定性工夫
## （1058～1060 年）

　　嘉祐二年（1058 年）張載與程顥同登進士第，次年，程顥主動請調到風景秀麗的鄠縣擔任主簿；張載也被派往地方任職，先是擔任祁州司法參軍，後又被調到丹州當雲岩縣令。〔註 1〕在此期間，張載與程顥通過書信方式繼續論學，《答橫渠張子厚先生書》，又名《答橫渠先生定性書》（後世稱爲《定性書》）即完成於程顥任鄠縣主簿期間，是張、程第二次論學留下來的重要文獻。由於《定性書》涉足於「造道之精微處」，受到後世學者們的普遍重視，〔註 2〕近人研究程顥思想，也都非常重視此書。隨著對程顥思想研究不斷深入，對《定性書》的論證也逐漸加深。〔註 3〕總體而言，對定性工夫的研究大多集中於程顥思想研究中。作爲程顥的哲學著作，對《定性書》作獨立研究當然是

---

〔註 1〕　鄠縣與雲岩縣都屬於當時的陝西路。見王存等撰：《元豐九域志・陝西路》，中華書局，2005 年。

〔註 2〕　《宋元學案》摘引了明代講說《定性書》的例子：劉蕺山給《定性書》很高評價，說：「此伯子發明主靜立極之說，最爲詳盡而無遺也。」並將《定性書》分解爲六段予以解釋。羅整庵認爲：「內外只是一理也」。黃百家稱：「明嘉靖中，胡柏泉松爲太宰，疏解《定性書》，曾講於京師，分作四層：一者天地之常心，普物而無心，此是天地之定；二者聖人之常情，順物而無情，此是聖人之定；三者君子之學，廓然大公，物來順應，此是君子之定；四者吾人第於怒時，遽忘其怒，觀理是非，此是吾人之定。吾人希君子，君子希聖人，聖人希天地。」《宋元學案・明道學案》，第 665～666 頁。這些解說未必完全符合程顥思想，但卻可以反映出《定性書》所受到的重視。

〔註 3〕　溫偉耀的《成聖之道──北宋二程修養功夫論研究》與郭曉東的《識仁與定性》是研究程顥工夫論的專著。尤其是《識仁與定性》對《定性書》的分析與梳理細緻詳實、極富哲學深度。

必須的。但是作爲張、程學術思想互動的結果，從二者關係的角度對定性工夫進行研究也是極其必要的，而目前缺乏的正是這樣的研究。所以從全局來看，定性工夫的研究仍然是不完整的。

搭建張、程在這一階段學術交流的情境，確實存在困難，原因在於張載書信已遺失，張載到底是怎麼具體講「定性」問題，我們根本無從直接說明。困難雖有，但也可以嘗試。爲了展示張載、程顥在工夫論方面的互動與探求，有必要從張載同一時期的其他文獻中，尋找一種憑藉或依據，以構建他們交流的語境與框架，從而對張、程「定性」工夫有一個相對全面的探析，這是筆者期望解決的問題。

# 第一節 《定性書》釋義

爲了便於分析，《定性書》全文摘引如下：

> 承教，諭以定性未能不動，猶累於外物，此賢者慮之熟矣，尚何俟小子之言！然嘗思之矣，敢貢其說於左右。

> 所謂定者，動亦定，靜亦定，無將迎，無內外。苟以外物爲外，牽己而從之，是以己性爲有內外也。且以性爲隨物於外，則當其在外時，何者爲在內？是有意於絕外誘，而不知性之無內外也。既以內外爲二本，則又烏可遽語定哉？

> 夫天地之常，以其心普萬物而無心；聖人之常，以其情順萬事而無情。故君子之學，莫若廓然而大公，物來而順應。《易》曰：「貞吉悔亡。憧憧往來，朋從爾思。」苟規規於外誘之除，將見滅於東而生於西也。非惟日之不足，顧其端無窮，不可得而除也。

> 人之情各有所蔽，故不能適道，大率患在於自私而用智。自私則不能以有爲爲應迹，用智則不能以明覺爲自然。今以惡外物之心，而求照無物之地，是反鑑而索照也。《易》曰：「艮其背，不獲其身，行其庭，不見其人。」孟氏亦曰：「所惡於智者，爲其鑿也。」與其非外而是內，不若內外之兩忘也。兩忘則澄然無事矣。無事則定，定則明，明則尚何應物之爲累哉？

> 聖人之喜，以物之當喜；聖人之怒，以物之當怒。是聖人之喜怒，不繫於心而繫於物也。是則聖人豈不應於物哉？烏得以從外者爲

非，而更求在內者爲是也？今以自私用智之喜怒，而視聖人喜怒之
正爲如何哉？夫人之情，易發而難制者，惟怒爲甚。第能於怒時遽
忘其怒，而觀理之是非，亦可見外誘之不足惡，而於道亦思過半矣。

心之精微，口不能宣；加之素拙於文辭，又吏事匆匆，未能精慮，
當否佇報，然舉大要，亦當近之矣。道近求遠，古人所非，惟聰明
裁之！〔註4〕

如果將第一段與最後一段的謙虛之語暫時略而不論，那麼信的主體內容只有
四段。第一段首先是針對張載「定性未能不動，猶累於外物」之語，程顥明
確地說明自己對「定」的理解，即「動亦定，靜亦定，無將迎，無內外」，這
就是說程顥所謂的「定」涵蓋動與靜、內與外。其次，程顥認爲如果以外物
爲外，以人屈從於物，就是將性分爲內外兩截，這樣，人隨物擾，當然定不
下來。在程顥看來，這種杜絕外物的做法，其實是人自己預設了性有內外之
別，這是人爲地將性分爲內外，是「二本」；而事實上，只有一個性。分性爲
內外的定性之法，當然無法做到真正的定。

　　第二段以聖人爲例，說明君子應物的方法應該是廓然大公，物來順應。〔註
5〕爲了說明廓然大公之意，程顥引用了《周易》之《咸》卦：「貞吉悔亡。憧
憧往來，朋從爾思」。此語見《咸》卦之九四。「憧憧」可理解爲心思急切的
樣子。往來從卦義上講是指「九四與初六相交感」，此句的大意是說「當去知
與故，自然而然；今心念憧憧，思慮營營，有失『天下何思何慮』的感應之
道。」〔註6〕程顥引此句意在說明心能廓然大公，則無感不通，如聖人喜則當
喜，怒則當怒，無需杜絕一切情感，亦無時不定；相反，如果心有所繫，則
以私心感物，那就做不到「定」。在程顥看來，僅僅將心思放在驅逐外誘之上，
除一件又長一件，根本無法解決問題。

　　第三段指出人不能「適道」的原因有二，即自私與用智。這是說如果想
「適道」，所做的工夫應該是去除自私與用智，而不是「惡外物」。如果以「惡
外物」爲「適道」之方法，那就相當於拿著鏡子的反面來求照，是不得其法。
在程顥看來，「規規於外誘之除」是不能做到定性的，正確的方法是去除「自

〔註4〕程顥、程頤：《二程集》，第 460～461 頁。
〔註5〕朱熹認爲，《定性書》之大綱，只在此兩句。見黎靖德：《朱子語類》（朱子全
　　　書本），上海古籍出版社，2002 年，第 3213 頁。
〔註6〕陳鼓應：《周易今注今譯》，商務印書館，2005 年，第 291 頁。

私而用智」，這說明程顥換了一種思路解決「定」的問題。程顥引《周易》與《孟子》之語以說明自私與用智的涵義。《周易》之《艮》卦：「艮其背，不獲其身，行其庭，不見其人」。此句原意爲「謹愼背後，使人不得傷其身。行於庭中，人不得見其蹤跡，沒有咎害。」〔註7〕實質是告誡處困之人謹愼行事，不與外界接觸。程顥用意並非與《周易》原意相符，只是在於發揮「無物我之分，則不自私」之意，這樣在接物之時就能做到物各付物，隨順自然。《孟子》的「所惡於智者，爲其鑿也」，此語見於《離婁下》，其文曰：「如智者若禹之行水也，則無惡於智矣。禹之行水也，行其所無事也。如智者亦行其所無事，則智亦大矣。」〔註8〕這裏所謂的「智」，是指穿鑿附會之「小智」、「私智」，朱熹解釋此句說：「天下之理，本皆順利。小智之人，務爲穿鑿，所以失之。禹之行水，則因其自然之勢而導之，未嘗以私智穿鑿而有所事。」〔註9〕大致是主張去除人爲，因勢利導，隨順自然。程顥引此句在於說明「用智」就是刻意而爲，不能順其自然。人因爲自私與用智，則「不能以有爲爲應跡，以明覺爲自然」。所謂「明覺」，指的是心之本然的能知能覺的潛質，如果有人爲（用智）的因素，則不能使人的行爲作爲「應跡」之舉，也不能使明覺自然而然地發揮。程顥的整體思路就是：通過去除「自私而用智」，達到「內外兩忘」，從而做到「定」，然後不爲物累。

第四段又以聖人爲例說明人之情繫於物而不繫於心，這樣便能得情之正，而不以外物爲累。以「制怒」爲例再次說明外物不足惡，而應該「觀理之是非」。

總的來說，程顥圍繞著「定性未能不動，猶累於外物」這一核心問題，從兩個方法闡述了自己的觀點。第一，不爲物累是要「應物」，而不是「惡外物」。程顥對定的解釋，舉聖人的「物來順應」之例，以及說明惡外物是內外之分的表現等等都是在闡明自己的觀點。第二，定性的具體方法不是「規規於外誘之除」，而是去除人爲的自私與用智。程顥引用《周易》、《孟子》中的內容也是爲說明這一點。人生活在現實世界中，不與外物接觸是不可能的，因而，要定性不在於是否爲外物所牽累，而是要做到「無內外」，取消心物對

---

〔註7〕 陳鼓應：《周易今注今譯》，第465～469頁。
〔註8〕 趙岐等：《孟子注疏》（李學勤主編十三經注疏本），北京大學出版社，1999年，第231頁。
〔註9〕 朱熹：《四書章句集注》（朱子全書本·第六冊），第362頁。

立關係，進入與物無對的無分別境界，性就不會被外物所遷，這就是定性。

程顥主張本心超越內外的區分，這樣就能夠「廓然而大公，物來而順應」。聖人的「無情」只是情感順應於事物的自由發展，而不夾雜私我與計度；喜怒符合事物之理，也就保持了本心的自然呈現。這樣，雖然酬酢萬變，應物無窮，而心實未嘗有動，只是「心普萬物而無心」，「情順萬物而無情」。天地之為天地，聖人之為聖人，就在於能以大公之心隨順自然，從而能做到真正的定。由此看來，程顥所謂的「定」是從「已成處」〔註10〕說，而並非從「下工夫處」而言。溫偉耀認為：《定性書》的「內外兩忘」，必須理解為境界性的說法，在此崇高境界中，道德生命的實然與應然融合為一。……這種境界的描述，並不能作為實踐工夫過程的指點。〔註11〕這一觀點對於解決張載與程顥的差異與會通很有幫助。

## 第二節　《橫渠易說》成書考證

過往論著之所以沒有從關係的角度做研究，最重要的因素在於張載本人的信件已佚，無法對照。從關係角度進行研究確實存在較大難度，但並不意味著不可能。要搭建張載與程顥對定性工夫討論的大致語境與各自的思維路徑，需要解決兩個問題：一、確定張載寫信的年代；二、確定張載在這一時期的著作。這兩點都可以解決。第一，張載給程顥寫信的大體時間可以從程顥寫《定性書》的時間〔註12〕做出推斷。《定性書》大約寫於 1059 年前後，

---

〔註10〕黎靖德：《朱子語類》，第 3210 頁。

〔註11〕溫偉耀：《成聖之道》，第 40 頁。

〔註12〕目前學術界對《定性書》所作的時間基本上有三種看法：一種認為是嘉祐三年作，見管道中：《二程研究》，第 230 頁；盧連章：《二程學譜》，第 6 頁。第二種看法認為是嘉祐四年作，見徐遠和：《洛學源流》，第 21 頁；鍾彩均：《二程心性說析論》（載《中國文哲研究集刊》，創刊號），第 413 頁。第三種看法不認定一個具體的時間，只提出一個大體上的範圍。如張永儁認為是在嘉祐三年之後作，見《二程學管見》，第 5 頁；牟宗三認為此書在明道二十七八歲時作較為可信，見《心體與性體》（第二冊），第 238 頁。事實上，《定性書》所作的確切時間已無從考證，不確定具體時間而是確定大致範圍的觀點比較可取。原因在於：一、游酢《書行狀後》：「逮先生之官（按：指任鄠縣主簿），（橫渠）猶以書抵處，以定性未能不動致問。先生為破其疑，使內外動靜道通為一。一讀其書，可考而知也。」（《二程遺書》附錄）二、《定性書》結尾處「吏事匆匆」之語。這些都可以說明《定性書》是程顥擔任鄠縣主簿期間寫的。因此，這裏採用第三種看法。

程顥任鄠雲縣主簿期間，那麼張載的原信應該就寫在這一時段內。第二，與這一時期對應，張載的著作有《橫渠易說》傳世。從《橫渠易說》中我們可以考察張載所謂的「定性未能不動，猶累於外物」到底何所指？從而揭示張、程這次思想交流所引發的若干重要問題。

　　爲了有利於問題的闡明，《橫渠易說》今將選擇兩個版本，進行對照。流傳下來的《橫渠易說》（以下簡稱《易說》），原版應該是四庫全書版的樣式。現今大陸通用的《張載集》（中華書局，1978 年版）中《橫渠易說》是編者據《周易繫辭精義》對《易說》進行大量補充而呈現出來的面貌。據學者考證：《張載集》編者僅對《易說》中的《繫辭》部分就補充了 38 條，有 27 條見於《正蒙》。〔註13〕依據《周易繫辭精義》補充後的《易說》對於全面瞭解張載的易學思想有所助益，但對於《易說》的成書問題卻造成一定的混亂，以至於有的學者認爲：「《易說》中至少有一些部分是寫成於《正蒙》中那些較爲成熟的思想資料之後的。」〔註 14〕顯然，這樣的判斷是錯誤的。在這裏，最大的可能是《周易繫辭精義》在編纂的過程中，從張載的《語錄》、《理窟》、《正蒙》中做了摘錄。

　　其實，關於《易說》成於《正蒙》之前的例證很多，現在僅從以下三方面作簡要說明。從學界的觀點而言，學者們普遍認爲《橫渠易說》是張載早期的著作。例如：張岱年認爲：「《易說》開始寫於講易京師的時候，以後當有所增補，何時完成，沒有記載，總之完成於撰寫《正蒙》以前。」〔註15〕朱伯崑認爲：「《易說》爲張載前期的解易著作，⋯⋯《易說》中的許多觀點，或收入《正蒙》，或於《正蒙》中作了進一步發揮。」〔註 16〕余敦康認爲：「《橫渠易說》是張載早期的易學著作，⋯⋯實際是一部讀書筆記。」〔註17〕這就說明《易說》成於《正蒙》之前。從文獻記載而言，據《行狀》記載：熙寧九年（1076），張載「感異夢，忽以書屬門人，乃集所立言，謂之《正蒙》」。《正蒙》是張載最後的立言所集，當然是在《橫渠易說》之後。從《橫渠易說》與《正蒙》對照而言，第一，《正蒙》中的用語比較《橫渠易說》更爲

---

〔註13〕胡元玲：《張載易學及道學研究》第二章第一節：《橫渠易說》的文獻問題。
〔註14〕楊立華：《氣本與神化》，北京大學出版社，2008 年，第 163 頁。
〔註15〕辛冠潔等主編：《中國古代著名哲學家評傳・張載》（第三卷），齊魯書社，1981年，第 74 頁。
〔註16〕朱伯崑：《易學哲學史》（中），北京大學出版社，1988 年，第 266～267 頁。
〔註17〕余敦康：《漢宋易學解讀》，第 332 頁。

簡潔。例如：《易說》「乾九三修辭立誠，非繼日待旦如周公，不足以終其業。」
與「九四以陽居陰，故曰在淵，能不忘於躍，乃可免咎。『非爲邪也』，終其
義也。」〔註18〕合爲《正蒙・大易》第30章，這說明《正蒙》是從《易說》
摘錄。又如：「貞明不爲日月之所眩，貞觀不爲天地之所遷，貞觀貞明，是己
以正而明日月、觀天地也。多爲日月之明與天地變化所眩惑，故必己以正道
觀之。能如是，不越乎窮理。豈惟耳目所聞見，必從一德見其大源，至於盡
處，則可以不惑也。」〔註19〕而《正蒙》中只有「貞明不爲日月之所眩，貞
觀不爲天地之所遷」。〔註20〕可見，《易說》複雜，《正蒙》簡潔。第二、《易
說》中的觀點在《正蒙》中有所改變。例如：「感之道不一：或以同而感，……
或以異而應，」〔註21〕認爲「感」有「同感異感」之說。在《正蒙・乾稱》
中則認爲：「以其能合異，故謂之感；若非有異則無合」，〔註22〕這代表張載
後期觀點，表述則更爲清晰準確。由此可知，晚年成書的《正蒙》對早年《易
說》的內容進行了揀擇。這種揀擇大體表現在三方面：一是張載認爲《易說》
中仍然可以正確表達自己思想的都保留在《正蒙》中；二是張載認爲不完全
正確的，進行修改放入《正蒙》；三是張載認爲《易說》中不能正確表達思想
的，《正蒙》則不採。

　　大體來說，《易說》不是一步成書，約可分爲兩個階段：一、京師講易，
可能形成初稿。熙寧二年（1056年），張載（37歲）講易京師，當時已經學
有根底，其所依據可能就是《易說》的初稿；加之當時聽眾很多，想必講易
已有自己的風格與特點。二、在初稿的基礎上，編輯整理成爲講義。從《易
說》的文字可以看到口語化的行文，如「造，成就也，或謂造爲至義亦可」，
〔註23〕這很類似於講稿，可以判定《易說》可能是講義的整理稿。總之，《橫
渠易說》是在京師講易的基礎上，張載作了進一步補充，之後整理而形成。
如果推斷時間，大約成書於張載40歲前後，也就是1060年前後，這與張、
程書信來往的時間大致相符。所以，《易說》中的內容可以反映張載這一時期
的觀點。

〔註18〕張載：《張載集》，第74頁。
〔註19〕張載：《張載集》，第210頁。
〔註20〕張載：《張載集》，第15頁。
〔註21〕張載：《張載集》，第125頁。
〔註22〕張載：《張載集》，第63頁。
〔註23〕張載：《張載集》，第76頁。

　　爲了便於張載和程顥思想的同期對比，不以張載後期成熟思想替代早年的思想，此章所引《易說》全部採用四庫全書的版本。這一用意在於表明：《易說》中的內容（不需要張載後期《正蒙》的內容），足以代表張載 40 歲左右對「定性」問題的思考，而這樣與程顥思想相對照的分析，才更爲合理。解決了文獻來源的問題，我們就可以試圖搭建張、程定性問題討論的基本框架。

## 第三節　《橫渠易說》中「定」之內涵

　　如果將《定性書》放在張、程學術互動的背景下來探討，至少有以下幾個問題需要進一步考察：一、張載所謂的「定」指的是什麼？二、張載達到不爲物累的具體途徑或方法是什麼？三、張載之「定」與程顥之「定」有什麼差異與會通？

　　在《易說》中，沒有看到「定性」（或者定心）的詞語，直接涉及「定」的語句也並不多，〔註 24〕不過《易說》中確實有「定」的問題。那麼，怎樣選擇材料才能保證張載之「定」與程顥之「定」對應呢？基本依據是兩個：一是直接依據，從程顥的答書中，抓住張載想要解決的關鍵問題，即如何做到不爲外物所累。依據《易說》，張載雖不言定性，但多言如何不爲外物所累的問題，這樣就建立起溝通的第一個平臺。二是間接依據，以《定性書》爲參考，借助程顥所引用的經典語句，我們可以在《易說》中找到張載對這些經典的闡釋，進行對照，然後探尋張載對「定」之問題的理解，這樣，就建立起溝通的第二個平臺。

　　最早提出定性觀念的是《管子·內業》篇：「是故聖人與時變而不化，從物而不移，能正能靜，然後能定。」「精想思之，寧念治之，嚴容畏敬，精將自定。」「內靜外敬，能反其性，性將大定」。在儒家經典中最早涉及到定之問題的是《大學》，《大學》有「定然後能靜，靜然後能慮」之語；《樂記》「人生而靜，天之性也。感於物而動，性之欲也。物至知知，然後好惡形焉。好惡無節於內，知誘於外，不能反躬，天理滅矣」，也涉及定的問題。《孟子》中有「不動心」的討論，認爲「內有所定，故未嘗動心。」《易傳》的《艮》、《大畜》卦也涉及定的問題。

　　張載所謂「定」的問題是否受《管子》、《孟子》、《樂記》的影響，文獻

〔註24〕縱觀《張載集》，也沒有涉及到「定性」（或者定心）的詞語。

不足，難下判斷，〔註25〕但受到《大學》與《易傳》的影響則顯而易見。《易說》有一段釋文說：「強學者往往心多好勝，必無心處之乃善也。定然後始有光明，惟能定已是光明矣，若常移易不定，何來光明！《易》大抵以艮為止，止乃光明。時止時行，『動靜不失其時，其道光明』，『謙天道下濟而光明』，『天在山中，大畜，君子以剛健篤實輝光，日新其德』，定則自光明，故《大學》定而至於能慮。人心多則無由光明。」〔註26〕顯然，這是以《易傳》與《大學》互相詮釋的方式表達「定」與「光明」之間的關係。

　　以上所引材料只是涉及「定」，那麼，張載所謂的「定」到底指什麼？朱熹認為程顥的定性說的是定心。他曾說『『定性』字，說得也詫異。此『性』字，是個『心』字意。」〔註27〕對程顥而言，定性即是定心，並沒有什麼差別。張載的定是定性還是定心，不好確定。唐君毅認為張載思想中原有「定性」這一問題。他說：「依橫渠說，人性本有虛而清通之神，以生感而有知之明，則存此神，即所以定性，故曰『存神其至矣』。其言『精義入神』之工夫，在仁之『敦化』之工夫之先，即以存此神之虛而清通，為人之上達天德之本。人能精義入神以達天德，乃有仁之敦化，以合天道。今欲恆存此虛而清通之神，以定性，即有『如何不為外物所累，以失其定靜』之一問題。此『外物』由吾人聞見之知而知者，因恆與吾人之氣之攻取之欲相連，即可以動性。故如何使性不為外物所累而不動，在橫渠學中即為一真問題。」〔註28〕成中英認為，定性實際上是張載提出的問題，即定心（他表述為「定性」），說到底，這是孟子「不動心」。〔註29〕認為張載的「定性」說的就是「定心」。這兩位

〔註25〕張載的思想受《孟子》與《樂記》影響很大，但定的問題是否受其影響難下斷語。韋政通認為：橫渠定性說是否與此（《管子》）有關，不得而知。《中國思想史》第 785 頁。成中英認為：定性實際上是張載提出的問題，即定心（他表述為「定性」），說到底，這是孟子「不動心」。成中英著，楊柱才譯：《二程本體哲學的根源與架構》，《南昌大學學報》（人社版）2003 年 1 月。郭曉東認為：「在《樂記》看來，「物之感人無窮，而人之好惡無節，則是物至而人化物也」，如此則喪失人之本然而天理滅矣。要解決這一問題，一種最簡單且最基本的思路就是，採取與萬物相隔絕的手段來恢復此「天之性」之定，這也就是橫渠的看法。」《識仁與定性》130 頁。

〔註26〕張載：《張載集》，第 117 頁。《橫渠易說》，125～126 頁。收在《中國古代易學叢書》（三），中國書店出版社，1992 年。

〔註27〕黎靖德：《朱子語類》（朱子全書本），第 3209 頁。

〔註28〕唐君毅：《中國哲學原論‧原教篇》，第 84 頁。

〔註29〕成中英著，楊柱才譯：《二程本體哲學的根源與架構》，《南昌大學學報》（人

先生的分析的確都有道理。但即便如此,我們對張載所謂的「定」仍很難下一個斷語,說成是「定性」或者是「定心」。因爲縱觀《張載集》,我們都沒有看到直接使用「定性」(或「定心」)的詞語〔註30〕,在《易說》中涉及「定」的地方多是與「心」連說,程顥《定性書》中有「諭以定性未能不動」之說,又表明張載用過「定性」一詞。事實上,張載所謂的「定性」只是他早期探索修養工夫的一種說法,這種工夫其實是兼心、性而言的,主要的目的則是探討:人在應物時,如何做到「不爲物累」。所以,筆者認爲,只使用一個「定」字比較合適。不過,有時爲行文方便,也會使用「定性」一語。

以下通過文獻的摘引試圖說明張載所謂「定」之內涵。首先,直接言「定」的材料突出的有兩則,一、「強學者往往心多好勝,必無心處之乃善也。定然後始有光明,惟能定已是光明矣,若常移易不定,何來光明!」〔註31〕這是說以好勝之心求定不是正確的方法,必須去除這種刻意而爲才是最好的方法。達到定之後就會進入明的境界,如果心思游移不定是談不上光明的。這裏張載強調的兩個主要方面,一是講到定的方法是「無心」;二是涉及定的境界是「光明」。二、「心寧靜於此,一向定疊,前縱有何事亦不恤也,休將閑細碎在思慮。《易》曰:『何思何慮?天下殊塗而同歸,一致而百慮。』天地之道,惟有日月、寒暑之往來,屈伸、動靜兩端而已,在我精義入神以致用,則細碎皆不能出其間,在於術內,已過、未來者事著在心,畢竟何益!浮思游想盡去之,惟圖向去日新可也。」〔註32〕。這段文字中對「寧」字的理解很重要。張載曾解「寧,無事也,只要行其所無事」,〔註33〕那麼,「寧靜」的意思就是讓心境保持一種「無事」的、清淨自然的狀態。這段文字說明張載認爲「定」的方法就是要拋開一切思慮,猶如天地之道,只是寒暑往來,自然而然。盡量做到「精義入神以致用」,凡事不著於心,才是可取的修煉之法。

其次,在《易說》中,言「不爲物累」的有以下幾則:「聖人惟於屈伸有感,能有屈伸,所以得天下之物,何用憧憧以思而求朋!大抵咸卦六爻皆以

---

社版),2003 年 1 月。

〔註30〕 在程顥《定性書》中,張載有所謂「定性」之說,但在《張載集》中卻找不到這一說法,這其中的原因也很值得探討。

〔註31〕 張載:《張載集》,第 117 頁,《橫渠易說》,第 125 頁。

〔註32〕 張載:《張載集》,第 125 頁,《橫渠易說》,第 131 頁。

〔註33〕 張載:《張載集》,第 283 頁。

有應不盡咸道，故君子欲得虛受人，能容以虛，受人之道也。苟曉屈伸，心儘安泰寬裕，蓋爲不與物校，待彼伸則己屈，然而屈時少，伸時多，假使亂亡橫逆，亦猶屈少伸多，我尚何傷！日月寒暑往來，正以相屈伸故不相害。尺蠖之屈以求伸，龍蛇之蟄以存身，又精義入神以致用，利用安身以崇德。」〔註34〕「靜專動直，不爲物累，則其動靜有常，不牽制於物也。」〔註35〕「所以不眩惑者何？正以是本也。本立則不爲聞見所轉，其聞其見，須透徹所從來，乃不眩惑。此蓋謂人以貞而觀天地，明日月，一天下之動也。」〔註36〕「多爲日月之明與天地變化所眩惑，故必己以正道觀之。能如是，不越乎窮理。豈惟耳目所聞見，必從一德見其大源，至於盡處，則可以不惑也。心存默識，實信有此，苟不自信，則終爲物役。〔註37〕將這幾則材料進行概括，大體可以說是從正反兩個方面在談如何不爲物累。正面講的是：怎樣做不爲物累；反面講的是：怎樣做將爲物累。不管是說「不與物校」，「動靜有常」，還是說「正以是本」，「以正道觀之」，這些工夫的總體思路仍然是要做到隨順自然。

　　再次，程顥在《定性書》中所引三句話，即《易傳》中的「憧憧往來」、「艮其背」與《孟子》中的「惡其鑿」是否爲張載信中所涉及的內容，我們現在很難做出判斷；但以此爲憑藉，可以看看張載對此的詮釋是何種觀點。有幸的是我們在《易說・繫辭下》找到一段釋文可以看到張載的解釋：

　　「何思何慮」，行其所無事而已。下文皆是此一意。行其所無事，惟務崇德，但妄意有意即非行其所無事；行其所無事，則是意、必、固、我已絕。今天下無窮動靜情僞，止一屈信而已，在我先行其所無事，則復何事之有！日月寒暑之往來，尺蠖之屈，龍蛇之蟄，莫非行其所無事，是以惡其鑿也。百慮而一致，先得此一致之理，則何用百慮！慮雖百，卒歸乎理而已矣。此章從「憧憧往來」，要其有心，至於「德之盛也」，率本此意。咸之九四，有應在初，思其朋，是感其心也。不言心而言心之事，不能虛以受人，乃憧憧而致其思，咸道失矣。憧憧往來，心之往來也；不能虛以接物而有所繫著，非行其所無事也。

────────

〔註34〕張載：《張載集》，第 126 頁，《橫渠易說》，第 132 頁。
〔註35〕張載：《張載集》，第 177 頁，《橫渠易說》，第 162 頁。
〔註36〕張載：《張載集》，第 210 頁，《橫渠易說》，第 178 頁。
〔註37〕張載：《張載集》，第 210 頁，《橫渠易說》，第 178 頁。

精義入神，豫而已。學者求聖人之學以備所行之事，今日先撰次來日所行必要作事。如此，若事在一月前，則自一月前栽培安排，則至是時有備。言前定，道前定，事前定，皆在於此積累，乃能有功。天下九經，自是行之者也，惟豫而已。撰次豫備乃擇義之精，若是則何患乎物至事來！精義入神須從此去，豫則事無不備，備則用利，用利則身安。凡人應物無節，則往往自失，故要在利用安身，蓋以養德也。若夫窮神知化則是德之盛，故云「未之或知」。蓋大則猶可勉而至，大而化則必在熟，化即達也。「精義入神以致用」，謂貫穿天下義理，有以待之，故可致用。窮神是窮盡其神也，入神是僅能入於神也，言入如自外而入，義固有淺深。」〔註38〕

這段釋文大體有四點意思，其中正好包涵了對「惡其鑿」、「憧憧往來」等文字的詮釋。在此，對這段文字進行詳解。第一，從「『何思何慮』，行其所無事」到「是以惡其鑿也。」引用的是《孟子・離婁下》：「所惡於智者，為其鑿也。如智者若禹之行水也，則無惡於智矣。禹之行水也，行其所無事也。如智者亦行其所無事，則智亦大矣。」與程顥在《定性書》中所引是同一內容。張載所謂的「行其所無事」就是沒有一絲一毫的妄意（惡其鑿），就是「意、必、固、我已絕」的狀態。這種狀態實質上就是指完全隨順自然。第二，張載詮釋咸之九四是「憧憧往來，心之往來也；不能虛以接物而有所繫著，非行其所無事也。」這表明張載所謂不繫著於物的方法是以寬廣的胸懷接納萬物，能接納萬物就無所謂物累，也就能行其所無事。第三，再次涉及到「不為物擾」的方法是要做到「精義入神」。這三點內容都與「定」或是「不為物累」的問題相關。第四點是對「入神」與「窮神」所達到的深淺程度作了區別。大體而言，「入神」是對「神」有初步的體悟；「窮神」則是對「神」有完全透徹的體悟與把握。由於後續要對張載與程顥的工夫進行對照，所以在這裏有必要對張載的「精義入神」做簡單介紹。其實，在這段釋文中張載細緻地解釋如何做到精義入神。他說「精義入神，豫而已。」也就是說做到「豫」就可以進入「精義入神」的狀態，豫則是指「見事於未萌」，〔註39〕簡單地說就是，對還沒有發生的事有先見之明。而一個人能有先見之明的前提就是「備」，這裏的「備」是「有備無患」之「備」，而備的方法在於積纍。反過

〔註38〕 張載：《張載集》，第215～216頁，《橫渠易說》，第181頁。
〔註39〕 張載：《張載集》，217頁，《橫渠易說》，第182頁。

來說，由積纍達到備，由備而豫，由豫而精義入神。概言之，「精義」是指對義理的掌握達到極其精微的程度，入神就是由於精義而達到對「道體」本身的體悟與把握。能夠達到精義入神，則物至事來都會應物有節。

通過以上的分析，我們可以看出，張載之「定」確實與解決「不爲物累」緊密聯繫，「定」之工夫的內涵包括「無心」、「順其自然」、「無事」、「精義入神」等內容，其達到的境界可以用「光明」來概括。

# 第四節　張載、程顥「定性」工夫之差異與會通

## 一、張載與程顥工夫論之差異與會通

如果將張載《易說》中涉及的工夫與程顥《定性書》中所說的工夫進行具體比較，則會發現，張、程是有異有同。張載與程顥探討所謂的定性問題，主要是探求在修養工夫中如何在應物時不被外物所累。從大體上說，他們的不同在於工夫的入路與修爲方法；而相同則在於達到一定階段所呈現的境界。

就《定性書》而言，程顥的工夫路徑是從本然的「無內外」的角度以圓頓的方式達到定（明）的境界，而張載則是從實然的「合內外」的角度，通過積纍與漸進的修爲方式達到定（明）的境界。〔註40〕程顥所謂「內外兩忘」是要消除內外對待這種「觀物」之法，以做到「物來順應」；而張載採用的是「以虛受人」，通過「精義」與開闊心胸的方法以接納萬事萬物，做到「不爲物累」。程顥著重在去除「自私與用智」，做「廓然大公」的工夫，而張載則是由積纍達到備、豫，做「精義入神」的工夫。張載去除自私的方法是「以義理戰退私己」〔註41〕，而程顥以「內外兩忘」達到無私的狀態。這些都體現張、程工夫的路徑確實存在不同。然而，他們通過各自的進路所達到的境界「明」則是一致的，用程顥的話表達就是「兩忘則澄然無事矣。無事則定，定則明，明則尙何應物之爲累哉？」用張載的話表達就是「撰次豫備乃擇義之精，若是則何患乎物至事來！」

---

〔註40〕唐君毅也說「張載的合內外，是由次第工夫而致，人先有在內或對外之工夫，然後方有合內外。程顥爲學以內外兩忘爲工夫，不須先分內外，而達到澄然無事之境。」《中國哲學原論・原教篇》，第 86 頁。

〔註41〕張載：《張載集》，第 130 頁，《橫渠易說》，第 134 頁。

　　爲了進一步對照說明張、程修爲階段與境界的問題，這裏有必要對張載在《易說》中的工夫理論做簡單介紹。在工夫論方面，張載反覆強調修爲工夫的階段性（漸進性），最具代表性的一段話是：「精義入神，利用安身，此大人之事。大人之事則在思勉力行，可以擴而至之；未之或知以上事，是聖人德盛自致，非思勉可得。猶大而化之，大則人爲可勉也，化則待利用安身以崇德，然后德盛仁熟，自然而致也，故曰『窮神知化，德之盛也』。自是別隔爲一節。」〔註42〕張載認爲大人與聖人是修爲的兩個階段，達到這兩個階段所做的工夫與所處的境界都不同。「精義入神」是達到大人階段的表現，在這一階段，思勉力行是主要工夫，人爲努力的因素確實很重要；「窮神知化」是達到聖人階段的表現，在這一階段，任何人爲的努力都要去除，只在「化」與「熟」。

　　這裏，需要對一個細節問題做特別分析，即張載所說的「定性」與「完全去除物累」實質上是有區別的。定性只是工夫第一階段的成果，即「性」因擺脫「部分」物累而暫時得以呈現，但是仍沒能「完全」擺脫外部世界的干擾。張載在《正蒙》中明確說「有心爲之，雖善皆意也。正己而物正，大人也；正己而正物，猶不免有意之累也。有意爲善，利之也，假之也；無意爲善，性之也，由之也。」〔註43〕即使到了能夠「正己正物」的大人境界，也不免有意之累，這是說，只有進入聖人境界才能「完全」沒有意累。這就是張載爲什麼向程顥提出「定性未能不動猶累於外物」的原因。「完全去除物累」則是工夫的最終成果。從以上所引的例子可以看出，能完全做到不爲物累，隨順自然，是聖人境界。其實，在「本然之性」完全呈現的過程中，如何應對外部世界以及人自身需求而「去除物累」是一項從始到終都須做的工夫。這一點對於理解張載與程顥工夫論中的異同有極大幫助。

　　以兩階段工夫論而言，張載所謂「定」的工夫（去除大部分物累），是學者到大人階段所做的工夫。張載所謂的強學、力行、勉勉都是這一階段在「爲學日益」的層面所需要的積纍與栽培。如果在「爲道日損」的層面，張載主張的是「虛以受人」（後來他表述爲「虛心」），也可說「無意、必、固、我」，這與程顥主張的「忘」大體一致。這也就是張載後來所謂的「合內外」的工夫。而程顥的工夫論始終處於一種圓融的狀態，沒有明確的階段劃分。因此

〔註42〕張載：《張載集》，第 217 頁，《橫渠易説》，第 182 頁。
〔註43〕張載：《張載集》，第 28 頁。

一般說來，張、程的差異主要表現在張載所謂的大人階段；而大人到聖人階段張載所說的「化」與「熟」，與程顥表達的圓融狀態正相一致。如果達到聖人階段，張、程的觀點基本沒有多大差別。程顥所謂的無內外，一動靜，過而不有等等，在張載的工夫論中都表達的是聖人境界。聖人「體萬物不遺，已是合內外，也就是無內外，二者都一致。」〔註44〕

## 二、「以程解張」出現之誤讀

　　既然張載與程顥的「定性」思想既有差異又有會通，那麼，這裏就需要思考一個問題，即長期以來爲什麼對《定性書》的研究，基本是將張載與程顥的思想對立起來？這與我們通過文獻對照得出的結論存在很大差距。追朔原因，根本在於，研究者僅以程顥的思路揣度或臆斷張載的想法；而不顧張載說什麼，怎麼說。因此，在「以程解張」的時侯才會顯得處處扞格，似是而非。例如：在《定性書》中，程顥所說「無將迎」，「以有爲爲應跡」都是意在說明應物的原則是「無所滯留」。依照程顥的觀點推測，似乎張載應物的方法就是「有所滯留」。而事實上，恰恰相反。在《易說》中張載說過「過而不有，不滯於心」，〔註45〕說的正是「無將迎」的意思。「所應皆善，應過則所存者復神」，〔註46〕恰是講「以有爲爲應跡」。再如：程顥說「以惡外物之心」之類，似乎反襯說張載的做法是「惡外物」。而張載卻說：「易語天地陰陽，情僞至隱賾而不可惡也，諸子馳騁說辭，窮高極幽，而知德者厭其言。」〔註47〕正說明張載不但不是「惡外物」，而且反對諸子「惡外物」。郭曉東在《識仁與定性》一書中，就「定性」問題，其基本思路就是以程解張，出現了若干誤讀的地方。在此僅舉兩例以示說明，第一則，他說：「採取與萬物相隔絕的手段來恢復此『天之性』之定，這應該說就是橫渠的看法。」〔註48〕此說相當不妥。確切地說，這只是程顥對張載的看法，而並非張載本人的意思。因爲張載明確地說過：「君子何嘗不接物，人則見君子閑坐獨處，不知君子接物在其中。」〔註49〕可見，張載並不是以與萬物隔絕的手段來做到「定」。

---

〔註44〕唐君毅：《中國哲學原論・原教篇》，第 86 頁。
〔註45〕張載：《張載集》，第 190 頁，《橫渠易說》，第 168 頁。
〔註46〕張載：《張載集》，第 218 頁，《橫渠易說》，第 182 頁。
〔註47〕張載：《張載集》，第 193 頁，《橫渠易說》，第 169 頁。
〔註48〕郭曉東：《識仁與定性》，第 130 頁。
〔註49〕張載：《張載集》，第 217 頁，《橫渠易說》第 182 頁。

第二則，他說：「根據伊川的說法，『畜止』之義與『艮止』不同：『畜止者，制畜之義，力止之也；艮止者，安止之義，止其所也』。(《伊川易傳·艮》) 制畜力止，非其本能止，而只是強行止之，這有點類似橫渠所說之「定」；安止之義，⋯⋯是理所當止。」〔註 50〕這又是將程頤的思想附會於張載。而張載在解《艮》卦之時明確說「『時止則止，時行則行，動靜不失其時，其道光明』，學者必時其動靜，則其道乃不蔽昧而明白」。〔註 51〕解《大畜》時說「必無心處之乃善也⋯⋯」。可見，張載絲毫沒有「強行止之」之意。以上例子旨在說明「以程解張」的不妥。《定性書》可能是程顥對張載思想「和而不同」的表現。

其實，從程顥答書的第一段文字「此賢者慮之熟矣，尚何俟小子之言！然嘗思之矣，敢貢其說於左右」，放下謙虛的成分不說，我們大體可以揣度出，程顥認爲張載考慮「不爲物累」這一問題已經比較成熟，不需要等待他的說法；只是程顥覺得自己與張載的觀點存在差異，所以回信表述了自己的觀點。由此可知，張載給程顥寫信，主要是想徵求程顥在「定性」問題上的看法，想必是爲了拓寬工夫路徑的視閾；而不是讓程顥教自己如何做到「定性」。程顥的表述並不像後世學者所理解的那樣——《定性書》幾乎成了張載不理解「定性」的證明而存在。〔註 52〕如果放到溝通的語境中，張、程會通之處顯而易見。例如，張載主張的隨順自然，與程顥的「物來順應」大體是一致的；又如，張載所謂的「虛以接物」與程顥的「廓然大公」基本是一致的。再如，程顥「天地之常，以其心普萬物而無心；聖人之常，以其情順萬事而無情。」與張載「上天之載，有感必通」相合。〔註 53〕

每個思想家都有自己特定的考慮問題之思路，我們在研究他們的思想時，如果不深入他們自身的思想體系中，而是以別人的思路解讀思想家的思想，則很難避免誤讀的現象。唐君毅認爲：「並世之人，各自爲學，各有其道。」〔註 54〕錢穆告誡說：學者當對張、程之學「各各分別而觀，則自得各家之眞相也」。

---

〔註 50〕郭曉東：《識仁與定性》，第 135 頁。

〔註 51〕張載：《張載集》，第 157 頁。

〔註 52〕丁爲祥：《虛氣相即》，第 228 頁。勞思光認爲：「在工夫問題上，明道曾直接張氏之病痛」《新編中國哲學史》（三冊），第 38 頁。意在說明程顥對張載定性批評是正確的。

〔註 53〕唐君毅：《中國哲學原論·原教篇》，第 86 頁。

〔註 54〕唐君毅：《中國哲學原論·原教篇》，第 80 頁。

〔註55〕這些都是意在強調研究張、程思想一定得從他們自身思想體系出發，才能眞正把握其精髓。這一至理，對於解讀張、程思想關係至關重要。

最後，對張載著作不言定性做簡單探討。定性的問題是張載提出的，但在《易說》中，張載不言定性，卻多言成性，而且成性思想一直到張載去世前一年成書的《正蒙》中依然保留著。這其中的原委到底如何，確實是個值得考證的問題，但是由於材料缺乏，我們很難做出判定。這裏只能做一些簡單推測，以推進此問題的研究。一、「定性」一詞可能只是張載早期與程顥討論工夫修養時所用的一個詞彙，而並非他一貫的主張。早年思想不完全成熟，對詞語的斟酌使用不夠精準，由此引起程顥對他的反駁；加之，這一詞語不能完全準確地表達張載的思想，所以張載不再使用。〔註56〕二、張載在建構儒學體系的初始階段就有強烈的抗衡佛教的意識，而「定」是佛教各宗派最基本的修行方法（戒、定、慧）之一，佛教對「定」的探索與闡釋也是爲了尋找不爲外境所擾動、保持內心穩定的修持方法。或許張載爲了避免與佛教「禪定」一語相似，放棄「定性」一語，而採取儒家語境中的其他詞語，這也應該是情理之中的事情。

## 第五節　張載、程顥定性工夫討論之意義

如果僅從程顥的角度說明《定性書》的意義，那麼，《定性書》無疑奠定了程顥的思想基礎。〔註57〕但如果從張、程思想關係的角度看待《定性書》，則意義尚不止這一點，至少有以下三點。

### 一、理學兩種工夫路徑之呈現

從《定性書》中我們可以看出，張載雖然以「定性未能不動」提問，但問題的重心卻落在如何做到「不爲外物所累」。張載的這一提問其實抓住了修

---

〔註55〕錢穆：《中國思想史論叢》（五），第 99 頁。

〔註56〕丁爲祥認爲張載受程顥《定性書》之影響，不講定性，而講成性。《虛氣相即》第 228 頁。此說不完全正確。張載不用定性一詞，可能受到程顥誤讀張載思想的影響；但就工夫論的角度而言，張載所謂的定是學者向大人階段邁進需要做的工夫，而成性是大人向聖人階段邁進需要做的工夫。定性與成性是不同的兩個階段所做的工夫，所以，即便張載講「定性」也與「成性」不是一個概念，不在同一層次。所以成性工夫不能代替定性工夫。

〔註57〕郭曉東認爲《定性書》所表現出的思想，實已奠定了明道整個思想之基礎。見《識仁與定性》第 141 頁。

養工夫中最爲關鍵的問題，即思慮紛擾，爲外物所累，這是學者們在做工夫時普遍遇到的難題，不獨儒者，包括佛道，概莫能外。而佛道對這一問題已有探索，並形成一套完整的理論，簡單地概括，佛教的理論是「禪定」，道家的理論是「主靜」。那麼對於北宋的儒者來說，這個問題在修養工夫中需要首先面對與解決。那麼，如何解決，採取怎樣具體的方法與途徑，都需要探索。正是在這樣的需求下，張載提出了所謂的「定性」問題。程顥的答覆並沒有沿著張載的思路去解決問題，而是另闢蹊徑。這就意味者程顥沒有解決張載的問題。〔註58〕在張載的思維框架中，本有實然的內外之分，工夫的目的就是解決如何不爲物累，從而達到內外合一的境界。而程顥卻從本然的「無內外」的角度作答，以一種圓融的方式直接進入內外合一的境界。《定性書》尤其說是程顥答復張載提問，不如說是程顥在張載提問的推動下，藉以發揮自己的思想。既然如此，也就意味程顥與張載的工夫路徑不同。張載本人沒有按照程顥提供的方法做工夫，而是通過自己的親身實踐探索了一條符合自身的工夫路徑。這樣，在工夫論方面，張、程呈現出兩種相異的修養工夫路徑。這就是說，雖然程顥並沒有從張載的角度回答張載的提問，但是二者的討論卻開啓新儒學工夫論中兩條各具深度卻風格各異的工夫路徑，一種屬於漸進式，一種屬於圓融式。

## 二、爲儒家以「止」代「定」奠定基礎

張、程在探討「定」的工夫時，主動將「定與感」，「定與止」聯繫起來，就是以儒家的方式，換句話說就是在肯定現實世界的基礎上，來探討應物的原則以及不爲物累的方法。他們盡量以區別於佛老的方式，建立儒家的工夫論。張、程都將定與感聯繫起來，意在說明儒家對現實世界的肯定。佛教以外物爲幻，其所謂的「定」可以通過擯棄外物而做到不累於外物；而儒家的定，一定

---

〔註58〕韋政通認爲：程顥的《定性書》是針對張載「定性未能不動，猶累於外物」，而發，張載所談的是工夫中的問題，而程顥則說：「所謂定者，動亦定，靜亦定，無將迎，無內外。」又說：「且以性爲隨物於外，則當其在外時，何者爲在內？是有意於絕外誘，而不知性之無內外也。」性無內外，是從境界上說，可謂所答非所問。若就工夫說，明道的「當其在外時，何者爲在內」的反問是不當的。《中國思想史》第783頁。丁爲祥認爲：程顥的回答對張載來說「無異於說只有定於性才能定於性……對張載沒有實際意義。」《虛氣相即》第226頁。

是感外物而不累於外物。這就是張、程將定與感聯繫起來互相詮釋的主要原因。例如：張載在《咸》卦象辭的闡釋中說「聖人惟於屈伸有感，能有屈伸，所以得天下之物，……故君子欲得虛受人，能容以虛，受人之道也。苟曉屈伸，心盡安泰寬裕，蓋爲不與物校，……又精義入神以致用，利用安身以崇德。」〔註59〕這一段將儒家聖人應物卻不累於物說的很明白。張載還批評惡外物的做法，他說：「易語天地陰陽，情僞至隱賾而不可惡也，諸子馳騁說辭，窮高極幽，而知德者厭其言。」〔註60〕不認同佛老這種有體無用的說法。程顥在《咸》卦之九四爻辭中也把定與感聯繫起來，就是說不能離感而言定，在感中自有貞定之理，只要不從「自家軀殼起意」，不受私己之累，則心是本然之心，情是本然之情，所以儒家聖人能「普萬物而無心」，「順萬物而無情」，應物卻不累於物。程顥說「廓然大公則無事，無事則定，定則明。」張載說：「大抵止乃有光明，艮曰『時止則止，時行則行，其道光明』，形則著，著則明，必能止則有光明。」〔註61〕「光明」就是達到定之後的境界，光明與止的關係就轉變爲定與止的關係。這就爲以「止」代「定」奠定了基礎。

　　以「止」代「定」的任務是後來程頤完成的，他將定與止的關係作了如下區別：「釋氏多言定，聖人便言止。且如物之好，須道是好；物之惡，須道是惡。物自好惡，關我這裏甚事？若說道我只是定，更無所爲，然物好惡，亦自在裏。故聖人只言止。所謂止，如人君止於仁，人臣止於敬之類。」〔註62〕佛教的「定」總的指向是體認『空寂』，努力在心境中排除外物，是『忘』，是無任何社會實踐行爲的純粹的精神過程。而儒家的『止』，則是人、物各自性分的實現過程，特別是就人來說，更是倫理道德的實踐過程。」〔註63〕在工夫論的語言運用上，最終程頤用儒家的「止」代替了佛教的「定」。而後來對「止」與「定」的使用成爲儒佛區別的標誌。

## 三、爲學者們提供「入德之途」

　　張載的工夫論以階段性（漸進性）爲特徵，程顥的工夫論以圓融性（無階段性）爲特徵，它們體現出來的風格不同，但是卻給不同的人提供了不同

〔註59〕張載：《張載集》，第126頁，《橫渠易說》，第132頁。
〔註60〕張載：《張載集》，第193頁，《橫渠易說》，第169頁。
〔註61〕張載：《張載集》，第154頁，《橫渠易說》，第148頁。
〔註62〕程顥、程頤：《二程集》，第201頁。
〔註63〕崔大華：《儒學引論》，第443頁。

的修爲路徑。一般說來，漸進性的工夫適合普通慧根之人；而圓融性的工夫適合慧根高的人。程顥在十歲時就能作出「中心如自固，外物豈能遷」的詩句，可知其乃「天生完器」。程顥這種廓然大公的工夫是工夫與本體合二爲一。程顥提出「性無內外」之說，確實是「造道精微」之表現，其可與佛教禪宗的「頓修」方式相媲美。然而，這種修爲方式對於天資高者，自能契入，但對於天資不足者，確實存在難於下手的問題。〔註64〕世間人物，天生完器畢竟是極少數，而大多數人，乃是普通根器，對於這樣的人，張載的修爲工夫理論則比較具體可行，容易入手，其又可與佛教的「漸修」相媲美。當然，容易入手並不意味著容易修成，相反，這種工夫路徑把持起來更需要艱苦卓絕的努力。

　　道學初創時期，工夫論的探索非常重要。張、程的四次論學中，除了京師論易（因文獻不足，無法確定是否涉及工夫的討論）之外，其他三次，工夫的討論都佔有重要的地位，這意味著：一方面張、程從工夫著手重建儒學所做的努力；另一方面顯示了工夫論在儒學體系的重構中是當務之急並且有重要影響。張、程當年立志求道，卻不得不出入佛老，就是因爲儒家經典沒有給人們提供具體、明確、有效的「入聖之途」，學者們不得不向佛老取經。因此，張、程對重構儒家工夫論有眞實的迫切之感。在當時，佛老的誘惑力，不僅來自於有精深細密的理論，更重要的是他們給人們提供了具體的成佛、成仙的修爲路徑，而且在現實生活中，高僧大德們又以自己的親身實踐在驗證著這些理論，他們通過修行所呈現出來的氣象，或許比理論本身更具說服力。而對於儒學來說，必須解決如何成聖的問題，這就意味著，一是必須給不同的學者提供具體有效的修爲途徑；二是必須有通過這樣的修爲途徑而達到大賢大德境界的儒者，也就是說，儒者必須通過自己的親身實踐來證明自己理論的正確性。只有這樣，才能讓生活在現實世界的人們看到「名教之樂」；只有這樣，學者們才可能信從儒學；也只有這樣，儒學與佛老抗衡才能從主張眞正變爲現實，儒學的復興才能從根本上得以實現。

　　張、程從自己的實際出發，以不同的進路爲儒學提供了兩條各具特色的「入德之途」，並且他們通過自己的親身實踐驗證了自己的理論。程顥「天生

---

〔註64〕唐君毅認爲：程顥的工夫論「此非易事……非天資高者不能。」《中國哲學原論・原教篇》，第86頁。丁爲祥認爲：「大程立論高妙圓融，卻有不知下手處」。《虛氣相即》第229頁。

完器」，通過不斷的涵養，達到大賢的境界；張載「大器晚成」，通過艱苦卓絕的工夫，同樣達到大賢的境界。這兩條工夫路徑各有所長，張載是分解地講，顯得細密；程顥是圓融地講，顯得精微。

當然，定性問題的討論只是張載、程顥關於工夫討論的初步顯現。任何理論都不可能一蹴而就，所以張、程的工夫思想必然會隨著時間的推移與實踐的需要而不斷地進行種種補充與說明，以便使各自的工夫論變得更加精深細密。〔註65〕

無論是張載，還是程顥，他們所提供的這些工夫都不是學者們輕易可以做到的，所以後來張、程的弟子們對於如何去除「思慮紛擾」與擺脫「物累」同樣存在很大困惑，他們不斷地向老師發問，而張、程不斷去解答，這就進一步促成張、程在工夫理論方面的完善。

---

〔註65〕唐君毅認爲：《定性書》「尚可有種種補充」。《中國哲學原論・原教篇》，第 86 頁。

# 第四章　第三次論學：「虛無即氣」與「勿忘勿助」（1069～1070 年）

　　程顥在地方任官期間的政績大大提高了他在政界的聲望，在宋英宗治平四年（1067 年）改任著作佐郎，由地方上調到中央。宋神宗熙寧元年（1068 年），程顥向神宗上《請修學校尊師儒取士箚子》，提倡進一步發展儒學、重用道德之儒。熙寧二年（1069 年）二月，宋神宗啟用王安石進行變法，廣招天下賢士。程顥等被調任三司條例司屬官。此間，張載在御史中丞呂公著的舉薦下，也被召入朝，並被任命為崇文院校書。張載、程顥再一次彙聚京師，他們又有機會可以當面論學。據程頤所說「況十八叔、大哥皆在京師，相見且請熟議，異日當請聞之。」十八叔指的是張載之弟張戩，大哥指程顥，可知張載、張戩、程顥此間都在京師，並且三人對道學中的一些問題已有討論，但卻有「議而未合」之處。程頤當時不在京師，而是隨父在漢州，於是張載寫信給在漢州的程頤繼續論學。程頤作了《答橫渠先生書》（以下簡稱《答書》），因意猶未盡，又作了《再答》。這是張、程第三次學術交往留下的主要文獻。「虛無即氣」之論是在程頤《答書》中討論的主要問題，它涉及的是張載宇宙論哲學的一個重要命題。

## 第一節　「虛無即氣」之論

　　《答書》中涉及的是張載關於「知太虛即氣，則無無」的命題：原文是「觀吾叔之見，至正而謹嚴。如『虛無即氣則虛無』之語，深探遠賾，豈後世學者所嘗慮及也？（然此語未能無過）」。〔註1〕此信寫於熙寧三年（公元 1070年），當時張載五十一歲，程頤三十八歲。

---

〔註 1〕 程顥、程頤：《二程集》，第 596 頁。

## 一、「虛無即氣」之由來

由於張載的原信已佚，我們無從知道信的內容，不過在《易說》與《正蒙》中都涉及了這個命題。也就是說「虛無即氣則虛無」是張載通過長期的易學研究所提煉出的一個重要命題。《易說》中的原文是「氣之聚散於太虛，猶冰凝釋於水，知太虛即氣，則神變易而已。諸子淺妄，有有無之分，非窮理之學也。」〔註2〕而《正蒙》中的原句則是：「氣之聚散於太虛，猶冰凝釋於水，知太虛即氣，則無無。故聖人語性與天道之極，盡於參伍之神變易而已。諸子淺妄，有有無之分，非窮理之學也。」〔註3〕對比這三句，可以看到從《易說》、《答書》到《正蒙》，張載對這一命題的表述呈現不斷清晰明確的趨向，這與張載思想的不斷成熟是一致的。這三處所表達的思想其實是一致的，用「氣之聚散於太虛，猶冰凝釋於水」來形容「太虛（虛無）即氣」這一命題，主要針對的是主張「有有無之分」的諸子之說。不同之處只是用語的斟酌與精準而已：一是虛無與太虛，一是虛無與無無。在《正蒙》中另外有兩處表達「太虛即氣」的思想，一處是：「知虛空即氣，則有無、隱顯、神化、性命通一無二，顧聚散、出入、形不形，能推本所從來，則深於《易》者也。」〔註4〕另一處是：「太虛不能無氣，氣不能不聚而爲萬物，萬物不能不散而爲太虛。」〔註5〕這都是在進一步強調太虛與氣相即不離的關係。張載精心提煉出「太虛即氣」這一命題，有很強的針對性。從以上所引的三段爲例，每次說到「太虛即氣」之後，都會緊接著對佛老進行批駁。如：第一句批評說：「諸子淺妄，有有無之分，非窮理之學也。」〔註6〕第二句說：「若謂虛能生氣，則虛無窮，氣有限，體用殊絕，入老氏『有生於無』自然之論，不識所謂有無混一之常；若謂萬象爲太虛中所見之物，則物與虛不相資，形自形，性自性，形性、天人不相待而有，陷於浮屠以山河大地爲見病之說。此道不明，正由懵者略知體虛空爲性，不知本天道爲用，反以人見之小因緣天地。明有不盡，則誣世界乾坤爲幻化。幽明不能舉其要，遂躋等妄意而然。不悟一陰一陽範圍天地、通乎晝夜、三極大中之矩，遂使儒、佛、老、莊混然一塗。語天道性命者，不罔於恍惚夢幻，則定以『有生於無』，爲窮高極微

〔註2〕張載：《張載集》，第200頁，《橫渠易說》第173頁。
〔註3〕張載：《張載集》，第8~9頁。
〔註4〕張載：《張載集》，第8頁。
〔註5〕張載：《張載集》，第7頁。
〔註6〕張載：《張載集》，第9頁。

之論。入德之途，不知擇術而求，多見其蔽於詖而陷於淫矣。」〔註7〕第三句說：「循是出入，是皆不得已而然也。然則聖人盡道其間，兼體而不累者，存神其至矣。彼語寂滅者往而不反，徇生執有者物而不化，二者雖有間矣，以言乎失道則均焉。」〔註8〕這些都說明，張載提煉出「太虛即氣」這一命題就是爲了在對治佛老思想的同時構築儒家的宇宙論哲學。張載走入儒學建構的「向上一路」，問題意識相當明確，就是借助佛老思想，深入挖掘儒家經典之蘊意，爲儒學建立起能夠與佛老相抗衡的本體論、心性論、工夫論。而「太虛即氣」則是張載爲了解決超越層面與現實層面之間關係問題所形成的宇宙論哲學的重要組成部分。

## 二、張載「虛氣關係」略論

　　爲了更好地理解張載「太虛即氣」這一命題，我們必須將其放在張載宇宙論哲學的整體思維框架中進行分析。關於張載宇宙論哲學的研究，在學界存在很大爭議。〔註9〕爭議的主要原因在於缺乏統一、有效的詮釋方法。如果想清晰明確地闡釋張載的思想，必須借助有效的方法論。目前，學界越來越傾向於運用「兩層結構的宇宙論哲學」詮釋宋明理學家的宇宙論思想，從

---

〔註7〕　張載：《張載集》，第 8 頁。

〔註8〕　張載：《張載集》，第 7 頁。

〔註9〕　在張載哲學思想中，宇宙論哲學（主要指虛氣關係）一直是學界研究與爭論的焦點問題。這一問題不僅關係到對張載哲學的定位，而且關係到對張載整體哲學思想的理解與把握。關於張載宇宙論哲學，概括起來有三種觀點：一是氣本論，二是虛氣二元論，三是太虛本體論。在大陸，以馮友蘭、張岱年、陳俊民、陳來爲代表，主張氣本論；以侯外廬等爲代表，主張虛氣二元論；以林樂昌、丁爲祥、湯勤福爲代表主張太虛本體論。在港臺，以勞思光爲代表主張氣本論，以錢穆、牟宗三爲代表主張太虛本體論。另外，主張太虛本體論的學者，對太虛與氣的關係到底如何，也依然存在分歧。歸結起來，爭論的關鍵在於對張載「虛氣關係」的理解不同。分解地看，主要是兩個問題，一是太虛究竟是不是氣？二是太虛與氣的關係到底如何？而要對這些問題做出符合張載思想體系的判斷，則必須借助有效的詮釋方法。【參考：馮友蘭《中國哲學史新編》（卷五），張岱年《中國哲學大綱》，陳俊民《張載哲學思想及關學學派》，陳來《宋明理學》中反映了氣本論思想；侯外廬《中國思想通史》中反映了氣虛二元論思想；林樂昌《20 世紀張載哲學研究的主要趨向反思》，丁爲祥《虛氣相即——張載哲學體系及其定位》，湯勤福《太虛非氣：張載太虛與氣之關係新說》中主張太虛本體論思想。勞思光《新編中國哲學史》（卷三上）中反映氣本論思想；錢穆《中國學術思想史論叢》（卷五），牟宗三《宋明理學的問題與發展》中反映太虛本體論思想。】

目前看來，這一方法比較有效。「兩層結構的宇宙論哲學」簡單地說就是指宇宙論哲學包括宇宙生成論和宇宙本體論兩個層面，本體論是確立本源的至高無上的地位；生成論是說明現實世界的構成、運動、變化、結構等內在機制。二者構成統一體，但卻是缺一不可的兩個層面。這一理論，最早起源於二十世紀三十年代，當時湯用彤用「宇宙論」和「本體論」指稱兩漢儒學和魏晉玄學。他認爲漢唐時期中國哲學只達到宇宙生成論的水平，而魏晉玄學則使中國哲學上升到宇宙本體論的層次。他在比較魏晉玄學本體論與漢儒元氣宇宙論的區別時指出，魏晉本體論的突出特色是不以「無形之元氣」界說本體，不談「宇宙之構造」，「萬物之孕成」，而是「捨物象，超時空」，「研究天地萬物之眞際」，直接「爲本體之體會」。〔註10〕二十世紀八九十年代之後，使用這一理論較有代表性的有以下學者：蒙培元認爲：「先秦哲學提出了宇宙論和本體論的初步模式，兩漢哲學基本屬於宇宙論，魏晉玄學和隋唐佛學基本屬於本體論，理學則是二者的結合，建立了系統的宇宙本體論哲學。」〔註11〕陳來在《朱子哲學研究》中運用宇宙論哲學的兩層結構有效地說明了朱熹「理氣相分」與「理氣不離」的問題。〔註12〕金春峰在《中國哲學之與「兩個世界」》中指出「從孔子的天人關係，到宋明理學的理氣關係等，都可以認爲是兩個世界的關係，即形上超越世界與形下現實世界的關係。〔註13〕林樂昌在《張載兩層結構的宇宙論哲學探微》指出：周敦頤、張載、朱熹的宇宙論哲學都具有兩層結構。雖然他們三人所使用的本體概念不同，分別爲無極、太虛、天理，但宇宙論哲學的基本模式則是一致的，都具有宇宙本體論和宇宙生成論兩個層次。〔註14〕余英時認爲宋明理學也存在兩個世界，思想家們用不同的語言表達這兩個世界。〔註15〕這些都說明到宋代，儒者已自覺地把宇宙論與本體論融爲一體，構建一種既包括宇宙本體內容，又包括宇宙生成內容的新型宇宙論哲學。張載爲儒家重建宇宙論哲學的努力，正是反映了這種**趨勢**。

〔註10〕湯用彤著，湯一介導讀：《魏晉玄學論稿》，上海古籍出版社，2001 年，第 44 頁。
〔註11〕蒙培元：《理學範疇系統》，人民出版社，1989 年，第 1 頁。
〔註12〕陳來：《朱子哲學研究》，華東師範大學出版社，2000 年，第 75～97 頁。
〔註13〕金春峰：《中國哲學之與「兩個世界」》，《湖南大學學報》( 哲學社會科學版 )，2006 年第 3 期。
〔註14〕林樂昌：《張載兩層結構的宇宙論哲學探微》《中國哲學史》，2008 年第 4 期。
〔註15〕余英時：《士與中國文化》，上海人民出版社，2009 年，第 427 頁。

　　理解張載宇宙論哲學的前提需要對張載的「太虛」觀作總體考察。王植說：「太虛二字，是看《正蒙》入手關頭，於此得解，以下迎刃而解」。〔註16〕「太虛」〔註17〕，簡稱「虛」，是張載哲學的根本概念，太虛與氣的基本命題，貫穿張載哲學始終，衍生出其它重要哲學概念與命題。縱觀《張載集》，張載的太虛觀大體可以概括為以下六方面內容：第一，主要涉及虛氣關係。第二，涉及對太虛的描述。第三，虛指虛與實相對之虛，有些涉及具體事物，有些涉及虛氣關係。第四，指代無限宇宙空間，第五，涉及道德根據，第六，涉及修養工夫的問題，主要指通過「虛心」來實現本體的要求。這六方面除「虛心」是涉及修養工夫之外，其它都與本體宇宙論有關。如果概括地說都可包括在「虛氣關係」中。

　　關於太虛一詞的涵義，從張載為學的歷程看，它是處於不斷被提升的進程中。在《易說》中，太虛的涵義基本指的是無限的包容性。「氣之聚散於太虛，」與「氣塊然太虛，升降飛揚，未嘗止息，」以及「太虛之氣，陰陽一物也，然而有兩體，健順而已。」這些都使人們認為太虛是氣存在與活動的

〔註16〕王植：《正蒙初義》（文淵閣四庫全書影印本），臺灣商務印書館，1983年，第429頁。

〔註17〕太虛是道家的用語，最早源出於《莊子・知北遊》：「不過乎崑崙，不遊於太虛」，此處太虛大體指對「道」體悟所達到的境界。《黃帝內經・素問》「太虛寥廓，肇基化元，萬物資始，五運終天」，將太虛與天聯繫起來。在《淮南子・天文訓》中，「道始於虛霩，虛霩生宇宙，宇宙生氣，氣有涯垠，清陽者薄靡而為天，重濁者凝滯而為地」，太虛則有了先於氣的世界本源的意思。張湛《列子注・湯問》說：「夫含萬物者，天地；容天地者，太虛也」，認為太虛是包容天地萬物的最高本源。佛教在中國本土化的過程中，不斷借用道家語言闡釋自己的思想，太虛就是他們所借用的一個重要範疇。道安《人本欲生經注》：「蕭然與太虛齊量，怡然與造化俱遊」，太虛等同於佛性、真如。唐代禪宗《慧海語錄》「莫同太虛否？」認為不懂太虛就無法理解無住。法藏《華嚴經探玄記》認為「法性虛空」，虛空成為對本體的描述。總之，佛教用太虛表示本體存在的狀態。五代道士譚峭《化書》「道之委也，虛化神，神化氣，氣化形，形生而萬物所以塞也。」虛是氣的主宰與萬物的歸宿。到了宋代，由於儒釋道思想的融合，各派互相使用對方的概念、範疇、命題已是非常普遍的現象。與張載大約同時期的新儒學人物中，對太虛與氣的使用也很普遍。例如王安石、蘇軾使用太虛一詞；范仲淹與歐陽修又將氣作為萬物根源；將虛與氣對舉的是司馬光，他在《潛虛》中說：「萬物皆祖於虛，生於氣。」這些思想材料可作為理解張載太虛與氣範疇的綜合材料。正因為太虛範疇一向有著表示宇宙本根的哲理內涵，氣範疇則具有表示物質存在形態的哲理內涵，所以張載將太虛與氣兩個範疇合併在一起，建構自身宇宙論哲學。

無限空間，其涵義不很明確（或許這也是張載思想被誤解的原因之一）。總體看來，在《易說》中，張載對虛氣關係的宇宙生成層面論述比較清楚，而對太虛作爲本體的論述卻並不充分。隨著張載對宇宙本體論思考的不斷加深，在後期思想探索過程中，對「太虛」內涵的詮釋成爲其思考的重點。在《經學理窟》與《語錄》中我們可以看到張載不斷將太虛提升，一方面使其具備最高本體的涵義，另一方面太虛又成爲最高的價值源泉。在後來的《正蒙》中，太虛本體的地位已完全確立。

首先，太虛是最高本體。一、太虛具有根源性。張載哲學的四句綱領「由太虛，有天之名；由氣化，有道之名；合虛與氣，有性之名；合性與知覺，有心之名。」〔註18〕說明由太虛，可稱之爲天；氣的生生變化，可稱之謂道；虛與氣的結合（生成萬事萬物），是性之來源；性與知覺的結合，是心之來源。這種天、道、性、心自上而下的結構層次正表現出太虛具有根源性。張載說：「與天同原謂之虛」，〔註19〕又說「誠則實也，太虛者天之實也。萬物取足於太虛，人亦出於太虛，太虛者心之實也。」〔註20〕都在於強調太虛的根源性。二、太虛具有終極性。張載說：「至靜無感，性之淵源」這是張載用描述性語言表達太虛的終極性。三、太虛具有形上性。張載說：「太虛無形，氣之本體」，〔註21〕「氣本之虛則湛一無形」，〔註22〕「太虛者，氣之體」，〔註23〕這是以太虛無形爲氣的本體，形上性顯而易見。四、太虛具有絕對性、永恒性。張載說：「金鐵有時而腐，山嶽有時而摧，凡有形之物即易壞，惟太虛無動搖，故爲至實。……上天之載，無聲無臭，至矣。」〔註24〕這是說有形之物必然有一個從生成至發展、然後到消亡的過程，而太虛則不存在生成或消亡的問題。這裏，太虛的獨立性、絕對性、永恒性表現的非常清晰。五、太虛具有超越性。張載明確說過：「言虛者未論陰陽之道，」〔註25〕虛指太虛，陰陽指氣，就是說論「虛」沒有涉及氣化的層面，太虛與氣是兩個層面。這是說就太虛而言，關乎的是超越的、本體的層面，不涉及現實的、氣化的層面。這又說明太虛具有超越性。

〔註18〕張載：《張載集》，第 9 頁。
〔註19〕張載：《張載集》，第 325 頁。
〔註20〕張載：《張載集》，第 324 頁。
〔註21〕張載：《張載集》，第 7 頁。
〔註22〕張載：《張載集》，第 10 頁。
〔註23〕張載：《張載集》，第 66 頁。
〔註24〕張載：《張載集》，第 325 頁。
〔註25〕張載：《張載集》，第 325 頁。

其次，太虛也是最高的價值源泉。張載說「虛者，仁之原。」〔註 26〕「虛則生仁，仁在理以成之。」〔註 27〕「靜者善之本，虛者靜之本。靜猶對動，虛則至一。」〔註 28〕這些話表明太虛即是仁之本，又是善之本。又說：「天地以虛爲德，至善者虛也。虛者天地之祖，天地從虛中來。」〔註 29〕太虛不但是自然世界的根源，也是至善（價值）世界的根源。

用「兩層結構宇宙論哲學」來闡釋張載的宇宙論思想，其實問題會變得很清晰，我們用張載自己的命題來概括：從本體論來講，他說「太虛無形，氣之本體」；從生成論來講，他則說「太虛即氣」，這兩個層面互相聯繫、缺一不可。

從宇宙本體論的角度，張載認爲太虛是氣的本體，主張虛氣之分。他說：「太虛無形，氣之本體，其聚其散，變化之客形爾。」王植解釋爲「太虛之始，無有形狀，乃氣之本體然也，及氣之呈露則有形矣。」〔註 30〕太虛雖然沒有形狀、形體，但卻是氣的本體、根據。張載說的「太虛者，氣之體」，則反映張載融入魏晉以來形成的體用觀，以太虛爲體、以氣爲用，對虛氣關係進行表述。張載賦「太虛」以本體地位，就是要提出一個根本，作爲一切現象的根據，以此建構儒家的本體論。

從宇宙生成論的角度，張載認爲太虛與氣和合，共同生成萬物，主張虛氣之合。張載與程頤討論的「太虛即氣」命題正是從生成論的角度解決超越層面與現實層面之間的關係問題。他以「氣」作爲萬物生成的基質，以「氣化」作爲宇宙創生之道，以氣的陰陽變化作爲世界運動的原則，從而肯定了現實世界存在的價值。在張載看來，如果與佛老抗衡就必須在理論上揭示佛老的問題所在，太虛一詞佛老也用，但基本都是以空無爲其實質，張載將太虛與氣結合成一個命題，就使太虛從空無變成實有。太虛與氣相即不離、共同作用，生化宇宙萬事萬物。肯定太虛即氣，其目的乃是在宇宙與人生方面徹底反對佛道的幻化思想。爲此，張載對「氣」的表述成爲其思想中最具特色的內容之一。北宋理學家中，張載論氣最多、也最精。他說：「凡可狀，皆

〔註 26〕張載：《張載集》，第 325 頁。
〔註 27〕張載：《張載集》，第 325 頁。
〔註 28〕張載：《張載集》，第 325 頁。
〔註 29〕張載：《張載集》，第 326 頁。
〔註 30〕王植：《正蒙初義》（文淵閣四庫全書影印本），臺灣商務印書館，1983 年，第 429 頁。

有也,凡有,皆象也,凡象,皆氣也」。〔註31〕「所謂氣也者,非待其蒸鬱凝聚,接於目而後知之;苟健、順、動、止、浩然、湛然之得言,皆可名之象爾。然則象若非氣,指何爲象?時若非象,指何爲時?」〔註32〕「若陰陽之氣,則循環迭至,聚散相盪,升降相求,絪縕相揉,蓋相兼相制,欲一之而不能,此其所以屈伸無方,運行不息,莫或使之,不曰性命之理,謂之何哉?」〔註33〕這是張載對氣進行了豐富的描述,通過神化、陰陽、動靜、清濁、游氣、盎然、升降飛揚,屈伸、有無、隱現、聚散、出入、幽明這麼多詞彙,描繪出一個栩栩如生的宇宙世界。他又通過「一兩」、「神化」等描述性的詞語展示了虛中有氣、氣中有虛、虛氣相即不離的關係。從宇宙構成的角度講,虛氣是生成萬物的基本條件。太虛構成萬物的本性,而氣則構成萬物之形質,二者的作用不同。

張載的探索站在重建儒學的立場,對佛道二教的挑戰做出積極的回應,針對性很強。首先,張載立太虛爲本體,是理論建構的需要,也是抗衡佛老的需要。牟宗三先生說:「張載提出虛,就是對抗佛、老的空、無。虛這個字是個虛虛實實的字,你說它虛乎,它又實,你說它實乎,它又虛。從虛處說實,這是儒家的精神。」〔註34〕張載正是以虛說實。錢穆先生也說:「特立太虛之體,則聚爲萬物,散歸太虛,既不如『語寂滅者往而不返』,又不如『徇生執有者之物而不化』。蓋橫渠用意,正爲破輪迴。」〔註35〕這就是說,張載立太虛爲本體是針對佛老的空無,同時也構建了儒家的本體論。其次,張載以「虛氣相即」破佛老之空無,使人生落實在一個眞實的世界裏。在張載看來,佛教的最大缺陷就是把現實世界看作是虛幻。佛教認爲萬物雖存在,但其本性爲空,實際上是將物與其性相分,天與人相分,實是不知物與性、天與人實是相待而存在,本就合一不可分。張載批評「若謂萬象爲太虛中所見之物,則物與虛不相資,形自形,性自性,形性、天人不相待而有,陷於浮屠以山河大地爲見病之說」。所以針對佛教只有「體」沒有「用」的弊端,張載提出「太虛即氣」、「太虛不能無氣」等來否定太虛是一個脫離了氣的存在。

---

〔註31〕張載:《張載集》,第 63 頁。

〔註32〕張載:《張載集》,第 16 頁。

〔註33〕張載:《張載集》,第 12 頁。

〔註34〕牟宗三:《宋明理學的問題與發展》,華東師範大學出版社,2004 年,第 102 頁。

〔註35〕錢穆:《中國學術思想史論叢》(卷五),第 83 頁。

在張載看來，道教的不足在於將太虛和「氣」之間的關係看成是生成和被生成的關係，實質上割裂了有和無的聯繫，張載批評說，「若謂虛能生氣，則虛無窮，氣有限，體用殊絕，入老氏『有生於無』自然之論，不識所謂有無混一之常」。因此，張載一再強調「太虛不能無氣，氣不能不聚而爲萬物」，「氣之聚散於太虛，猶冰凝釋於水，知太虛即氣，則無無」，太虛並非在氣之外，而是就在氣之中，氣是太虛在現實世界的表現形式，並且是和合了太虛、有無、虛實的現實的存在，「知虛空即氣，則有無、隱顯、神化、性命通一無二」。氣之聚散的狀態只不過在可見與不可見，有形與無形之間有差別，而沒有「有」和「無」的分別。「氣聚則離明得施而有形，氣不聚則離明不得施而無形。方其聚也，安得不謂之客？方其散也，安得遽謂之無？」有形只是氣聚的表現，這也只能說成是「客」；無形只是氣散的表現，而不能說成是「無」。

張載通過對太虛即氣的生動描述，以看似空無，卻眞實存在的「氣」來破除道教的虛無和佛教的不眞空，從而使宇宙本體與宇宙生成有機地結合起來。這樣佛老所輕視的宇宙萬物在儒家的理論中落在了一個眞實的世界。由此，儒家的心性論與道德修養工夫也就有了現世的意義。程頤稱道張載的這一命題「深探遠賾，豈後世學者所嘗慮及」，就是看到了這一命題所包涵的深刻蘊意。

### 三、程頤「餘論」略析

在《答書》中，還涉及另外兩個問題，在此也需要做簡單分析。

第一，程頤所說的「此語未能無過」之語，意味著他對太虛作爲道體本身有不同看法。程頤稱道張載「虛無即氣」這一命題之後，接著就說「此語未能無過」，這表明在程頤看來張載的這一提法不夠完善，需要進一步斟酌。從後來張載思想的發展可以看出，程頤所說的「未能無過」，張載實際上並沒有認同，所以程頤才說「今承盈幅之論，詳味三反，鄙意益未安。此非侍坐之閒，從容辨析，不能究也，豈尺書所可道哉？」〔註36〕這都意味著關於本體論的建構，張載與二程確實存在分歧。

第二，程頤之後所說的「餘所論，以大概氣象言之，則有苦心極力之象，而無寬裕溫厚之氣。非明睿所照，而考索至此，故意屢偏而言多窒，小出入

---

〔註36〕程顥、程頤：《二程集》，第 596 頁。

時有之。(明所照者,如目所覩,纖微盡識之矣。考索至者,如揣料於物,約見彷彿爾,能無差乎?)更願完養思慮,涵泳義理,他日自當條暢。」〔註37〕則是就工夫而言,意在說明張載所達到的程度還不夠圓熟。這一點批評與事實大體相符。張載在《自道》篇中曾對自己的爲學歷程有過誠懇地評價,他說:

> 某學來三十年,自來作文字說義理無限,其有是者皆只是億則屢中。譬之穿窬之盜,將竊取室中之物而未知物之所藏處,或探知於外人,或隔牆聽人之言,終不能自到,說得皆未是實。觀古人之書,如探知於外人,聞朋友之論,如聞隔牆之言,皆未得其門而入,不見宗廟之美,室家之好。比歲方似入至其中,知其中是美是善,不肯復出,天下之議論莫能易此。譬如既鑿一穴已有見,又若既至其中卻無燭,未能盡室中之有,須索移動方有所見。言移動者,謂逐事要思,譬之昏者觀一物必貯目於一,不如明者舉目皆見。此某不敢自欺,亦不敢自謙,所言皆實事。學者又譬之知有物而不肯捨去者有之,以爲難入不濟事而去者有之。〔註38〕

張載從二十一歲,立下求道之志,從「學來三十年」判斷,張載說這段話的時候大約是五十一歲左右,可能是從京師辭官回歸橫渠鎮講學時期的講話,與給程頤寫信的時間大致相差一年左右。張載所說的「譬之穿窬之盜,將竊取室中之物而未知物之所藏處,或探知於外人,或隔牆聽人之言,終不能自到,說得皆未是實」與程頤所說「考索至者,如揣料於物,約見彷彿爾,能無差乎」,其實是一個意思。可見,張載給程頤寫信的時候,確實涵養未熟。從這段話中我們也可以清晰地看到,張載爲學三十年來,所做的精苦之工,每一階段的工夫所達到的程度他都做了形象的比喻,並自認爲「比歲方似入至其中」,近幾年自己才逐漸進入對道體的把握之中。這就是說,張載是回到橫渠鎮講學之後的幾年中,才涵養漸純,所以,程頤《答書》中說張載「無寬裕溫厚之氣」,也是與事實相符的。

另外,就二程對張載的「迫切氣象」提出批評做簡單分析。二程對張載的「迫切氣象」多次提出批評。程頤曾說:「子厚謹嚴,才謹嚴,便有迫切氣象,無寬舒之氣。孟子卻寬舒,只是中間有些英氣,才有英氣,便有圭角。英氣甚

---

〔註37〕程顥、程頤:《二程集》,第 596 頁。
〔註38〕張載:《張載集》,第 288 頁。

害事。如顏子便渾厚不同。顏子去聖人，只毫髮之間。孟子大賢，亞聖之次也。……但以孔子之言比之，便見。如冰與水精非不光，比之玉，自是有溫潤含蓄氣象，無許多光耀也。」〔註39〕《遺書》記載程顥語：「恭而安。（張兄十五年學。）」〔註40〕《外書》也記載：「橫渠嘗言：『吾十五年學個恭而安不成。』明道曰：『可知是學不成，有多少病在。』」〔註41〕所謂「寬舒氣象」其實就是「安」；相對而言「迫切氣象」則是「不安」。在二程看來，「寬舒氣象」不是精思力索、刻意人為能夠達到的，而是需要不斷「涵養」達至「成熟」才能自然呈現。語錄有一則說：「張橫渠著《正蒙》時，處處置筆硯，得意即書。伯淳云：『子厚卻如此不熟。』」〔註42〕程顥所說的「熟」當是聖人境界，以他的觀點，張載是沒有達到聖人境界，「不熟」也是情理之中的事情。二程對張載的批評主要原因大致有二：一、張、程的工夫路徑存在差異，二、二程以聖人標準來衡量張載的氣象〔註43〕。二程語錄只能作為參照，不可以作為評價張載的唯一依據。黃宗羲在評判程顥對張載的評語時說：「所謂寬舒氣象即安也。然恭而安，自學不得，正以迫切之久而後能有之。若先從安處學起，則蕩而無可持守，早已入漆園籬落。」〔註44〕這樣的認識可以說真能得張載之意。

　　其實，從張載的言論中可以看出，他在論學中始終有著既謙虛又自信的態度，謙虛使他能與晚輩開誠布公地交流，互相促進；自信又使他在不被理解的時候，能安然處之，繼續沿著自己的思路探索。

# 第二節　張載、程頤對「勿忘勿助」之詮釋

## 一、張載與程頤對「勿忘勿助」詮釋之差別

　　在《再答》中，程頤與張載討論了一個與修養工夫相關的重要命題，即「勿忘勿助」的問題，這再次涉及到工夫論。程頤在信中說到：

---

〔註39〕程顥、程頤：《二程集》，第 196～197 頁。

〔註40〕程顥、程頤：《二程集》，第 79 頁。

〔註41〕程顥、程頤：《二程集》，第 424 頁。

〔註42〕程顥、程頤：《二程集》，第 427 頁。

〔註43〕《遺書》記載：「邵堯夫臨終時，只是諧謔，須臾而去。以聖人觀之，此亦未是，蓋猶有意也。比之常人，甚懸絕矣。」《二程集》，第 197 頁。此處，二程也是以聖人的境界來評價邵雍。

〔註44〕黃宗羲、全祖望：《宋元學案》（黃宗羲全集版・第三冊），第 930 頁。

內一事，云已與大哥議而未合者，試以所見言之。

所云：「孟子曰：『必有事焉而勿正心，勿忘勿助長也。』」此信乎入神之奧。若欲以思慮求之，是既已自累其心於不神矣，惡得而求之哉？」頤以爲有所事，乃有思也，無思則無所事矣。孟子之是言，方言養氣之道如是，何遽及神乎？氣完則理正，理正則不私，不私之至，則神。自養氣至此猶遠，不可驟同語也。以孟子觀之，自見其次第也。當以「必有事焉而勿正」爲句，心字屬下句。此説與大哥之言固無殊，但恐言之未詳爾。遠地末由拜見，豈勝傾戀之切？餘意未能具道。

所論「勿忘者，但不舍其虛明善應之心爾。」此言恐未便，既有存於心而不捨，則何謂虛明？安能善應邪？虛明善應，乃可存而不忘乎？〔註45〕

「必有事焉而勿正心，勿忘勿助長也」，是《孟子·公孫丑》中探討如何養「浩然之氣」的內容。當時，弟子公孫丑問老師孟子養氣之道，於是有師徒的以下對話，孟子曰：「我知言，我善養吾浩然之氣。」公孫丑問：「敢問何謂浩然之氣？」孟子曰：「難言也，其爲氣也，至大至剛，以直養而無害，則塞於天地之間。其爲氣也，配義與道。無是，餒也。是集義所生者，非義襲而取之也。行有不慊於心，則餒矣。我故曰：告子未嘗知義，以其外之也。必有事焉而勿正，心勿忘勿助長也。」〔註46〕之後孟子以「揠苗助長」爲例，形象地説明如何是「勿忘勿助」。這段話的大意是説：浩然之氣乃天地間之正氣，是人本身所固有，它不好用語言來表達，從氣這個角度來講，可以用「至大至剛」來形容，浩然之氣是與「義」、「道」相匹配的，否則，它就會因不充盈而變得枯萎。在道德實踐中一定要做到無愧於心，才能養成浩然之氣。在

---

〔註45〕程顥、程頤：《二程集》，第 596～597 頁。《程氏粹言》中有關於這一問題的記載，將張載與程頤的觀點説得更爲詳細。據載：子厚曰：「必有事焉而勿正心，勿忘勿助長者，其入神之奧乎！學者欲以思慮求之，既以自累其心於不神矣，烏得而求之哉？」子曰：「有所事，乃有思也，無思則無事矣。孟子於是論養氣之道，而未遽及夫神也。」子厚曰：「勿忘者，亦不捨其靈明，善應之耳。」子曰：「存不捨之心，安得謂之靈明？」「然則其能善乎？」子曰：「意必固我既亡之後，必有事焉，此學者所宜盡心也。」《二程集》第 1259～1260 頁。這一段討論的關鍵其實是借助對《孟子》「必有事焉而勿正心，勿忘勿助長也」與《論語》「絕四」的詮釋來進一步闡發各自的工夫論。

〔註46〕趙岐等《孟子注疏》（李學勤主編十三經注疏本），第 75 頁。

修養浩然之氣的過程中，需要做到既不能忘（間斷），又不能助長（急於求成）。孟子這段話的核心內容就是告誡弟子們養浩然之氣的方法不能走兩個極端，即不能間斷，又不能急於求成，而是始終要保持勿忘勿助的狀態。

張、程從《孟子》中揀擇出這句話主要是用以闡釋他們的工夫論，但是，由於他們各自思想體系與工夫進路的差異，對這句話的理解與詮釋也存在很大不同。第一點不同表現在斷句上。以信的內容看，張載是主張在心字之後斷句，即「必有事焉而勿正心，勿忘勿助長也」；而程頤則主張在心字之前斷句，即「必有事焉而勿正，心勿忘勿助長也。」就是在引文中所說的「當以『必有事焉而勿正』爲句，心字屬下句。」朱熹說「程子以七字爲句。近世或並下文『心』字讀之者亦通。」〔註47〕在朱熹看來，對於「勿忘勿助」的兩種斷句之法都說得通，事實也確實如此。第二點不同表現在張、程對此句的理解與詮釋不同。據信的內容判斷，張載與程顥已經討論過這個話題，但是兩人「議而未合」，至於是在哪些方面沒有取得一致意見，文獻不足，我們不能作出判斷。而張載與程頤的分歧主要有以下兩個方面。一、對於張載所說的「必有事焉而勿正心，勿忘勿助長者，其入神之奧乎！」程頤持反對意見。他認爲「勿忘勿助」只是談養氣之道，並沒有涉及神的問題。理由是程頤認爲從養氣到入神其間相距甚遠，中間需要有次第，即所謂的「氣完則理正，理正則不私，不私之至，則神。自養氣至此猶遠，不可驟同語也。」這裏可以明顯看出，程頤認爲孟子的「勿忘勿助」只是談「養氣」的方法，還沒有達到境界，可以說是初級階段的工夫。而從程頤所引張載原話可以看出：張載認爲做到「勿忘勿助」已經是很高的境界，即達到「入神之奧」的程度。二、對張載所謂「勿忘者，但不捨其虛明善應之心爾」，程頤持反對意見。他認爲「此言恐未便」，就是說張載之言不得當。在程頤看來，既有存於心而不捨，就談不上虛明，更不能善應。虛明善應，是不能用「存而不忘」來表達的。

《再答》中，雖然張載與程頤二者觀點比較明確，但是由於缺乏相應的語境，我們只知其一不知其二，這裏想借助書信之外的一些材料，對此問題作進一步解讀。首先，與張、程第一點分歧相對應，《經學理窟》中有一段文字涉及張載對「勿忘勿助」與「浩然之氣」的闡釋，這有助於理解張載之意。他說：

> 道理須從義理生，集義又須是博文，博文則利用。又集義則自是經

〔註47〕朱熹：《四書集注》（朱子全書版·第六冊），第283頁。

典，已除去了多少掛意，精其義直至於入神，義則一種是義，只是
尤精。雖曰義，然有一意、必、固、我便是繫礙，動輒不可。須是
無倚，百種病痛除盡，下頭有一不犯手勢自然道理，如此是快活，
方眞是義也。孟子所謂「必有事焉」，謂下頭必有此道理，但起一意、
必、固、我便是助長也。浩然之氣本來是集義所生，故下頭卻說義。
氣須是集義以生，義不集如何得生？「行有不慊於心則餒矣」。義集
須是博文，博文則用利，用利即身安，到身安處卻要得資養此得精
義者。脫然在物我之外，無意、必、固、我，是精義也。然立則道
義從何而生？灑掃應對是誠心所爲，亦是義理所當爲也。〔註48〕

這段話當中，張載主要表達以下三點意思：一、張載對孟子的「集義」思想
作了發揮。孟子只說集義，對如何集義解說不多，張載作了詮釋，認爲由博
文到集義再到用利，然後資養，達到精義入神的程度才是眞正集義。二、對
精義入神的方法再次作了具體說明。這裏有必要強調，張載對「義」的涵義
給予很高的界定，認爲自然而然能從義，且能自得其樂（快活），才是眞正的
義。其實，張載的「義」既包括外在義理又包括人性之善理。張載說過：「所
以養浩然之氣是集義所生者，集義猶言積善也，義須是常集，勿使有息，故
能生浩然道德之氣。」〔註49〕在這種狀態下，任何人爲因素（意、必、固、
我）都是助長的表現。三、在這段話中，張載以《論語》「絕四」與「勿忘勿
助」互詮。「絕四」來源於《論語》，「子絕四：毋意、毋必、毋固、毋我。」
〔註50〕在張載看來，「必有事焉」，說的是集義；「勿忘」就是「勿使有息」，
即不間斷的意思；「勿助長」則是去除意必固我這些人爲因素。關於意必固我，
張載的理解是：「意，有思也；必，有待也；固，不化也；我，有方也。四者
有一焉，則與天地不相似。」〔註51〕「天理一貫，則無意、必、固、我之鑿。
意、必、固、我，一物存焉，非誠也；四者盡去，則直養而無害矣。」〔註52〕
也就是常集義不使之中斷，在這個過程中，不夾雜任何主觀因素，就能生浩
然道德之氣。由於張載對「義」的界定很高，所以精義就可入神，再加涵養，

〔註48〕 張載：《張載集》，第 286 頁。

〔註49〕 張載：《張載集》，第 281 頁。

〔註50〕 何晏等：《論語注疏》（李學勤主編十三經注疏本），北京大學出版社，1999
　　　　年，第 113 頁。

〔註51〕 張載：《張載集》，第 185 頁。

〔註52〕 張載：《張載集》，第 28 頁。

所以說是「入神之奧」。簡單地講，「入神之奧」就是對「神」的體悟達到很深的程度，可以說是已由「入神」進入「窮神」的境界，在張載看來，這時的工夫應該是「化」與「熟」，而不是勉行，所以，他在信中反對以「思慮求之」的方法。這與張載工夫論的思路完全相符，並沒有什麼說不通的地方。

程頤的「勿忘勿助」思想則需要借助二程語錄方能看得清楚。猶如上文所說程頤認為「勿忘勿助」只是論養氣之道，對此他有多方詮釋。他說：「必有事焉而勿正（事者，事事之事。）心勿忘勿助長」，養氣之道當如此。」〔註53〕對「必有事」、「勿正」、「心勿忘」、「助長」他作了詳細的說明：「『必有事』者，主養氣而言，故必主於敬。『勿正』，勿作為也。『心勿忘』，必有事也。『助長』，乃正也。」〔註54〕又說：「孟子曰：『必有事焉而勿正，心勿忘，勿助長也。』必有事焉，便是心勿忘；勿正，便是勿助長。」〔註55〕也就是說程頤將必有事焉解釋為心勿忘，勿忘就是主敬；而勿正則是勿助長，就是勿作為。另外，程頤也以《論語》「絕四」與「勿忘勿助」互詮，但觀點與張載並不一致。〔註56〕程頤告誡學者說：「意必固我既亡之後，必有事焉，此學者所宜盡心也。」〔註57〕程頤認為「『毋意』者，不妄意。『毋我』者，循理不守己也」。〔註58〕這就是說，能夠不違背「理」的規範，以「敬」的工夫存養，是學者最應該盡心的事情。由此可知，與張載不同，程頤這裏並沒有涉及「神」的問題。這樣的詮釋確實符合程頤的思路和語境。

其次，借助以上文獻來說明張、程第二點分歧。張載將「勿忘」解釋成「不捨虛明善應之心」。在這裏「不捨」按照張載的意思應該理解為「不息」，也就是「無間斷」，而程頤認為「有存於心而不捨」已有人為「把捉」的意思，這樣就不能做到真正的「虛明善應」。程頤對張載的誤讀在於，二者對「忘」的詮釋不同：張載之「忘」強調的是「不息」；程頤之「忘」與「勿助長」同

---

〔註53〕程顥、程頤：《二程集》，第 124 頁。據《二程哲學體系》，此句為程頤語。

〔註54〕程顥、程頤：《二程集》，第 12 頁。據《二程哲學體系》，此句為程頤語。

〔註55〕程顥、程頤：《二程集》，第 189 頁。

〔註56〕通過對《論語》「絕四」的詮釋對儒家工夫論進行建構在當時是趨勢之一。司馬光說：「在我為固，在人為必，聖人出處語默，惟義所在，無可無不可，奚其固？成敗禍福，繫命所遭，誰得而知之，奚其必！……有意，有必，有固，則有我，有我則私，私實生蔽。無意，無必，無固，固無我，無我則公，公則生明，」《絕四》。《宋元學案‧涑水學案》（《黃宗羲全集版》）第 348 頁。

〔註57〕程顥、程頤：《二程集》，第 321 頁。

〔註58〕程顥、程頤：《二程集》，第 108 頁。

義，即避免刻意而爲的因素。由此可知，張載的「忘」並非程頤理解的有意「把捉」。事實上，張載本人反對「求之太甚」，他說：「某只爲少小時不學，至今日勉強，有太甚則反有害，欲速不達，亦須待歲月至始得。」〔註 59〕其實，張、程的觀點在各自的思路與體系中都可以說得通。

由此看來，張、程的分歧在於各自語境的差異。張載、程頤以各自的思路詮釋經典，有不能相契的地方很自然。這其實並無妨，本來他們就是通過對儒家經典的詮釋來重構儒學體系的，雖然存在差異，但卻各有千秋。

## 二、「勿忘勿助」討論之意義

首先，這次討論爲程頤日後主敬工夫的提出，奠定了基礎。張、程討論這個問題是對儒家經典中涉及工夫的內容進行深入挖掘與詮釋，目的仍然是對工夫論的進一步建構。這次討論較爲清晰地表現了張載工夫論，與其一貫主張的「三階段」相一致。對張載來說，「勿忘勿助」是面臨「存得」之後，如何養的問題。已經不是「學者」的工夫，而是「大人」向「聖人」階段需要做的工夫。所以，需要由「入神」到「窮神」，要「不間斷」。這次討論雖然程頤的觀點比較明確，即對程頤來說，「勿忘勿助」則是初學者的工夫，只談「養氣之道」，沒涉及更深層次。但對於程頤工夫論的具體內容是什麼，卻沒有涉及。後來，程頤對「勿忘勿助」作了更明確的說明，發展出具有自身特色的「主敬」工夫。他說：「必有事焉」，有事於此（一作敬）也。「勿正」者，若思此而曰善，然後爲之，是正也。「勿忘」，則是必有事也。「勿助長」，則是勿正也。後言之漸重，須默識取主一之意。〔註 60〕這段文字的大體意思是說：始終存著「敬」之心，不要刻意去「敬」，也不要讓「敬」間斷，心中要默識主敬（主一）之意，是修爲的好方法。程頤的另一段話：「必有事焉」，謂必有所事，是敬也。勿正，正之爲言輕，勿忘是敬也。正之之甚，遂至於助長。〔註 61〕表達的也是同樣的意思。後來，「敬」成爲程頤修養工夫的核心內容。與佛道相比，「敬」成爲具有儒家特色工夫論的代名詞。

其次，這次討論顯示出程頤修養工夫論的特點與程顥的「圓融性」不同，而與張載的階段性相似。在這封信中，可以明顯地看出程頤主張修養工夫的

〔註 59〕張載：《張載集》，第 331 頁。
〔註 60〕程顥、程頤：《二程集》，第 150 頁。
〔註 61〕程顥、程頤：《二程集》，第 171 頁。據《二程哲學體系》，此句爲程頤語。

階段性。他說的「氣完則理正，理正則不私，不私之至，則神。自養氣至此猶遠，不可驟同語也。以孟子觀之，自見其次第也。」認為從「養氣」到「入神」是具有階段性的，不可一步達到。又說：「浩然之氣，所養各有漸，所以至於充塞天地，必積而後至。」〔註62〕「浩然之氣」的形成也是需要通過不斷積纍才能達到的，這與《再答》的思想是一致的。又說：「敬則無己可克，始則須絕四。」〔註63〕認為「絕四」是初學者所做的工夫，而達到「敬」的程度則「無己可克」，這些都體現出程頤在修養工夫論中的階段性。由此可見程頤與張載主張工夫的階段性是一致的。

---

〔註62〕程顥、程頤：《二程集》，第 158 頁。
〔註63〕程顥、程頤：《二程集》，第 157 頁。

# 第五章　第四次論學:「窮理」與「政術」
## （1076～1077 年）

　　熙寧五年（1072 年），由於反對王安石變法，程顥以侍奉老父爲由，罷歸洛陽，開始在洛陽講學。同年，程頤隨父親來到京師，後又回洛陽，與兄程顥在洛陽開始授徒講學。洛陽離京師（開封）很近，是當時的三大陪都之一，〔註 1〕也是士大夫聚居的地方。熙寧七年（1074 年），司馬光、呂公著、文彥博都因爲反對「新法」而罷官，都來到洛陽「閒居」。他們與程氏父子交往甚密，經常聚會飲酒，評論時政。熙寧九年（1076 年），王安石罷相，春，張載由呂大防推薦，招同知太常禮院，張載再次入京。此次出行張載已是身有重疾，但因爲感念皇上曾經的知遇之恩，他帶病入朝。這次行程途徑洛陽，張載與二程、司馬光等會晤，並看望病重的邵雍。〔註 2〕入朝之後，張載未能被「適得其用」，只是在太常禮院，負責一些定龍女衣冠之類的小事。他與禮官議禮，總是不合，於是「引疾而歸」。熙寧十年（1077 年），在歸途中又過洛陽，張載與二程討論了時政以及道學中的一個關鍵命題。這次談話由張載弟子蘇昞記錄，是爲《洛陽議論》，這也是二程言論的最早記錄。這是他們的第四次論學，也是最後一次論學，是年十二月，張載在歸途中病逝於臨潼。

---

〔註 1〕 宋代，除了首都東京之外，設立了三個陪都：即西京洛陽河南府，北京大名府，南京應天府。

〔註 2〕 《遺書》載：伯淳言：「邵堯夫病革，且言試與觀化一遭。」子厚言：「觀化他人便觀得自家，自家又如何觀得化？嘗觀堯夫詩意，才做得識道理，卻於儒術未見所得。」《二程集》，第 112 頁。就是張載這次途徑洛陽與司馬光、二程一起看望病重中的邵雍。

　　在這次討論中，涉及道學的問題不多（但卻很重要）；其他涉及的都是「政術」，主要包括政論、禮治，井田等。

# 第一節　張載、二程對「窮理盡性以至於命」之討論與詮釋

## 一、張載、二程對「窮理盡性以至於命」之辯論與詮釋

　　「窮理盡性以至於命」是《易傳・說卦》中一個重要命題，《易傳》是對《易經》作出最早詮釋的著作，其在占卜的內容上融入了豐富的哲學語言。這個命題出自「昔者聖人之作《易》也，幽贊於神明而生蓍，三天兩地而倚數，觀變於陰陽而立卦，發揮於剛柔而生爻，和順於道德而理於義，窮理盡性以至於命」一章。〔註3〕此章「主要講的是蓍、卦、爻的產生以及卦、爻的作用」。〔註4〕《易傳》認爲，聖人作《易》的目的在於通過觀象、揣辭、演卦等方法洞察天地宇宙的種種狀況，參透宇宙人生之奧妙。在這裏象、數、卦、爻、義理都是洞悉宇宙人生的方法與途徑。所謂「窮理盡性以至於命」就是「窮究物理探究人性，繼而安頓人類的終極命運」。〔註5〕也就是說這一命題從認識論的角度說明人類把握生存世界的方法是將外在探索宇宙的深邃與內在探討人類自身的奧妙二者統一起來。〔註6〕

　　北宋，儒學在復興過程中越來越傾向於對天、道、理、命、心、性的探討，所以大力借助了對富含哲學思想的《周易》的詮釋，「窮理盡性以至於命」則成爲受到普遍關注的命題。〔註7〕北宋儒學復興時期，這一命題幾乎成爲「儒

---

〔註3〕　王弼等：《周易正義》（李學勤主編十三經注疏版），北京大學出版社，1999年，第 323 頁。

〔註4〕　金景芳、呂紹綱著：《周易全解》，上海古籍出版社，2006 年，第 605 頁。

〔註5〕　陳鼓應：《易傳與道家思想》，商務印書館，2007 年，第 199 頁。

〔註6〕　《周易》，文字簡潔古奧，寓意深遠，提出的很多範疇與命題沒做具體解釋，這就給後世學者留下極大的闡發空間，成爲詮釋的經典著作。而「窮理盡性以至於命」作爲一個命題，包含了三個極富哲學內涵的範疇（理、性、命）及其相互關係，在中國古代思想發展過程中，起過很重要的作用，各學派通過對這一命題的詮釋來建構自己的思想。

〔註7〕　北宋解易的著作有六十餘家，包括著名的哲學家、思想家，如李覯、胡瑗、周敦頤、邵雍、王安石、張載、程顥、程頤；著名的文學家、歷史學家，如歐陽修、蘇軾、司馬光等。參朱伯崑：《易學哲學史》（中），第 3 頁。

學中的一個重要的、概括全部精神修養的命題。」〔註 8〕張、程之所以對「窮理盡性以至於命」這一命題多次討論，即是時代使然，也是建構儒學體系的需要。〔註 9〕張載、二程對「窮理盡性以至於命」的辯論以時間爲序可作以下考察：

對這一命題的最早討論，可能開始於張載、二程「京師論易」之時。正如前文所述，宋仁宗嘉祐初年，張載、二程等諸多學子彙聚京師參加科舉考試。在等待揭榜的日子，張載「坐虎皮講易」〔註 10〕某日，二程前去拜望，

〔註 8〕 崔大華：《儒學引論》，第 434 頁。

〔註 9〕 張、程之先，對這一命題的詮釋已有很大的變化與提升，大體呈現由認識論向修養工夫論再向本體論轉變的趨勢。被譽爲「宋初三先生」之一的胡瑗，其《周易口義》歸本義理，是當時國家太學的教材。他將「窮理盡性以至於命」訓解爲：「窮極萬物之理，以盡萬物之性，以至於命者也。命者，則謂長短凶折夭亡之類是也。然則大易之道，皆能盡萬物之性，又能盡人之性者。蓋性者，皆天所稟受之善性者也，若能守己之性不陷於邪佞，則其命可以知矣。」（胡瑗：《周易口義》（文淵閣四庫全書影印本），臺灣商務印書館，1983年。）此種詮釋雖將大易之道全歸義理，但基本承繼唐代孔穎達的「窮極萬物深妙之理，究盡生靈所稟之性，物理即窮，生性又盡，至於一期所賦之命，莫不窮其短長，定其吉凶。」的思想，基本屬於認識論詮釋的範圍。新學的核心人物王安石，解此命題爲：「通天下之志，在窮理；同天下之德，在盡性。窮理矣，故知所謂咎而弗受，知所謂德而錫之福；盡性矣，故能不虐煢獨以爲仁，不畏高明以爲義。」（王安石：《王安石全集》，上海古籍出版社，1999年，第 212 頁。）此詮釋不同於孔穎達之注，而將窮理與盡性理解爲兩種道德品質即知與仁，已經從認識論向修養論過度。「北宋六子」之一的邵雍對理、性、命有明確的界定，他說：「《易》曰：『窮理盡性以至於命』，所以謂之理者，物之理也；所以謂之性者，天之性也；所以謂之命者，處理性者也。所以能處理性者，非道而何？」（黃宗羲、全祖望：《宋元學案》（黃宗羲全集版），第 446 頁）。理是就物而言，性是就天所賦予而言，命是就理、性所稟受而言，在理、性、命之上是道，道是最高的範疇。邵雍開始對理、性、命的根源作形而上的探討。理學開山周敦頤則將「窮理盡性以至於命」作了隱含的詮釋，他在《通書·理性命》中說：「厥彰厥微，匪靈弗瑩。剛善剛惡，柔亦如之，中焉止矣。二氣五行，化生萬物。五殊二實，二本則一。是萬爲一，一實萬分。萬一各正，小大有定。」（《周敦頤集》，中華書局，2009 年，第 32 頁。）第一句是解釋窮理，認爲事物之理有顯有微，非人心之靈，不能明此。接下來的三句是解釋盡性，認爲人性由二氣構成，有剛柔善惡之不同，做到「中焉止矣」，就是盡性。最後一句是說，萬物又各有自己的規定性，這就是所謂的「至於命」。（朱伯崑：《易學哲學史》（中），北京大學出版社，1988 年，第 115 頁。）周敦頤的這一詮釋既有認識論的內容又有修養工夫論，而且將理、性、命提到了形而上的高度。

〔註 10〕 張載：《張載集》，第 386 頁。

共同討論易學，並「共語道學之要」。〔註11〕「窮理盡性以至於命」作為《周易》的重要命題，此時，張載、二程就可能討論過。由於沒有文獻支持，討論的具體內容是什麼，我們不得而知。涉及這一命題有文獻可考的最早記錄是在《橫渠易說》中。《易說・說卦》「窮理盡性以至於命」有一條釋文〔註12〕是：「知與至為道殊遠，盡性然後至於命，不可謂一。」〔註13〕這是說張載認為知（盡性）與至（至於命）是「為道」的兩個不同階段，從知到至仍須艱辛的工夫歷程。這句釋文其實隱含著一個問題，即張載反對將知（盡性）與至（至於命）「謂一」。依據後來的資料推斷，張載此語「可能」是針對二程的觀點而發的。之所以用「可能」這個詞，是由於除了《定性書》、《顏子所好何學論》之外，二程的語錄、著作與《易說》同期的都沒有記載下來，無法用同期的二程文獻對應說明張載的駁語，只能是推斷而已。不過，通過後來二程對這個命題的闡發，主張「窮理、盡性、至命，一事也」，可以做出這樣的推斷。〔註14〕那麼，現在留下來的疑問是，張載如何在《易說》中會有這樣的駁語？我們的推測是：京師論易，張載、二程「共語道學之要」，之後便經常保持書信聯繫，張載的針對性或許來自京師論易，或許來自二程的書信。

　　張載、二程關於「窮理盡性以至於命」的當面討論，有明確記載的是在張載弟子蘇昞記錄的《洛陽議論》中，這是二程語錄的最早記錄。宋神宗熙寧十年張載與二程在洛陽會晤，討論了諸多問題，其中最重要的哲學問題就是對「窮理盡性以至於命」的討論。

　　據《洛陽議論》載：「二程解『窮理盡性以至於命』，只窮理便是至於命」。子厚謂「失於太快，此義儘有次序。須是窮理，便能盡得己之性，則推類又

---

〔註11〕張載：《張載集》，第 382 頁。

〔註12〕《張載集》的編者認為此條釋文是張載「駁程頤『窮理則盡性，盡性則知天命矣……』說而發」。《張載集》，第 234 頁。此觀點不完全正確。應該說此條釋文更多地是張載針對二程的。

〔註13〕張載：《張載集》，第 234 頁。

〔註14〕在《二程集》中，關於二程對「窮理盡性以至於命」的闡釋有多處記載：1077年，蘇昞記錄二程認為「只窮理便是至於命」；《二程集》115 頁。1082 年，劉絢記錄程顥語錄「窮理盡性以至於命，一物也」；《二程集》121 頁。宋哲宗元符三年 1100 年，張繹記錄程頤語錄「窮理則盡性，盡性則知天命矣」；《二程集》274 頁。「窮理、盡性、至命，一事也。才窮理便盡性，盡性便至命」；《二程集》410 頁。都主張「盡性」與「至於命」「謂一」。

盡人之性；既盡得人之性，須是並萬物之性一齊盡得，如此然後至於天道也。其間煞有事，豈有當下理會了？學者須是窮理爲先，如此則方有學。今言知命與至於命，儘有遠近，豈可以知便謂之至也。」〔註15〕這段語錄對二程的記錄很簡，對張載的記錄很詳。以文獻看，當時二程天理觀思想並沒有完全呈現，僅從「只窮理便是至於命」一句我們很難把握二程是從什麼角度來說明窮理就是至命。而張載的思路則是清晰的。第一，張載是從修養工夫的角度看待二程將窮理、盡性、至命三者合而爲一，因此認爲「失之太快」。第二，張載將窮理、盡性、至命看作是修養工夫的不同階段，「其間煞有事」，指的就是：「窮理亦當有漸，見物多，窮理多，從此就約，盡人之性，盡物之性。天下之理無窮，立天理乃各有區處，窮理盡性，言性已是近人言也。既窮物理，又盡人性，然後能至於命，命則又就己而言之也。」〔註16〕這是一個有漸的過程，並不可能一併完成。第三，重新強調了知與至的差別，認爲學者應該以窮理爲先。可以看到，在這段話裏，張載先前的觀點一一得到重申。他嚴格區分知與至的差別是他從中年到晚年一直堅持的一個觀點，這當與他重視「窮理盡性」的工夫與批判佛教「有體無用」有極大關係。

張載去世後，二程的理學思想日益成熟，「天理觀」明確呈現出來，對張載「窮理盡性以至於命」的思想有進一步回應。宋神宗元豐二年（1079 年），張載弟子束見二程，記錄程顥語：「『窮理盡性以至於命，』三事一時並了，元無次序，不可將窮理作知之事，若實窮得理，即性命亦可了。」〔註17〕這則語錄一是重申窮理、盡性、至命三事是同時完成的；二是反駁張載將窮理作知之事。在程顥看來，眞正窮得理，那麼性命之事也就豁然於胸，這就不只是知之事了。他又說：「理則須窮，性則須盡，命則不可言窮與盡，只是至於命也。橫渠昔嘗譬命是源，窮理與盡性如穿渠引源，然則渠與源是兩物」。〔註18〕這條語錄是程顥針對張載「渠源之喻」而言。關於「渠源之喻」的來源，我們沒有確切材料，在《張載集》中，只有一則相近的記載「性盡其道，則命至其源也。」〔註19〕大體是說通過工夫達到對天道的體悟就能明瞭天賦予人的本性，這與「渠源之喻」或有相關。程顥認爲張載將窮理盡性與至命，比作穿渠引源，

<hr />

〔註15〕 程顥、程頤：《二程集》，第 115 頁。
〔註16〕 張載：《張載集》，第 235 頁。
〔註17〕 程顥、程頤：《二程集》，第 15 頁。
〔註18〕 程顥、程頤：《二程集》，第 27 頁。
〔註19〕 張載：《張載集》，第 234 頁。

是將一事分成兩事，不夠圓融。這樣的觀點與程顥思想特點完全相符。

程顥去世較早，其身後程頤繼續發展理學思想，對窮理盡性以至於命作了進一步解說，他說：「理也、性也、命也，三者未嘗有異。窮理則盡性，盡性則知天命矣。天命猶天道也，以其用言之則謂之命，命者造化之謂也。」〔註20〕這裏明確表達理、性、命，是同一層次的範疇，所以窮理、盡性、至命才會是一回事。又說：「窮理盡性以至於命，以序言之不得不然，其實只能窮理，便盡性至命也」。〔註21〕之所以說成是窮理、盡性、至命，是語言表達不得不如此罷了。《程氏粹言》記載：或曰：「窮理，智之事也；盡性，仁之事也；至於命，聖人之事也。」子曰：「不然也。誠窮理，則性命皆在是。蓋立言之勢，不得不云爾也。」〔註22〕這將張載與二程的分歧表述的更爲簡潔明瞭。

## 二、從「窮理盡性以至於命」再論張、程修養工夫之異同

對「窮理盡性以至於命」的不同詮釋反映了張載與二程在修養工夫上的差異。以往研究是將二程作爲整體與張載工夫論進行比較，這種研究只重視了張載與二程的不同，沒有重視張載與程頤的相同以及程顥與程頤之間的差異。事實上，在修養工夫方面，張載與程頤屬於同一種類型，即都主張爲學的漸進性，體現的特點是「內外合」；而程顥則主張圓頓，體現的特點是「無內外」。在這一命題的詮釋上，張載與程顥的工夫特點表現的比較明顯，而程頤的則較爲複雜一些。

首先，張載將「窮理盡性以至於命」看作是工夫修爲的三個階段，體現其修爲的漸進性。「窮理」是第一階段。張載所謂的「理」是一個比較複雜的概念〔註23〕，所謂窮理之理指的是普遍存在於萬事萬物之中的理則，窮理就

---

〔註20〕 程顥、程頤：《二程集》，第 274 頁。

〔註21〕 程顥、程頤：《二程集》，第 292 頁。

〔註22〕 程顥、程頤：《二程集》，第 1255 頁。

〔註23〕 林樂昌先生認爲：張載言「理」的情形比較複雜，除單用「理」字外，多數是「理」與其他詞連綴成復合詞加以使用。其中，作爲名詞使用的有「天理」、「義理」、「道理」、「性命之理」、「萬物之理」、「天地之理」等，而作爲動詞使用的則有「窮理」、「順理」、「循理」等。本文按張載思想的內在理路，將張載理觀的複雜內容歸納爲三重基本意涵，即：「萬物皆有理」，「上達反天理」，「禮者理也」。如果說張載關於「萬物皆有理」之「理」，是有一定普遍意義之理，那麼，「上達反天理」和「禮者理也」之「理」，則是張載專從道德倫理原則、社會政治秩序及個體行禮實踐等側面加以闡發的，屬於人生之理、社會之理。《張載理觀探微》載於《哲學研究》，2005 年第 8 期。

是要探究與體認蘊含在萬事萬物中的理則。張載很重視窮理，他說：「萬物皆有理，若不知窮理，如夢過一生」。〔註24〕這是說，人們如果不去窮理，就會虛幻不實，得不到眞知灼見。在實際生活中如何做到窮理呢？張載說：「明庶物，察人倫，皆窮理也。」〔註25〕「窮理即是學也，所觀所求皆學也。」〔註26〕這是說窮理要在生活實踐中多學多思。在張載看來，窮理是一個漸進的過程，「窮理亦當有漸，見物多，窮理多，如此可盡物之性。」〔註27〕只有多接觸事物，不斷探究事物內在的理則，才能達到盡物之性的目的。張載認爲窮理必須與盡心結合。他說：「以窮理爲盡物，則是亦但據聞見上類推，卻聞見安能盡物？今所言盡物，蓋欲盡心耳。」〔註28〕這就是說盡心是盡物或窮理的入手處。如果心不能處於公平的狀態，則窮理也達不到目的。公平是價值判斷的基礎，因此道德的要求成爲重要的先決條件。張載說「虛心然後能盡心」，「虛心則無外以爲累」〔註29〕想盡心的前提是虛心，做到虛心就要去除外物對人的束縛和限制，這樣人才能以公平的態度明察萬物之理。以萬事萬物爲中介，窮盡理則，就能明瞭天賦予萬物的規律。在這裏，張載通過窮理已將理提高到形上的高度。〔註30〕張載認爲世界上的道理不是人所先天能自然擁有的，而是存在於世上萬物之中的，而人也是作爲世上萬物中的一部分參與普世道理的總進程；作爲修養第一步驟的窮理得逐步積纍、循序漸進，從而進入豁然貫通，徹悟道理的階段，這就爲進一步的盡性修養創造了基本條件。「盡性」是第二階段。盡性之性指的是道德性命之性，張載說「盡性然後知生無所得則死無所喪」，〔註31〕又說：「道德性命是長在不死之物也，己身則死，此則常在。」〔註32〕這種「生無所得死無所喪」之性指的就是道德

---

〔註24〕張載：《張載集》，第 321 頁。
〔註25〕張載：《張載集》，第 329 頁。
〔註26〕張載：《張載集》，第 320 頁。
〔註27〕張載：《張載集》，第 312 頁。
〔註28〕張載：《張載集》，第 333 頁。
〔註29〕張載：《張載集》，第 325 頁。
〔註30〕林樂昌先生認爲：張載的「理有本體含義」。他說：張載對理下過一個有代表性的定義「義命合一存乎理」，其中之理範疇就含有天之所命的先天性命定內涵，這一理範疇已帶有本質實存的特性，絕非現實事物的思維總結，而是比現實事物更根本，更代表事物基本存在性質的實際存在。《張載理觀探微》載於《哲學研究》，2005 年第 8 期。
〔註31〕張載：《張載集》，第 21 頁。
〔註32〕張載：《張載集》，第 273 頁。

性命之性，而盡性就是要深透地把握體認這種性。在張載看來窮盡人所稟受的來自於天所賦予的道德品性，也就把握人存在的真正價值而與天性合為一體。性在張載思想中雖是一個大範疇，但都包涵在「性者萬物之一源」〔註33〕中。「至於命」是第三階段。張載所謂的至於命之命，主要指的是人物之根源。性與命是相通的。張載說：「陰陽者，天之氣也，亦可謂道。剛柔緩速，人之氣也。亦可謂性。生成覆幬，天之道也；亦可謂理。仁義禮智，人之道也；亦可謂性。損益盈虛，天之理也；亦可謂道。壽夭貴賤，人之理也，亦可謂命。天授於人則為命，亦可謂性。人受於天則為性；亦可謂命。形得之備，不必盡然。氣得之偏，不必盡然。道得之同，理得之異。亦可互見。此非學造至約不能區別，故互相發明，貴不碌碌也。」〔註34〕又說：「天所性者通極於道，氣之昏明不足以蔽之；天所命者通極於性，遇之吉凶不足以戕之；不免乎蔽之戕之者，未之學也。性通乎氣之外，命行乎氣之內，氣無內外，假有形而言爾。故思知人不可不知天，盡其性然後能至於命。」〔註35〕性與命都受之於天，相通於氣，都以人的形體作為載體，人性的實現也就是道德性命的實現，因此盡性可以至命。能參明本自之命即可推明人、物之命，因為我與人、物，其命雖有分殊處，但究其陰陽運化之規律終有不同之處。聖人知命即能洞悉天地陰陽之理，因而能通體感應人物之命，從而使天下蒼生萬物咸被其澤。張載認為通過窮盡天理、天性而達到對天命的最終體悟，就能保全上天本來就賦予人的東西，從而達到與萬物貫通的至命階段。張載這種內外工夫兼做的思想，用他自己的話說就是「修持之道，既須虛心，又須得禮，內外發明，此合內外之道也。」〔註36〕既重視外在的體認與規範，又注重內在的大心、虛心工夫，這就是所謂的「合內外」的思想。

其次，程顥將「窮理盡性以至於命」看作「三事一時並了」，體現其工夫的圓頓性。程顥所謂的理是其思想中的最高範疇，而性、命則成為本體天（理或道）的不同方面的表現，在這一點上二程是相同的。程顥說：「蓋上天之載，無聲無臭，其體則謂之易，其理則謂之道，其用則謂之神，其命於人則謂之性，率性則謂之道，修道則謂之教。」〔註37〕程頤說：「性即理也，所謂理，

---

〔註33〕張載：《張載集》，第 21 頁。
〔註34〕張載：《張載集》，第 324 頁。
〔註35〕張載：《張載集》，第 21 頁。
〔註36〕張載：《張載集》，第 270 頁。
〔註37〕程顥、程頤：《二程集》，第 4 頁。

性是也」。〔註 38〕又說：「在天爲命，在人爲性，論其所主爲心，其實只是一個道」〔註 39〕在二程看來，理、性、命都是道體（天理）呈現的不同狀態；窮理、盡性、至命就是主體對道體不同面向的把握與體悟。從程顥的角度而言，張載的窮理有向外求的意思，他反對張載將窮理做知之事。他用「體貼」一詞將理、性、命直接收攝在人心之中。也就是說，程顥的窮理、盡性、至命都是通過主體覺悟心來呈現的，如果沒有心的這種覺悟，理、性、命的存在對人來說，則沒有意義。這就是說程顥是將對客體的把握直接消融進主體的修養工夫中，體現的是「無內外」的特點。這種工夫特點早在《定性書》中就有突出的體現，〔註 40〕後來又通過《識仁篇》表現的更爲成熟。程顥重視的是要收拾精神在自己身心上下工夫，認爲只要了悟內在於自身的理，不必向外尋求就可以至天道。程顥表達的這種圓融無礙的境界乃是萬物混然、天人一體。這種修爲方法非天資高者不能。

再次，程頤對「窮理盡性以至於命」的詮釋與程顥的話頭有相似的地方，如程顥說：「『窮理盡性以至於命』，一物也。」〔註 41〕程頤說：「理也、性也、命也，三者未嘗有異。」〔註 42〕但是，也有不同於程顥的地方，如他說：「馴至漸進也，然此亦大綱說，固是自小以致大，自修身可以至於盡性至命，然其間有多少般數……今人學者須讀書，才讀書便望爲聖賢，然中間至之之方，更有多少。」〔註 43〕這段話明顯反映了程頤在爲學工夫上主張漸進性與階段性。其實，程頤與程顥在最高本體（天理）的認識上是一致的，但修養工夫論卻並不一致。程頤主張修爲的漸進性，以及修爲思想體現出「合內外」的特點，都與張載更爲接近。當然，程頤對工夫論的表述與張載不同，他說：「『敬以直內，義以方外』，合內外之道也。」〔註 44〕敬是指主體對本體把握的一種持續的狀態，義以方外則是對外在規範的重視。做到「敬以直內」和「義以方外」就是內外結合，體用統一。合內外之道是主體在「繼善成性」的活動中，使本體展現爲人倫日用中的各種具體事項。後來，程頤將「內外合」重

〔註 38〕程顥、程頤：《二程集》，第 292 頁。
〔註 39〕程顥、程頤：《二程集》，第 204 頁。
〔註 40〕程顥說：「所謂定者，動亦定，靜亦定，無將迎，無內外。」《二程集》，第 460 頁。
〔註 41〕程顥、程頤：《二程集》，第 121 頁。
〔註 42〕程顥、程頤：《二程集》，第 274 頁。
〔註 43〕程顥、程頤：《二程集》，第 191 頁。
〔註 44〕程顥、程頤：《二程集》，第 118 頁。

新提煉爲：「涵養須用敬，進學則在致知」。〔註45〕這是說工夫既需要內在的涵養又需要外在的窮理。換句話說是涵養或敬的工夫，有助於致知明理；而涵養或敬的工夫，需要由格物窮理來支持。〔註46〕

## 三、張載、二程「窮理盡性以至於命」異趣之根源

　　張載、二程對「窮理盡性至於命」的辯論與詮釋之所以不同，最直接的根源在於：張載以「太虛」爲最高本體，二程以「理」爲最高本體。理、性、命這三個範疇在他們的思想體系中地位不同，所以導致對窮理、盡性、至命三者之間的關係理解不同。

　　張載的思想以「天人合一」爲建構體系，他思想的起點是「先識造化」。「由太虛，有天之名；由氣化，有道之名；合虛與氣，有性之名；合性與知覺，有心之名」〔註47〕是其天人哲學的四句綱領。雖然天、道與性、心之間具有雙向作用，但是張載哲學的最高範疇是太虛（天），道、性、心是次級範疇。理的地位相當於天、道、性、心中的道，是居於天之下的次級範疇，理雖具有根源含義，但理畢竟還不是終極根源。〔註48〕性與命是極其相關的兩個概念，張載說「天授於人則爲命，人受於天則爲性」，〔註49〕又說：「性諸道，命諸天」。〔註50〕性是基於天道，命是基於天賦；命偏重於客觀的賦予，性偏重於主體的稟受。張載所謂的「性」是萬物生成的根源之一，是天人貫通的樞紐與中介，具有超越性。但由於「性」源自太虛與氣之和合，所以性仍是次級範疇。

　　張載認爲「天道即性也，故思知人者不可不知天，能知天斯能知人矣。知天知人，與窮理盡性以至於命同意。」〔註51〕他是在天人合一的架構中，解釋「窮理、盡性、至命」三者之間的關係。張載相信知天與知人之間的關係適用於「窮理」、「盡性」、「至於命」之間的關係。也就是說，知天是知人的前提條件，「窮理盡性」則是「至於命」的充分必要條件。「窮理」屬於知

---

〔註45〕程顥、程頤：《二程集》，第 188 頁。

〔註46〕韋政通：《中國思想史》，第 794 頁。

〔註47〕張載：《張載集》，第 9 頁。

〔註48〕林樂昌：《張載理觀探微》，《哲學研究》，2005 年第 8 期。

〔註49〕張載：《張載集》，第 324 頁。

〔註50〕張載：《張載集》，第 22 頁。

〔註51〕張載：《張載集》，第 234 頁。

天的範圍，「盡性」屬於從知天到知人的範圍，「至於命」則是知人的範圍。
所以，正是從這個意義出發，張載將「窮理、盡性、至命」三者之間的關係
看作是工夫修養的三個不同層次，通過三者的層層遞進，達到對天道、天命
的體悟與把握。「窮理」是第一階段，萬事萬物普遍存在理則，以萬事萬物爲
中介，以窮盡理則，就能明瞭天賦予萬物的稟性。「盡性」是第二階段，主要
是盡人之性，窮盡人所稟受的來自於天所賦予的道德品性，以達到與天性的
合一。「至於命」是最後一階段，人物之命都源本於天，人可以依據命之源而
盡性，從而達到「至於命」階段。通過窮盡天理、天性而達到對天命的最終
體悟，就能保全上天本來就賦予人的東西。

　　相對於張載「天人合一」的架構，二程是「天人本一」的思想體系，這一
建構的關鍵是二程把「理」與「天」同一化爲一個整體觀念，程顥說：「天者，
理也。」〔註 52〕程頤說：「自理言之謂之天。」〔註 53〕他們以理釋天，將天、
理合二爲一，融合爲一個終極概念，上升爲整個宇宙的最高本體。這樣天理具
有了獨立性、客觀性、絕對性。程顥說：「天理云者，這一個道理，更有甚窮
已？不爲堯存，不爲桀亡。人得之者，故大行不加，窮居不損。這上頭來，更
怎生說得存亡加減？是佗元無少欠，百理具備」。〔註 54〕程頤說：「理則天下只
是一理，故推至四海而準，須是質諸天地，考諸三王不易之理」。〔註 55〕

　　天理上升爲最高本體，則性、命就成爲本體天（理或道）的不同方面。
程顥說：「蓋上天之載，無聲無臭，其體則謂之易，其理則謂之道，其用則謂
之神，其命於人則謂之性，率性則謂之道，修道則謂之教。」〔註 56〕程頤說：
「在天爲命，在人爲性，論其所主爲心，其實只是一個道」〔註 57〕又說：「性
即理也，所謂理，性是也。天下之理，原其所自，未有不善」。〔註 58〕理、性、
命就成了對最高本體的不同反映而處於同一層面，這樣，窮理、盡性、至命
之間的關係就成爲從不同方面對同一本體的體悟與把握。如果能窮理，就達
到了對本體的把握，那麼，對性與命的了悟也自然在其中了。這就是所謂的

〔註 52〕程顥、程頤：《二程集》，第 132 頁。
〔註 53〕程顥、程頤：《二程集》，第 296 頁。
〔註 54〕程顥、程頤：《二程集》，第 31 頁。
〔註 55〕程顥、程頤：《二程集》，第 38 頁。
〔註 56〕程顥、程頤：《二程集》，第 4 頁。
〔註 57〕程顥、程頤：《二程集》，第 204 頁。
〔註 58〕程顥、程頤：《二程集》，第 292 頁。

「三事一時並了」的眞正內涵。

張載與二程在此命題上的分歧多少存在著誤會的成分，似乎有些自說自話的味道。張載更多地是從工夫論的角度詮釋此命題，二程則更多地是從本體論的角度對待這個命題。從文獻來看，張載沒有接觸到二程將「天理」界定爲最高本體的思想，否則，二程的「一時並了」，張載不會產生歧義。從二程的角度說，他們知道張載的意思，但卻並未沿著張載的思路去詮釋這一命題。而是通過「體貼天理」反觀張載的詮釋，認爲他不夠圓融，需要改進。如果說張載從認識論與修養工夫論合二爲一的角度對此命題作了新的詮釋，並將理、性、命提升到形上的高度；而二程則將理（包括性、命）提升到最高本體的高度，最終完成了理學本體論的建構。

## 四、張載、二程將「窮理盡性以至於命」與儒家其它工夫命題融貫

首先，張載通過「窮理盡性以至於命」詮釋《論語》的「三十而立」一節。他說：「三十器於禮，非強立之謂也。四十精義致用，時措而不疑。五十窮理盡性，至天之命；然不可自謂之至，故曰知。六十盡人物之性，聲入心通。七十與天同德，不思不勉，從容中道。」〔註59〕這一段話，借用孔子對自己一生的總結，進行詮釋，不僅表述出爲學漸進性（次第），而且對每一階段修養的具體內容與所達到的境界都做了說明。三十「器於禮」，主要是指通過知禮、守禮的方式持守德性；四十能夠精義致用，可以做到辦事合宜；五十的時候達到對天命的體悟，進入明的境界。在這裏有一個「分解」，即張載爲了使這一解說與「窮理盡性以至於命」的三階段相符，將孔子五十所達到的知天命境界解釋爲只是知，不是至，這與他強調知、至區別是一致的。六十的時候人物之性一齊盡得，七十才達到「從容中道」的聖人境界。又說：「窮理盡性，然後至於命；盡人物之性，然後耳順；與天地參，無意、必、固、我，然後範圍天地之化；從心不逾矩，老而安死，然後不夢周公。」〔註60〕通過這些文字，我們不僅看到張載強調爲學工夫的階段性，而且看到在修養工夫方面，張載既注重外在的窮理又重視內在的盡性，在達到工夫最高境界的過程中，這些都是不可缺少的步驟。

二程則將「三十而立」一節作以下詮釋：「十有五而志於學，三十而立，四十而不惑」，明善之徹矣。聖人不言誠之一節者，言不惑則自誠矣。「五十而知

〔註59〕張載：《張載集》，第40頁。
〔註60〕張載：《張載集》，第186頁。

天命」，思而知之也。「六十而耳順」，耳者在人之最末者也。至耳而順，則是不思而得也。然猶滯於跡焉，至於「七十從心所欲不踰矩」，則聖人之道終矣。此教之序也。〔註61〕二程的闡釋是從四十開始，認爲四十的時候徹底明瞭善的根源；五十的時候通過自思反省而知道天命；六十的時候，達到不思而得的境界，但仍有所不至；七十的時候，一切可以隨順自然，達到聖人境界。並認爲這是聖人教人的順序。相較而言，二程的詮釋沒有張載那麼轉折。

其次，張載將「窮理盡性以至於命」與《中庸》的「誠明」思想互釋。他說：「『自明誠』，由窮理而盡性也；『自誠明』，由盡性而窮理也。」〔註62〕關於此句，張載自己有詳細的說明，他說：「須知自誠明與自明誠者有異。自誠明者，先盡性以至於窮理也，謂先自其性理會來，以至窮理；自明誠者，先窮理以至於盡性也，謂先從學問理會，以推達於天性也。某自是以仲尼爲學而知者，某今亦竊希於明誠，所以勉勉安於不退。……自明誠者須是要窮理，窮理即是學也，所觀所求皆學也。」〔註63〕簡要解釋，張載認爲「自誠明」與「自明誠」是兩種不同的修爲路徑，「自誠而明」是先有對本源的深切體悟然後去窮理而形成的路徑；「自明而誠」則是先從窮理出發，通過不斷地積纍，然後達到對本源的體悟與把握而形成的路徑。張載認爲自己走的就是「自明而誠」的道路。在張載看來，這兩種路徑都可以達到誠明境界。他說：「天人異用，不足以言誠；天人異知，不足以盡明。所謂誠明者，性與天道不見乎小大之別也。」〔註64〕這是說誠明境界是天人合一的境界，此種境界中，一切都合乎天道的要求。

二程對張載的這一說法不完全認同。程頤說：「『由明以至誠』，此句卻是。『由誠以至明』，則不然，誠即明也。孟子曰：『我知言，我善養吾浩然之氣。』只『我知言』一句已盡。橫渠之言不能無失，類若此。」〔註65〕這是說他認同張載「自明誠」的說法，反對「自誠明」的觀點。又說：「自其外者學之，而得於內者，謂之明。自其內者得之，而兼於外者，謂之誠。誠與明一也。」〔註66〕在程頤看來，誠與明只是進路不同，卻是同一層次。這與張載誠、明

〔註61〕程顥、程頤：《二程集》，第 106 頁。
〔註62〕張載：《張載集》，第 21 頁。
〔註63〕張載：《張載集》，第 330 頁。
〔註64〕張載：《張載集》，第 20 頁。
〔註65〕程顥、程頤：《二程集》，第 308 頁。
〔註66〕程顥、程頤：《二程集》，第 317 頁。

兩個層次的劃分不同。程顥說：「自明而誠，雖多由致曲，然亦有自大體中便誠者，雖亦是自明而誠，謂之致曲則不可。」〔註67〕這是說，「自明誠」與「致曲」是不完全一樣的。通過後天的學習恢復心中天理即是「自明誠」；而「去氣偏處發，便是致曲」。〔註68〕由此可知，二程僅認同張載「自明誠」的觀點。

再次，程頤用「窮理」與《大學》中的「格物致知」進行詮釋，〔註69〕他說：「『致知在格物』。格，至也，窮理而至於物，則物理盡。」〔註70〕程頤用窮理來說明格物，格物就是窮物之理。又說：「須先在致知。致知，盡知也。窮理格物，便是致知。」〔註71〕這樣就將窮理與格物致知聯繫起來。程頤所說的物包括事與物兩方面，而重點並不是客觀世界的「物理」，而是道德世界的「事理」。他說：「『致知在格物』。格，至也，如祖考來格之格。凡一物上有一理，須是窮致其理。窮理亦多端：或讀書講明義理；或論古今人物，別其是非；或應事接物而處其當，皆窮理也。」〔註72〕窮理即爲格物。可以看到，在程頤指出的「讀書講明義理」、「論古今人物，別其是非」及「應事接物而處其當」這幾種窮理方式中，全是窮究「事理」。他曾說：「致知在格物。格物之理，不若察之於身，其得尤切。」〔註73〕強調只有親自感受到的事才是最真切的。這更明確表達程頤對事理的重視。這也就更容易理解程頤所謂的「格物亦須積累涵養」，〔註74〕「今日格一件，明日又格一件，積習既多，然後脫然自有貫通處」〔註75〕的涵義。

張載、二程對儒家經典的進一步融貫與詮釋，一方面使自身的工夫理論更加完備，另一方面將經典中涉及到工夫的內容予以提煉，使儒家工夫論更加明確。

---

〔註67〕程顥、程頤：《二程集》，第126頁。
〔註68〕程顥、程頤：《二程集》，第83頁。
〔註69〕勞思光先生認爲：「窮理」一詞，在二程學說中，有兩種用法；其一是據《說卦》中「窮理盡性以至於命」一語，而將「窮理」與「盡性」、「至於命」相連而說：此所謂「理」是共同義之「理」。另一用法是工夫意義之「窮理」，與「致知」與「格物」相連而說。勞思光《新編中國哲學史》（三上）第182頁。其實，將「窮理」，與「格物致知」相連而說只是程頤的說法。
〔註70〕程顥、程頤：《二程集》，第21頁。
〔註71〕程顥、程頤：《二程集》，第171頁。
〔註72〕程顥、程頤：《二程集》，第188頁。
〔註73〕程顥、程頤：《二程集》，第175頁。
〔註74〕程顥、程頤：《二程集》，第164頁。
〔註75〕程顥、程頤：《二程集》，第188頁。

　　另外，特別指出的是：一、張載重視窮理的重要性，多次強調「知與至為道殊遠」的深刻蘊意是要對治佛教思想。從某種程度上說，張載將「窮理」看作是儒釋之別的標誌。「諸子淺妄，有有無之分，非窮理之學也。」〔註 76〕他說：「釋氏元無用，故不取理。彼以有為無，吾儒以參為性，故先窮理而後盡性。」〔註 77〕「萬物皆有理，若不知窮理，如夢過一生。釋氏便不窮理，皆以為見病所致。」〔註 78〕「儒者窮理，故率性可以謂之道。浮圖不知窮理而自謂之性，故其說不可推而行。」〔註 79〕在張載看來佛教「重體不重用」，不重視窮理，輕視現實人生，他強調窮理就是要肯定此岸世界對人類社會存在的重要性。張載認為「學釋者之說得便為聖人，而其行則小人也，只聞知便為了。學者深宜以此為戒。」〔註 80〕張載反對「只聞知便為了」正是為了避免學者誤入歧途。張載認為佛教因為不重窮理，所以認為活生生的現實世界為虛幻不實的存在，是修渡到彼岸世界的中介。張載認為佛道二教都未能真正將窮理這一修養環節納入其整體修養過程，只有儒學能將窮理環節在整體修養進程中作出合理的定位。二、程顥反對張載「將窮理作知之事」〔註 81〕，並不意味著其與佛教相同。程顥雖然沒有像張載、程頤那樣重視窮理，而是以一種破除任何對待的方式將工夫論呈現出一種圓頓的特色。在程顥那裏，心、性、理都是相通為一的。「只心便是天」已越過了盡性工夫，使心與天通，盡性可以解消於盡心之中。所以程顥修養工夫所表達的圓頓境界，足以彌補儒家工夫論在這一方面的不足，而與佛教相抗衡。

## 第二節　張、程「政術」之論

　　在《洛陽議論》中，除了對「窮理盡性以至於命」這一哲學問題的討論之外。張、程談論最多的就是「政術」問題，這次論談中，他們對治理國家所應採取的大政方針表達了看法。概括起來，這些問題包括論政、論禮、論井田。

---

〔註 76〕　張載：《張載集》，第 9 頁。
〔註 77〕　張載：《張載集》，第 234 頁。
〔註 78〕　張載：《張載集》，第 321 頁。
〔註 79〕　張載：《張載集》，第 31 頁。
〔註 80〕　張載：《張載集》，第 267 頁。
〔註 81〕　程顥、程頤：《二程集》，第 15 頁。

## 一、論政

　　首先，張、程對王安石變法持不同意見。張、程在第三次論學時，已有一則材料涉及到「政術」的問題，為了避免分散，我們一併放到這一節論述。這則材料就是程顥上神宗皇帝的《乞留張載狀》（又名《論遣張載按獄》）。此文作於熙寧二年（1069 年），程顥時為監察御史裏行，年 38 歲。當時的背景大體如下：1068 年，閏十一月，御史中丞呂公著推薦張載為崇文院校書。因張載與王安石意見不同，神宗下令派張載去明州勘察並解決苗振之獄的問題。程顥向皇帝上書，指出張載是個儒者，讓他去治獄，不僅是大材小用，而且不能發揮其所長。原文如下：

> 臣伏聞差著作佐郎張載往明州推勘苗振公事。竊謂載經術德義，久為士人師法，近侍之臣以其學行論薦，故得召對，蒙陛下親加延問，屢形天獎，中外翕然知陛下崇尚儒學，優禮賢俊，為善之人，孰不知勸？今朝廷必欲究觀其學業，詳試其器能，則事固有繫教化之本原於政治之大體者：倘使之講求議論，則足以儘其所至。

> 夫推按詔獄，非謂儒者之不當為，臣今所論者，朝廷待士之道爾。蓋試之以治獄，雖足以見其鈎深練核之能，攻摘斷擊之用，正可試諸能吏，非所以盡儒者之事業。徒使四方之人謂朝廷以儒術賢業進之，而以獄吏之事試之，則抱道修潔之士，益難自進矣。於朝廷尊賢取士之體，將有所失。況苗振罪犯明白，情狀已具，得一公平幹敏之人，便足了事。伏乞朝廷別賜選差，貴全事體，謹具狀奏聞。〔註82〕

在此文中，程顥表達了兩個意思：一、程顥認為張載是以「道德」聞名於世，朝中大臣舉薦他，是因為他的道德與人品。皇帝重視人才，對張載禮遇有加，證明皇帝是崇尚儒學的。如果皇上想對張載進行考察就應該讓他講論，這樣足可以檢驗其學行。二、程顥認為，治獄之事並不是儒者不應該做的，只是這樣一來，說明皇上對待儒者大材小用，其結果只能使那些有道之士對朝廷失望，而不願意參與朝政。希望皇帝重新改派張載。這表明了程顥在用人問題上的主張。此文作於王安石變法初期，顯示出道學與王學的分歧。

　　從宋仁宗後期開始，宋朝內憂外患的局面日益加重。對外而言，遼、西夏的侵擾越來越頻繁，對內而言，國家貧弱，軍隊渙散。有鑒於此，有識之

---

〔註82〕程顥、程頤：《二程集》，第 456 頁。

士都希望國家的弊端能夠改變。到了神宗的時候，要求改變局面的趨勢愈來愈強烈，所以有王安石變法。事實上，張載、程顥與王安石一樣，都有變法的思想，都希望挽救危機，解決社會問題。但是在具體如何「變」的問題上，他們之間存在著嚴重的分歧。張載、程顥是主張行禮儀教化之仁政，在法堯、舜之道的前提下，人君要依據現實的社會狀況適時地變易，實行的是以德為先的仁義教化之王道。而王安石推行的新法是以富國強兵為宗旨，以利益為先的霸道。程顥說：「設令由此僥倖，事小有成，而興利之臣日進，尚德之風浸衰，尤非朝庭之福。」〔註83〕程顥認為，王安石新法的總目的是「興利」，王安石那一派變法之人都是「興利之臣」。在程顥他們看來，「興利」和「尚德」是相反的，如果「興利之臣」日進，必然會使「尚德之風」日衰。總之，張、程與王安石分歧的關鍵點在於治理國家的方法問題。

如果將北宋儒學復興時期的儒者劃分為道德之儒，政事之儒，文學之儒三大類，那麼，張、程是道德之儒的代表，王安石則是政事之儒的代表。程顥崇尚的是道德之儒，而且將儒家的聖人理想寄託在皇帝身上。在程顥看來，道德之儒比政事之儒更高一個層次，道德之儒不僅具備處理政務的能力而且具有良好的道德品質。正因如此，他們在處理政務時才可以處處為百姓著想，真正幫皇帝治理好國家。正是在這個意義上，程顥希望皇上能夠重用張載，使他們能學有所用，真正發揮其所長。

在《洛陽議論》中張載與程顥再次表達了朝廷應該重用「道德之儒」來治理國家的理念。張、程的對話如下：伯淳謂：「天下之士，亦有其志在朝廷而才不足，才可以為而誠不足。今日正須才與至誠合一，方能有濟。」子厚謂：「才與誠，須二物只是一物。」伯淳言：「才而不誠，猶不是也。若非至誠，雖有忠義功業，亦出於事為，浮氣幾何時而不盡也！」〔註84〕在張、程看來，真正能夠治理國家的人是「誠」與「才」同時具備的人，這可能是針對王安石一派而言，即這派人物有才，但是在誠這方面欠缺，治理國家，不可能達到應有的效果。「誠」是基礎，「才」是條件，也就是說只有德才兼備才可以濟世。這是對「道德之儒」的再一次肯定。

張、程對王安石變法中存在的狹隘思想進行了批評。正叔言：「人志於王道，是天下之公議，反以為私說，何也？」子厚言：「只為心不大，心大則做

---

〔註83〕程顥、程頤：《二程集》，第458頁。
〔註84〕程顥、程頤：《二程集》，第110頁。

得大。」正叔言：「只是做一喜好之事爲之，不知只是合做。」〔註85〕這也可以看出王安石變法中存在的限制異己，不能寬以待人的問題。

其次，張、程對「政術」的重視。作爲道德之儒，張、程對治理國家是非常重視的。程顥、張載在任地方官時的政績就是很好的實例。

張載擔任雲嚴令時，政事以「敦本善俗爲先」。具體做法是每月擇吉日在縣庭備酒食，召集鄉中年老德重之人前來聚座，他親自爲這些人敬酒勸食，以此現身說法，教導鄉人養老事長。他藉此機會一邊瞭解百姓疾苦，一邊告訴各位訓誡子弟之要。縣衙每次發文告時，他召集鄉長到縣庭，親口傳達文告的內容，讓他們回去傳達給百姓。如果有百姓到縣庭辦事，他一定會問起文告傳達的情況，如果傳達到則已；否則，將追究辦事人的責任。皇祐五年（1053年），西北岐山大旱，餓死的人很多，張載目睹當時的慘狀，痛心疾首，如何「爲生民立命」，成爲其一生都在思考的重大問題。治平四年（1067年）在渭州，張載到西方前線任簽署渭州（今甘肅平涼）軍事，環慶經略使蔡挺（字子正）特別尊重張載，軍府中的大小事務都要向他咨詢，他對蔡挺治理軍務的幫助很大。張載曾說服蔡挺在大災之年取軍用物資數十萬救濟災民。另外，提出罷除戍兵換防，招募當地土人取代等多項軍事建議。

程顥在地方任官的政績更是突出。宋仁宗嘉祐二年（1057年），程顥中進士第。次年（1058年），請調到風景秀麗的京兆府擔任鄠縣主簿，在任期間，初步顯示了程顥的行政能力，他不但斷案英明，治役有方，而且破除迷信，整頓風俗，宋仁宗嘉祐五年（1060年），調任道江寧府上元縣當主簿。上元縣地處江南水鄉，該縣富貴之家買地之風盛行，「田稅不均，比他邑尤甚。」程顥協助縣令，均衡田稅，限制了土地兼併之風。因爲措施得當，百姓皆服之。上元縣令因事去職，程顥代行縣令之職，主持一縣之政事，並初步顯示出他的幹練之才。「會令罷去，先生攝邑事。上元劇邑，訴訟日不下二百。爲政者疲於省覽，奚暇及治道？先生處之有方，不閱月，民訟遂簡。」〔註86〕他抑制土地兼併、整頓訟事，破除迷信等等，這些作爲都體現出程顥的行政才幹。在晉城任縣令時，他施仁政，重教育，民風爲之大振。他以儒家孝弟忠信教

---

〔註85〕程顥、程頤：《二程集》，第112頁。《程氏粹言》記載，子謂子厚曰：「道者天下之公也，而學者欲立私說，何也？」子厚曰：「心不廣也。」子曰：「彼亦是美事，好而爲之，不知乃所當爲，強私之也。」《程氏粹言》（論道篇）《二程集》第1177頁。

〔註86〕程顥、程頤：《二程集》，第631頁。

導百姓，建立鄉村的五保制度，互幫互助，營造良好社會風氣，建立學校，選優秀子弟聚在一起教導他們，對官方專營的物品核定價位，平穩物價，合理調節差役分配。乘農閒，進行義勇訓練。程顥在晉城施政三年，得到百姓的擁戴。他視民如子，而「百姓愛之如父母。」任滿離開晉城時，百姓「哭聲振野」。〔註87〕熙寧三年（1070 年），由於反對王安石變法，程顥離開朝廷到澶州任職。在澶州任上，程顥工作盡職盡責。當洪水來臨的時候，他率領士兵日夜奮戰，堵塞決口，避免大災難。在扶溝其間，程顥治盜有方，解決百姓的糧食問題，他為官清正，不怕權貴；他建立學校，推廣儒家教育。「視民如傷」是程顥為官的座右銘，作為父母官，他的付出換來的是百姓的擁戴與留戀，離任時百姓們夾道為他送行，不絕於邑。

　　程頤在《答呂進伯簡三》〔註88〕中，也表現出他在治理地方事務中的果敢主張。這些都說明，「道德之儒」並非只是高談道德性命，而是以高尚的道德為前提，對國家社稷、社會民生給予更高一層的關注；在具體治理中，能夠以民為本，恪盡職守。這都與張、程所主張的誠、才兼備的人才標準相一致。

　　在張載看來，重視政術是「道德之儒」應具備的條件之一。《洛陽議論》記載張載與程顥的一段對話：伯淳言：「邵堯夫病革，且言試與觀化一遭。」

---

〔註87〕程顥、程頤：《二程集》，第 632 頁。

〔註88〕原文如下：相別累年，區區企渴之深，言不盡意。按部往來，想在勞止。秦人瘡瘝未復，而偶此早暵，賴賢使者措置，受賜何涯！儒者逢時，生靈之幸。勉成休功，乃所願望。頤備員於此，夙夜自竭，未見其補，時望賜書，開諭不逮。與叔每過從，至慰至幸。引繚門牆，坐馳神爽。所欲道者，非面不盡。惟千萬自愛。別紙見諭，持法為要，其來已久矣。既為今日官，當於今日事中，圖所設施。舊法之拘，不得有為者，舉世皆是也。以頤觀之，苟遷就於法中，所可為者尚多。先兄明道之為邑，及民之事多。眾人所謂法所拘者，然為之未嘗大戾於法，眾亦不甚駭。謂之得伸其志則不可，求小補，則過今之為政者遠矣。人雖異之，不至指為狂也。至謂之狂，則大駭矣。盡誠為之，不容而後去，又何嫌乎？鄙見如此，進伯以為如何？荷公知遇之厚，輒有少見，上補聰明；亦久懷憤鬱，無所控告，遇公而伸爾。王者父天母地，昭事之道，當極嚴恭。漢武遠祀地祇於汾脽，既為非禮。後世復建祠宇，其失已甚。因唐妖人作《韋安道傳》，遂為塑像以配食，誣瀆天地。天下之妄，天下之惡，有大於此者乎？公為使者，此而不正，將正何事？願以其像投之河流。慎勿先露，先露則傳駭觀聽矣。勿請勿議，必見沮矣。毋虞後患，典憲不能相及，亦可料也。願公勿疑。《程氏文集》（《二程集》第 604～605 頁）。呂大忠，字進伯，張載弟子，張載去世後轉學於二程。這篇文字，除了表達師徒的情誼之外，最重要的就是展現了「道德之儒」治理地方的政治能力。

子厚言:「觀化他人便觀得自家,自家又如何觀得化?嘗觀堯夫詩意,才做得識道理,卻於儒術未見所得。」〔註 89〕在張載看來,能觀天地之化的邵雍,由於在儒術方面缺乏造詣,而顯得不夠完美。又載:子厚謂:「昔嘗謂伯淳優於正叔,今見之果然;其救世之志甚誠切,亦於今日天下之事儘記得熟。」〔註 90〕張載認爲程顥有一顆誠切的救世之心,而且關心天下民生疾苦,以這一點判斷,程顥優於程頤。

張載創立的關學,其特點之一就是「道學」與「政術」合爲一體。《粹言》記載,子謂子厚曰:「關中之士,語學而及政,論政而及禮樂兵刑之學,庶幾善學者。」子厚曰:「如其誠然,則志大不爲名,亦知學貴於有用也。學古道以待今,則後世之謬,不必屑屑而難之,舉而措之可也。」〔註 91〕這說明張載主張所學貴於有用,如果道德修爲自足,通之於外部事物,則沒有功名利祿的牽累,可以一心爲政。張載對於朝廷不能將「道學」與「政術」合爲一體表現出很大的憂慮。他說:「朝廷以道學政術爲二事,此正自古之可憂者。異之謂孔孟可作,將推其所得而施諸天下邪?將以其所不爲而強施之於天下歟?大都君相以父母天下爲王道,不能推父母之心於百姓,謂之王道可乎?所謂父母之心,非徒見於言,必須視四海之民如己之子。設使四海之內皆爲己之子,則講治之術,必不爲秦漢之少恩,必不爲五伯之假名。異之爲朝廷言,人不足與適,政不足與間,能使吾君愛天下之人如赤子,則治德必日新,人之進者必良士,帝王之道不必改途而成,學與政不殊心而得矣。」〔註 92〕這段文字清晰地表達了張載希望治理政治的人能夠愛民如子,能夠將「道學」與「政術」合二爲一的思想。

最後,張、程都認爲「興教化」是儒者的重要責任。在張、程看來,如果政治主張不能在現實生活中推行,那麼,他們自身的重要任務就是「興教化」。張載說:「今日之往來,俱無益,不如閒居,與學者講論,資養後生,卻成得事。」〔註 93〕程頤也說:「舉禮文,卻只是一時事。要所補大,可以風

---

〔註89〕 程顥、程頤:《二程集》,第 112 頁。

〔註90〕 程顥、程頤:《二程集》,第 115 頁。

〔註91〕 程顥、程頤:《二程集》,第 1196 頁。

〔註92〕 張載:《張載集》,第 349 頁。

〔註93〕 程顥、程頤:《二程集》,第 115~116 頁。《程氏粹言》載,張子厚再召如京師,過子曰:「往終無補也,不如退而閒居,講明道義,以資後學,猶之可也。」子曰:「何必然?義當往則往,義當來則來耳。」《程氏粹言》(君臣篇),《二程集》,第 1244 頁。

后世，卻只是明道。〔註94〕在他們看來，收授弟子，講論學問，滋養後生，提高后繼者的德行，對於道學的推行起著至關重要的作用。

## 二、論禮

中國古代的禮，最初主要指祭祀鬼神的器物和儀式，後來逐步演變爲道德規範、政教制度、禮治思想、社會習俗以及個體踐行的要求等等。在北宋諸儒中，張載以崇尚禮學而著稱。據《宋史・道學傳》記載，張載「其學尊禮貴德，樂天安命」。〔註95〕張載在關中「踐禮」，很有名望，所以，被召入朝後以禮官任命。司馬光評價張載說：「教人學雖博，要以禮爲先，庶幾百世後，復覯百王前。」〔註96〕禮學思想在張載的理論與實踐中佔有重要地位。張載秉承儒學禮教傳統，在構築新儒學理論體系時仍把禮學置於中心地位，並且以真誠的信念投入到對於儒家禮學的實踐中。張載禮學思想包括兩個系統，一個是關於禮的基本觀念和禮學結構功能的學理系統，另一個是突出禮在教學過程中的作用和意義的實踐系統。〔註97〕張載與二程所討論的禮學內容大體集中在學理系統的結構功能這一層面。

一、二程對張載以禮移風易俗深表認同。程頤說：「子厚以禮教學者，最善，使學先有所據守」。〔註98〕這是說張載以禮的規範教育弟子，使弟子們在初學之時能夠有所依據，不至於無所把捉。《遺書》記載了一段對話：子厚言：「關中學者，用禮漸成俗。」正叔言：「自是關中人剛勁敢爲。」子厚言：「亦是自家規矩大寬。」〔註99〕正叔謂：「洛俗恐難化於秦人。」子厚謂：「秦俗之化，亦先自和叔有力焉，亦是士人敦厚，東方亦恐難肯向風。」〔註100〕這段話說明，程頤推重關中禮俗的現狀。關中禮教形成風俗主要是在張載的帶

〔註94〕程顥、程頤：《二程集》，第146頁。《程氏粹言》載，子曰：關中學者正禮文，乃一時之事爾。必也修身立教，然後風化及乎後世。《程氏粹言》（論事篇）《二程集》第1221頁。

〔註95〕《宋史・道學列傳》（道學一），第12724頁。中華書局，1997年。

〔註96〕張載：《張載集》，第388頁。

〔註97〕林樂昌：《張載禮學論綱》，《哲學研究》，2007年第12期。

〔註98〕程顥、程頤：《二程集》，第23頁。《程氏粹言》記載，子曰：子厚以禮立教，使學者有所據守也。《程氏粹言》（論學篇）《二程集》，第1195頁。

〔註99〕程顥、程頤：《二程集》，第114頁。

〔註100〕程顥、程頤：《二程集》，第115頁。《程氏粹言》子謂子厚曰：「洛之俗難化於秦之俗。」子厚曰：「秦之士俗尤厚，亦和叔啓之有力焉。今而用禮漸成風化矣。」《程氏粹言》（論政篇）《二程集》，第1217頁。

動下，關中學者共同踐行的結果。在這個過程中，張載弟子藍田三呂，其中尤其以呂大鈞做出的貢獻最大。

二、張、程對具體禮儀規範的討論。有結髮之禮，〔註 101〕喪祭之禮，〔註102〕「墓祭合一」之禮，〔註 103〕以及對朝廷威儀的重視。〔註 104〕另外，程頤對「龍女衣冠」表示不滿。《遺書》載，張子厚罷禮官，歸過洛陽相見。某問云：「在禮院，有甚職事？」曰：「多爲禮房檢正所奪，只定得數個諡，並龍女衣冠。」問：「如何定龍女衣冠？」曰：「請依品秩。」曰：「若使某當是事，必不如此處置。」曰：「如之何？」曰：「某當辨云，大河之塞，天地之靈，宗廟之祐，社稷之福，與吏士之力，不當歸功水獸。龍，獸也，不可衣人衣冠。」子厚以爲然。〔註 105〕表達了儒家禮制對人的充分尊重。以上諸條只反映了張載、程頤關於禮學思想的一些具體內容，就張、程的整體禮學思想而

〔註 101〕正叔言：「昏禮結髮無義，欲去久矣，不能言。結髮爲夫婦者，只是指其少小也。如言結髮事君，李廣言結髮事匈奴，只言初上頭時也，豈謂合髻子？」子厚云：「絕非禮義，便當去之。古人凡禮，講修已定，家家行之，皆得如此。今無定制，每家各定，此所謂家殊俗也。至如朝廷之禮，皆不中節。」《二程集》第 113 頁。

〔註 102〕禮言：「惟天地之祭爲越紼而行事」，此事難行。既言越紼，則是猶在殯宮，於時無由致得齋，又安能脫喪服衣祭服？此皆難行。縱天地之祀爲不可廢，只消使冢宰攝爾。昔者英宗初即位，有人以此問，先生答曰：「古人居喪，百事皆如常，特於祭祀廢之，則不若無廢爲愈也。」子厚正之曰：「父在爲母喪，則不敢見其父，不敢以非禮見也。今天子爲父之喪，以此見上帝，是以非禮見上帝也，故不如無祭。」《二程集》第 56 頁。

〔註 103〕橫渠墓祭爲一位，恐難推同幾之義。（同幾唯設一位祭之，謂夫婦同牢而祭也。）呂氏定一歲疏數之節，有所不及，恐未合人情。雨露既濡，霜露既降，皆有所感。若四時之祭有所未及，則不得契感之意。今祭祀，其敬齊禮文之類，尚皆可緩，且是要大者先正始得。今程氏之家祭，只是男女異位，及大有害義者，稍變得一二，佗所未遑也。吾曹所急正在此。凡祭祀，須是及祖。知母而不知父，狗彘是也。知父而不知祖，飛鳥是也。人須去上面立一等，求所以自異始得。《二程集》第 51 頁。

〔註 104〕正叔謂子厚：「越獄，以謂卿監已上不追攝之者，以其貴朝廷。有旨追攝，可也；又請枷項，非也。不已太辱矣？貴貴，以其近於君。」子厚謂：「若終不伏，則將奈何？」正叔謂：「寧使公事勘不成則休，朝廷大義不可虧也。」子厚以爲然。《二程集》第 47 頁。《程氏粹言》記載，有少監逮繫乎越獄。子曰：「卿監以上無逮繫，爲其近於君也。君有一時之命，有司必執常法，而不敢從焉。君無是命，而有司請加之桎梏，下則叛法，上則無君，非之大也。」子厚曰：「獄情不得，則如之何？」子曰：「寧獄情之不得，而朝廷之大義不可虧也。」《程氏粹言》（論政篇）《二程集》第 1214 頁。

〔註 105〕程顥、程頤：《二程集》，第 198 頁。

言，這只是很少的一部分而已。

　　以上張、程論「禮」的內容只依據《洛陽議論》，因爲不是面面俱到，所以對張、程的禮學思想不擴展論述。這裏簡要概括一點，就是張載與程頤將傳統儒學中的「禮」都做了形而上的論證，從而爲儒家倫理思想的存在找到了根源。張載認爲禮來源於天，他說：「生有先後，所以爲天序；小大，高下相並而相形焉，是謂天秩。天之生物也有序，物之既形也有秩。知序然後經正，知秩然後禮行。」〔註106〕禮不是憑空而制訂的，而是根據社會自然形成的尊卑、貴賤、貧富的差別而制定的。因此，天地之大經即爲禮教之本。程頤認爲禮即是理，他說「視聽言動，非理不爲，即是禮，禮即是理也。」〔註107〕「禮」是人類存在的基本條件，也是人類倫理的基本規定，「禮」就是「理」。這樣，傳統儒學中的禮被提升到本體的高度。

## 三、論井田

　　張載與二程探討井田問題的緣由在於解決社會的危機，他們認爲推行井田制是國家穩定，百姓安定的根本途徑。程頤認爲張載對治國之本有很高的見地，他說：「某接人，治經論道者亦甚多，肯言及治體者，誠未有如子厚。」〔註108〕這就是說程頤認爲沒有誰能夠像張載一樣可以指出治理國家的根本。程頤所謂的「治體」可以通過程顥在上神宗《論十事劄子》看出，程顥說：「天生蒸民，立之君使司牧之，必制其恒產，使之厚生，則經界不可不正，井地不可不均，此爲治之大本也。」〔註109〕這裏的「大本」就是程頤所謂的「治體」，即「正經界」。

　　正如程頤所說，張載對「治體」的思考是很系統全面的。張載認爲行井田是治道的開端：他說：「欲養民當自井田始，治民則教化刑罰俱不出於禮外。」〔註110〕「治天下之術，必自此始。」〔註111〕張載提倡復行井田，是因爲在他看來「井田行，至安榮之道」〔註112〕在張載的理論中，推行井田的方式並不

〔註106〕張載：《張載集》，第 19 頁。
〔註107〕程顥、程頤：《二程集》，第 144 頁。
〔註108〕程顥、程頤：《二程集》，第 110 頁。
〔註109〕程顥、程頤：《二程集》，第 453 頁。
〔註110〕張載：《張載集》，第 264 頁。
〔註111〕張載：《張載集》，第 249 頁。
〔註112〕張載：《張載集》，第 250 頁。

困難，關鍵在於朝廷的決心，皇帝有無仁心，有沒有果敢的宰相。他說：「井田至易行，但朝廷出一令，可以不笞一人而定。」〔註113〕「人主能行井田者，須有仁心，又更強明果敢及宰相之有才者。」〔註114〕「井田亦無他術，但先以天下之地棊布畫定，使人受一方，則自是均。」〔註115〕張載強調均平，他說：「治天下不由井地，終無由得平。周道止是均平。」〔註116〕實際上是要求限制大地主階層的土地兼併而已。他們不是要復古，而是主張把土地收歸國有，然後分配給農民，使農民爲國家耕種，取消大地主階層兼併土地的特權，藉以緩和階級矛盾。講「復井田」，實際上是要求改革。

　　爲了革除時弊，在經濟方面，把注意力集中在土地制度的改革上。在張、程看來，宋代土地不均，天制不立是產生社會危機的根源。從而提出復行井田、限制兼併的思想。

　　二程謂：「地形不必謂寬平可以畫方，只可用算法折計地畝以授民。」
子厚謂：「必先正經界，經界不正，則法終不定。地有坳垤處不管，只觀四標竿中間地，雖不平饒，與民無害。就一夫之間，所爭亦不多。又側峻處，田亦不甚美。又經界必須正南北，假使地形有寬狹尖斜，經界則不避山河之曲，其田則就得井處爲井，不能就成處，或五七，或三四，或一夫，其實田數則在。又或就不成一夫處，亦可計百畝之數而授之，無不可行者。如此，則經界隨山隨河，皆不害於畫之也。苟如此畫定，雖便使暴君汙吏，亦數百年壞不得。經界之壞，亦非專在秦時，其來亦遠，漸有壞矣。」正叔云：「至如魯，二吾猶不足，如何得至十一也？」子厚言：「百畝而徹，言徹取之徹則無義，是透徹之徹。透徹而耕，則功力均，且相驅率，無一家得惰者。及已收穫，則計畝數衰分之，以衰分之數，取十一之數，亦可。」或謂：「井議不可輕示人，恐致笑及有議論。」子厚謂：「有笑有議論，則方有益也。」「若有人聞其説，取之以爲己功。」先生云：「如有能者，則己願受一廛而爲氓，亦幸也。」伯淳言：「井田今取民田使貧富均，則願者衆，不願者寡。」正叔言：「亦未可言民

〔註113〕張載：《張載集》，第249頁。
〔註114〕張載：《張載集》，第251頁。
〔註115〕張載：《張載集》，第250頁。
〔註116〕張載：《張載集》，第248頁。

情怨怒，止論可不可爾。」「須使上下都無此怨怒，方可行。」正叔
言：「議法既大備，卻在所以行之之道。」子厚言：「豈敢！某止欲
成書，庶有取之者。」正叔言：「不行於當時，行於後世，一也。」
子厚曰：「徒善不足以爲政，徒法不能以自行。須是行之之道。又雖
有仁心仁聞，而政不行者，不由先王之道也。須是法先王。」正叔
言：「孟子於此善爲言。只極目力，焉能盡方圓平直？須是要規矩。」
〔註 117〕

這段對話是說：二程認爲如果地形不夠寬平也不影響劃分，可以按照折算的
方法計畝授田。張載認爲行井田必須先從正經界始，經界不正，則井田之法
無從定。一旦經界劃定，井田實施，即使是暴君統治，數百年壞不得。有人
說井田不可輕易說與別人，否則會招致恥笑與議論。張載認爲有人評說是好
事，這樣就可以得到宣傳的效果，如果有人可以推行，則是幸運的事情。程
顥認爲推行井田的關鍵問題是當時的人們能不能接受。如果把現有土地不論
先前是誰佔有，平均分配給每個人，這當然會得到貧苦農民的擁護，但是佔
有土地的官僚，雖然人數少，他們是不會同意的。程頤認爲關鍵在於井田的
方案可不可行，民情的怨怒是其次的事情。張載認爲，不管是上層官僚還是
下層百姓都對這一事情不存怨怒，才可以推行井田制。程頤向張載咨詢，議
法已經完備，具體的推行方法。張載認爲先寫成書，以備有人可能會採用。
程頤認爲如果當時不能推行的話，那行於後世也是可以的。

　　二程與張載討論了如何占田的問題。二程問：「官戶占田過制者如何？」
（張載答）「如文曾有田極多，只消與五十里采地儘多。」又問：「其他如何？」
答「今之公卿，非如古之公卿。舊有田多者，與之采地多。槪與之，則無以
別有田者無田者。」〔註 118〕指出大官僚占田極多，但與古代公卿貴族已有不
同，古代的公卿貴族佔有的土地是由諸侯賜封，在其采地內又劃分爲一定數
量的井地，他們的田之所以多，是因爲采地多的緣故，這與宋代公卿賣田兼
併不同。如果將土地都以贈與的方式分配，就無法區別有田者和無田者。張

〔註 117〕程顥、程頤：《二程集》，第 110～111 頁。《程氏粹言》記載，謂子厚曰：「議
　　　　法既備，必有可行之道。」子厚曰：「非敢言也。顧欲載之空言，庶有取之者
　　　　耳。」子曰：「不行於今，而後世有行之者，亡也。」《程氏粹言》（論政篇）
　　　　《二程集》第 1212 頁。
〔註 118〕程顥、程頤：《二程集》，第 111 頁。

載認爲「蓋人無敢據土者，又須使民悅從，其多有田者，使不失其爲富。借如大臣有據土千頃者，不過封與五十里之國，則已過其所有；其他隨土多少與一官，使有租稅人不失故物。」〔註119〕對兼併者，根據其占田的多少授與相應的官職，使其在實行井田的過程中不失過去的富貴，這樣就可以使分到土地的貧農與失去土地的兼併者都可以悅從。

張載又提倡「封建」，他說：「井田卒歸於封建乃定。」〔註120〕宋代開國初期，鑒於藩鎮割據的弊害，採取了一系列加強中央集權的措施，國內分裂狀態消除了，卻又發生了另一偏向，過分削減了地方的權力，以致影響了國防力量。張載看到過分集權的弊病，看到當時邊防的無力。他認爲一切事情都由中央朝廷來管，未必管得好。「所以必要封建者，天下之事，分得簡則治之精，不簡則不精，故聖人必以天下分之於人，則事無不治者。聖人立法，必計後世子孫，使周公當軸，雖攬天下之政，治之必精，後世安得如此」〔註121〕張載講井田，主觀上是企圖解決貧富不均的問題；他講「封建」，主觀上是企圖調整中央與地方的權限。「井田而不封建，猶能養而不能教；封建而不井田，猶能教而不能養。」〔註122〕在張載看來，井田與封建，缺任何一項，國家的治理都不能達到最佳狀態。

張載主張實行井田制與封建制，目的是爲了解決社會貧富不均的根本問題，尋求一條長治久安之道。二程對張載復行井田的贊同與支持意味著他們確實想從根本上尋找一條治國安邦之道，實現「爲生民立命」的願望。他們所懷抱經世安邦的宏大抱負，一方面顯示出他們是經世之儒，另一方面也顯示出與佛、道的明顯差異。

---

〔註119〕張載：《張載集》，第 249 頁。
〔註120〕張載：《張載集》，第 251 頁。
〔註121〕張載：《張載集》，第 251 頁。
〔註122〕張載：《張載集》，第 297 頁。

# 下編 二程對張載思想之批評與借鑒
## （1078～1107 年）

　　熙寧十年（1077 年）十二月，在洛陽與二程論學之後，張載返歸長安，在歸途中病逝於臨潼驛館。道學的一顆巨星隕落了。程顥得知消息之後相當悲痛，作了《哭張子厚先生》詩，曰：「歎息斯文約共修，如何夫子便長休！東山無復蒼生望，西土誰共後學求？千古聲名聯棣萼，二年零落去山丘。寢門慟哭知何限，豈獨交親念舊遊？」〔註1〕這首詩除了對張載的去世表達悲痛與惋惜之外，更重要的是感歎在儒學重構的道路上失去了一位難得的同道與知己。

　　張載去世後，關中弟子由於學業未成，不能獨立講學，再加之，關中地區受邊事困擾，戰事頻繁，農業受到極大破壞，所以士人紛紛東渡。〔註2〕在

<hr>

〔註1〕程顥、程頤：《二程集》，第 485 頁。
〔註2〕關於關學衰落的原因二程的說法是：一、「觀秦中氣豔衰，邊事所困，累歲不稔。昨來饋邊喪亡，今日事未可知，大有可憂者；以至士人相繼淪喪，為足妝點關中者，則遂化去。吁！可怪也。凡言王氣者，實有此理。生一物須有此氣，不論美惡，須有許大氣豔，故生是人。至如閩里，有許多氣豔，故此道之流，以至今日。昔橫渠說出此道理，至此幾乎衰矣。只介父一個，氣豔大小大。」（呂大臨記錄明道語），《二程集》，第 26 頁。認為邊事所困，農業生產受破壞，士人遠走他鄉。二、「關中學者，以今日觀之，師死而遂倍之，卻未見其人，只是更不復講。（呂大臨記錄伊川語）《二程集》，第 50 頁。這說明，一是，關中地區深受戰亂影響，士人大都避戰離開這裏。二是，張載的大部分弟子由於修習未成，不能獨立在關中講學，而東見二程繼續深造。張載弟子沒有守住師說，又無力宣講。由此看來，關學的衰落在張載去世後不久就已經成為事實了。

元豐二年（1079 年），張載的諸多弟子先後東見二程，並開始向二程求學。從相關文獻中可以看到，關學弟子師從二程能夠見諸姓名的有以下七人：

藍田三呂：呂大忠：字晉伯，皇祐進士，歷知代州。紹聖二年（1095 年），知渭州、後知同州。呂大忠性情剛毅質直，勇於有爲，張載稱其「篤實而有光輝」。與其弟呂大防、呂大鈞、呂大臨訂有《鄉約》。呂大鈞：字和叔，學者稱京兆先生。嘉祐二年進士。授秦州司理，改知三原縣。後以道未明，學未優，不復仕進。呂大鈞爲人剛直，少時博學多聞，一日聞張載之說，悅而好之，由博反約，並對張載執弟子禮。「橫渠以禮教爲學者倡，……寂寥無有和者。先生獨信之不疑。」〔註3〕「能守其師說而踐履之。」張載歎其「秦俗之化，和叔有力」，「勇爲不可及」。程頤稱其「任道擔當，其風力甚勁」。〔註4〕呂大臨：字與叔，宋仁宗慶曆六年（1046 年）生〔註5〕，宋神宗熙寧三年（1070 年），張載返歸橫渠鎮以後，大臨兄弟「遂執弟子禮」，游學張門。呂大臨「通六經，尤邃於禮」，程頤稱其「深潛縝密，資質好，又能涵養。」熙寧十年（1077 年），張載去世，大臨撰《橫渠先生行狀》。元豐二年（1079 年），大臨兄弟東見二程並師事焉。呂大臨後成爲程門「四先生」之一。

其餘四人是：蘇昞：字季明，京兆武功（陝西武功）人，世稱武功先生。熙寧九年（1077 年）張載過洛，與二程論學，蘇昞記錄三先生語，是爲《洛陽議論》。其學於張載最久，張載去世後，從學於二程。《正蒙》的篇章爲其所編。元祐末呂大忠推薦，自布衣召爲太常博士。由於元祐上書獲罪，編管饒州，卒。范育：字巽之，邠州（陝西旬邑縣）三水人。舉進士，爲涇陽令。以養親謁歸，從學張載。後有人舉薦爲崇文校書，監察御史裏行。曾向神宗舉薦張載等數人。後知韓城、知河中府、加直集賢院、徙鳳翔，後鎮秦州。張載去世後，曾從二程學。有范育《正蒙序》。潘拯，字康仲，關中人，師事張載，並嘗問學於二程。薛昌朝，字景庸，張載門人。曾爲御史，論新法。也曾問學於程頤。

---

〔註3〕 馮從吾：《關學編》，第9頁。

〔註4〕 馮從吾：《關學編》，第10頁。

〔註5〕 呂大臨的出生時間是一個有爭議的問題，大體有三種說法：一說爲仁宗康定元年（1040 年），一說爲仁宗慶曆二年（1042 年），一說爲慶曆六年（1046 年）。【參考《中國學術編年》（宋元卷），第85頁】。呂大臨爲張載弟張戩【張戩，字天祺，生於仁宗天聖八年（1030 年），卒於熙寧九年（1076 年）】之婿，張戩曾說「吾得顏回爲婿矣」。張戩生於 1030 年，呂大臨既是張戩之婿，以常理判斷，他至少比張戩小十多歲，所以本文認爲，呂大臨的出生以 1046 年之說更爲合理。

　　由於張載弟子師事二程，這樣就提供了一個契機，使二程通過與關學弟子的交往、相互論學、以及批評指導，對張載思想進行較爲全面的觀摩總結，從而進一步推進與完善道學體系的建構，這就形成關洛關係的第二階段。

　　在這一階段，二程對張載思想不管是批評還是認同都可以看作是思想傳承與轉進的另外一種表徵。由於這部分的文獻所涉及的內容較爲多面，我們不容易以具體時間進行劃分與歸類，所以，與第一階段以時間爲主、問題爲輔的歸類不同，第二階段則採取以問題爲主、時間爲輔的歸類方式。

# 第六章 二程對張載宇宙論思想之評說及發展

## 第一節 從「太虛」到「天理」

### 一、二程對張載「太虛」觀之批評

　　二程對張載思想的批評最集中地指向「太虛」本體論。其實,我們在張、程的第三次論學中,已經看出程頤對張載宇宙論哲學的不完全認可,這意味著,二程本體論思想肯定與張載的不同。但是,直到張載去世後,二程在批評張載「太虛」觀的基礎上,才明確的呈現出其「天理」觀。

　　在分析二程對張載「太虛」觀批評之前,有必要對張載宇宙論哲學解決了什麼問題,完成了什麼任務給予總結。這又須從周敦頤的宇宙論哲學存在的問題說起。周敦頤作為理學開山,確實已經自覺地在建立本體論,並且試圖溝通天人關係,但這一任務在他去世前並沒有完成。周敦頤哲學的最高範疇是「無極」,中心命題是「自無極而為太極」,其基本思維模式是由「無極」到「太極」,再由「無極之眞,二五之精,妙合而凝」的演化階段,然後到「立人極」。其貢獻在於自覺地重構儒家的本體論,並且為探索天人溝通做出努力。其不足在於,對本體論與天人關係的探索還不夠成熟,在宇宙本體與宇宙生成之間的貫通方面,存在很大問題。張載說:「若謂虛能生氣,則虛無窮,氣有限,體用殊絕,入老氏『有生於無』自然之論,不識所謂有無混一之常;

若謂萬象爲太虛中所見之物，則物與虛不相資，形自形，性自性，形性、天人不相待而有，陷於浮屠以山河大地爲見病之說，……不悟一陰一陽範圍天地，通乎晝夜、三極大中之矩，遂使儒、佛、老、莊混然一塗。」〔註1〕在張載看來，周敦頤的理論不但沒有解決天人溝通的問題，而且與佛老哲學「混然一塗」。因爲在周敦頤的思想體系中，作爲體的無極帶有空虛的本質，作爲用的萬物帶有實然的本質，無極與萬物之間存在著根本性質上的不同，實然由空虛所生化，兩者事實上不能進行有效的互動。程頤也看到了周敦頤理論沒能解決本體一貫性問題，他說「沖漠無朕，萬象森然已具，未應不是先，已應不是後。如百尺之木，自根本至枝葉，皆是一貫，不可道上面一段事，無形無兆，卻待人旋安排引入來，教入塗轍。既是塗轍，卻只是一個塗轍。」〔註2〕又說：「『寂然不動』，萬物森然已具在；『感而遂通』，感則只是自內感。不是外面將一件物來感於此也」。〔註3〕「沖」取老子沖虛之義，「漠」同「穆」，是寂靜的意思，「朕」是徵兆。兩句和在一起的意思是說沖虛無盈，寂然不動之本體，通過內感將宇宙萬象造出來。程頤認爲本體與現象是不可作本末、先後、內外之分的。如果理論上有這樣的表述，那就是不得當、不周全。概括而言，周敦頤理論上的缺陷就是以道家的「有無」說《易》，這樣會造成體用割裂。

　　周敦頤理論上存在的問題恰成了張載思想的重要邏輯出發點。所以他不講宇宙生成演化，不分先天、後天，直接採用道家的「太虛」一詞，並與氣結合來闡發自己的思想。〔註4〕張載以「虛氣關係」爲基本框架，建構起一個精深的「二而不二」〔註5〕的宇宙論哲學思想體系。「二」是指太虛與氣處於兩個層面，主旨是在本體的層面講太虛，確立本體至高無上的地位，爲儒家的價值源泉尋找根據。「不二」是指太虛與氣在宇宙生成中的和合不離，此層面主旨在於用「太虛即氣」的命題解決現實人生中所面臨的諸多問題。虛氣之分（不是分爲兩截）與虛氣之合（不是合而不分）顯示張載在構建宇宙論

〔註1〕　張載：《張載集》，第8頁。
〔註2〕　程顥、程頤：《二程集》，第153頁。
〔註3〕　程顥、程頤：《二程集》，第154頁。
〔註4〕　張載不採「太極」之語可能是爲了避免周敦頤、邵雍在宇宙論哲學中存在的宇宙生成模式。
〔註5〕　朱寶昌語。轉引自林樂昌：《張載兩層結構的宇宙論哲學探微》，《中國哲學史》，2008年第4期。

哲學的用心所在。張載立「太虛」為本體，使其具有根源性、獨立性、終極性等特徵，這就創立了獨立的本體論；而用「太虛即氣」之論又解決了天人二本、體用殊絕的問題，將形上與形下貫通起來。這是張載對於儒家宇宙論哲學的重要貢獻。正是在張載對宇宙論思想建構達到這樣的程度的基礎上，二程對宇宙論哲學做進一步提升。

　　在二程看來，張載宇宙論哲學雖解決了以上問題，但理論本身仍有不足，大體歸結為：張載對「道體」（本體）的表述不夠妥帖；天人合一的內容不夠完善，「氣」論存在問題。此節主要探討第一個問題。

　　在《語錄》中，二程對張載太虛觀進行批評的關鍵語句有如下六條：

> 立清虛一大為萬物之源，恐未安，須兼清濁虛實乃可言神。道體物不遺，不應有方所。〔註6〕

> 「形而上者謂之道，形而下者謂之器。」若如或者以清虛一大為天道，則乃以器言而非道也。〔註7〕

> 有形總是氣，無形只是道。〔註8〕

> 氣外無神，神外無氣。或者謂清者神，則濁者非神乎？〔註9〕

> 嘗問先生，「其有知之原，當俱稟得」。先生謂：「不曾稟得，何處交割得來？」又語及太虛，曰：「亦無太虛。」遂指虛曰：「皆是理，安得謂之虛？天下無實於理者。」〔註10〕

> 或謂許大太虛。先生謂：「此語便不是，這裏論甚大與小？」〔註11〕

---

〔註6〕 程顥、程頤：《二程集》，第 21 頁。

〔註7〕 程顥、程頤：《二程集》，第 118 頁。《程氏粹言》記載：子曰：子厚以清虛一大名天道，是以器言，非形而上者。《二程集》，第 1174 頁。

〔註8〕 程顥、程頤：《二程集》，第 83 頁。《程氏粹言》記載：子曰：離陰陽則無道。陰陽，氣也，形而下也。道，太虛也，形而上也。《二程集》第 1180 頁。《程氏粹言》又載：子曰：以氣明道，氣亦形而下者耳。《二程集》第，1182 頁。

〔註9〕 程顥、程頤：《二程集》，第 121 頁。《程氏粹言》記載：張子曰：「太虛至清，清則無礙，無礙故神。反清則濁，濁則有礙，礙則形室矣。」子曰：「神氣相極，周而無餘。謂氣外有神，神外有氣，是兩之也。清者為神。濁者何獨非神乎？」（心性篇）《二程集》，第 1256 頁。

〔註10〕 程顥、程頤：《二程集》，第 66 頁。

〔註11〕 程顥、程頤：《二程集》，第 66 頁。《程氏粹言》記載，或謂「惟太虛為虛」。子曰：「無非理也，惟理為實。」或曰：「莫大於太虛。」曰：「有形則有小大，太虛何小大之可言？」《二程集》，第 1169 頁。

從這六條中，我們可以看出二程將張載的道體概括爲「清虛一大」，這四個字確實不是二程發明，乃是張載思想本有之對道體的描述性語言。例如：「清」之語有「太虛爲清，清則無礙，無礙故神；反清爲濁，濁則礙，礙則形。」〔註12〕「虛」之語有「氣本之虛則湛一無形，感而生則聚而有象。」〔註13〕「氣之性本虛而神，則神與性乃氣所固有。」〔註14〕「一」之語有「靜者善之本，虛者靜之本。靜猶對動，虛則至一。」〔註15〕「大」之語有「『語大天下莫能載焉，語小天下莫能破焉』，言其體也。言其大則天下莫能載，言其小則天下莫能破，此所以見其虛之大也。」〔註16〕「天之不禦莫大於太虛。」〔註17〕二程將張載對道體的描述作了概括，就是語錄中所謂的「清虛一大」。當然，從張載角度而言，這些描述性語言所要表達的本體（太虛）不是動、靜相對之靜，而是絕對之「至靜」；不是一、二相對之一，而是絕對之「至一」；不是大、小相對之大，而是無限大；這些都是對「本體」絕對性的描述，其特徵顯而易見。〔註18〕即便如此，在二程看來，此本體論仍需要進一步完善。

二程對張載「道體」的批評是建立在對張載太虛本體承認的前提之下，就是說他們只是認爲張載用「太虛」表達道體有不妥之處，需要改進。例如程顥說：「橫渠教人，本只是謂世學膠固，故說一個清虛一大，只圖得人稍損得沒去就道理來。」〔註19〕又說：「張兄言氣，自是張兄作用，立標以明道。（張兄一作橫渠。）」〔註20〕張載與二程都認爲：本體是眞實存在的，而且本體是可以通過修爲工夫去把握的，只不過在關於本體究竟如何言表，本體與萬物的關係如何處理，把握本體需要借助怎樣的方法等方面存在差異。這裏的關鍵在於：對道體進行如何的表述，才能達到純然無雜的程度。張載對本

〔註12〕 張載：《張載集》，第 9 頁。
〔註13〕 張載：《張載集》，第 10 頁。
〔註14〕 張載：《張載集》，第 63 頁。
〔註15〕 張載：《張載集》，第 325 頁。
〔註16〕 張載：《張載集》，第 322 頁。
〔註17〕 張載：《張載集》，第 25 頁。
〔註18〕 《朱子語類》記載，問：「橫渠有『清虛一大』之説，又要兼清濁虛實。」曰：「渠初云『清虛一大』，爲伊川詰難，乃云『清兼濁，虛兼實，一兼二，大兼小』。渠本要説形而上，反成形而下，最是於此處不分明。」《朱子語類》（卷九十九）。唐君毅先生認爲：「按《正蒙》之旨，本是清兼濁、虛兼實。蓋非伊川詰難而後有此説。」見著《中國哲學原論·原教篇》，第 81 頁。
〔註19〕 程顥、程頤：《二程集》，第 34 頁。
〔註20〕 程顥、程頤：《二程集》，第 79 頁。

體的表述不夠純粹,那麼,二程所面臨的任務是如何使本體的表述達到絕對純粹、絕對抽象的程度。正是在批評張載本體論思想的過程中,二程不斷地純化,最終完成了本體論的建構。由於二程對張載「太虛」觀的批評並不完全一致,因此,以下需要分別論述。

從程顥的角度而言。首先,他所說的「立清虛一大爲萬物之源,恐未安」與「或者以清虛一大爲天道」都表明,他對張載所建立的「道體」是在承認的前提下,提出不同看法。在程顥看來,張載的表述,仍是割裂了有無、虛實、清濁的關係。

其次,「須兼清濁虛實乃可言神。道體物不遺,不應有方所。」與「乃以器言而非道也。」這裏,程顥對張載批評的原因主要在於:一、程顥語境中的「太虛」與張載的「太虛」大不相同。例如,他說「太山爲高矣,然太山頂上已不屬太山。雖堯、舜之事,亦只是如太虛中一點浮雲過目」。〔註21〕程顥所謂的「太虛」基本是指無限的宇宙空間。由此可知,程顥與張載的太虛並非同指。二、張載對道體的描述確實存在與氣相混雜的一面,例如「凡氣清則通,昏則壅,清極則神」與「太虛爲清」,用「清」這個詞語既來描述「太虛」又來描述「氣」,這就使得清通無礙之氣與對太虛的描述混淆在一起。當然,在張載的語境中,太虛與氣之真正區別不在清虛,而在一大。一與大的特徵只有太虛才有,而氣卻不具備這樣的特徵。張載太虛本體的建立,意味著清虛一大並不是要停留在氣的層面。張載採用「氣」這一概念的主要目的就是說明道不離器,以免使道成爲一個虛懸空頭的道,「道體」必待氣化而流行,因此氣的意義在於用而不在於體。但是清虛無不充滿氣的特徵,使人不可避免產生誤讀。所以,程顥認爲張載其源頭有未是處。〔註22〕

以上所引的二程語錄中,與「太虛」觀相關,程顥對張載批評還涉及兩個重要命題,即對「形而上者謂之道,形而下者謂之器」與「一陰一陽之謂道」。「形而上者謂之道,形而下者謂之器」與「一陰一陽之謂道」都是《周易·繫辭》對形上形下以及道器界定的關鍵命題。張載與程顥都借用了這兩個命題,但他們對這兩個命題的理解不同,據此詮釋出的思想也不相同。

---

〔註21〕 程顥、程頤:《二程集》,第 61 頁。

〔註22〕 關於「氣外無神,神外無氣。或者謂清者神,則濁者非神乎?」程顥的意思是說神字根本上不能從氣的清濁上來說,氣與神相即不離,神即是天道本體的顯現,本體是無所不包無所不在,所以,以清形容神,是有問題的,至少「在形上性內涵上是不周延的。」

就張載而言，他所謂的形上、形下不僅關乎道器兩個範疇，而且還關涉「象」、「幾」等概念。《繫辭》中的「形而上者謂之道，形而下者謂之器」只劃分出道器兩個範疇，而張載在詮釋形上與形下之時，涉及了道、象、幾、氣，形五個概念，這些概念中最重要的是氣，由氣的變化運動而產生的不同形態，呈現出其它幾個概念。

首先，張載是以有形體與無形體來劃分形上形下。他說：「『形而上者』是無形體者，故形而上者謂之道也；『形而下者』是有形體者，故形而下者謂之器。無形迹者即道也，如大德敦化是也；有形迹者即器也，見於事實即禮義是也」。〔註23〕又說：「運於無形之謂道，形而下者不足以言之。」〔註24〕這裏所說的有形體者，就是可以「見於事業」，人能通過耳目感官可以看得見、摸得著的東西；而所謂的無形體者就是道，也可以說是「凡不形以上者，皆謂之道」。〔註25〕這就是說除了「形」，其之上的都屬於道的範疇。

其次，張載用氣、象、幾等概念來貫通形上形下，即貫通「道」與「形」。在張載看來，有形體者與無形體者都比較容易區分，最不易把握的是形與不形貫通處。他說：「惟是有無相接與形不形處知之爲難。須知氣從此首，蓋爲氣能一有無，無則氣自然生，氣之生即是道是易。化而裁之存乎變，推而行之存乎通」〔註26〕。因爲氣有「通有無」的作用，所以，張載用氣來詮釋貫通「道」與「形」之間的其他概念。在這裏，「有無相接與形不形處」也就是張載所說的「幾」，他說：「幾者，動之微」，〔註27〕又說：「幾者象見而未形者也，形則涉乎明。」〔註28〕將「幾」與「象」聯繫起來。這可以看出，張載所謂的「象」（也可稱爲幾）就是形與未形之間的環節，是已動但未形，人看不見的狀態。關於象與氣之間的關係，張載有多處解說。他說：「有氣方有象，雖未形，不害象在其中。」〔註29〕「凡可狀，皆有也；凡有，皆象也；凡象，皆氣也。氣之性本虛而神，則神與性乃氣所固有，此鬼神所以體物而不可遺也。舍氣，有象否？非象，有意否？」〔註30〕「氣聚則離明得施而有

---

〔註23〕張載：《張載集》，第 207 頁。
〔註24〕張載：《張載集》，第 207 頁。
〔註25〕張載：《張載集》，第 207 頁。
〔註26〕張載：《張載集》，第 207 頁。
〔註27〕張載：《張載集》，第 181 頁。
〔註28〕張載：《張載集》，第 221 頁。
〔註29〕張載：《張載集》，第 231 頁。
〔註30〕張載：《張載集》，第 63 頁。

形，氣不聚則離明不得施而無形。」〔註31〕象與氣緊密相連，只是氣未聚，是看不到的一種狀態；氣不聚則是無形，是形上；氣聚則是有形，是形下。這就是說張載的形而上是包括道、象（幾）、氣散等，形而下則指有形跡者，包括氣聚、形、器等。氣，則貫穿道、象、幾、形這四者。〔註32〕

再次，「一陰一陽之謂道」講的是陰陽與道之間的關係。張載在詮釋《繫辭》「一陰一陽之謂道」時說：「一陰一陽是道也」。〔註33〕認為「一陰一陽」本身就是道。《易說》中，張載說：「一陰一陽不可以形器拘，故謂之道。乾坤成列而下，皆《易》之器。乾坤交通，因約裁其化而指別之，則名體各殊，故謂之變。推行其變，盡利而不遺，可謂通矣」〔註34〕「陰陽者，天之氣也，亦可謂道。」〔註35〕這都說明，在張載看來，陰陽本身就是道。這裏需要強調的是：張載所謂的道雖然是形而上，但卻並不是對本體的直接指涉，即道不是張載的最高本體。

從張載的思路看，雖然「氣」兼形上和形下兩個層面，但是氣的貫通最高只涉及象或道這一層面，並未涉及太虛（天）這一層面。萬物因氣之聚散而有生滅，虛與神則是不生不滅的常在，宇宙間的至實。用氣說明萬物的生成變化，用太虛說明本體的絕對性、永恒性，這正是張載思想體系的特點。張載的形上學牽涉氣這一點，可以體會到二程對張載的批評是有根據的。

就程顥而言，他對「形而上者謂之道，形而下者謂之器」與「一陰一陽之謂道」的詮釋基本是放在一起的。首先，他在形上形下的區分中只涉及道氣兩個範疇。雖然程顥也說「有形總是氣，無形只是道」〔註36〕，但卻沒有在道器之間夾雜其他的概念。不僅如此，程顥還將道與氣的界限作了清晰的

〔註31〕張載：《張載集》，第 8 頁。

〔註32〕王葆玹認為「張載所說的氣介於形上形下之間。相當於《易》學中的『幾』。」《張載的易學體系及其與禮學的關係》載於《張載關學與實學》，第 36 頁。此說表述不夠完全。準確地說，氣不僅介於形上形下之間，而且貫通形上形下。氣至少有兩種形態：一是張載所謂的「象」，相當於「幾」，是已經包涵氣，但卻未聚而成形的狀態，不可以看到，屬於形上的層面；另一種是已成形的狀態，即氣聚的狀態，可以看得見，屬於形下的層面。

〔註33〕張載：《張載集》，第 187 頁。

〔註34〕張載：《張載集》，第 206 頁。

〔註35〕張載：《張載集》，第 324 頁。

〔註36〕程顥、程頤：《二程集》，第 83 頁。《程氏粹言》記載：子曰：離陰陽則無道。陰陽，氣也，形而下也。道，太虛也，形而上也。《二程集》第 1180 頁。《程氏粹言》又載：子曰：以氣明道，氣亦形而下者耳。《二程集》第 1182 頁。

劃分。他說：「《繫辭》曰：『形而上者謂之道，形而下者謂之器。』又曰：『立天之道曰陰與陽，立地之道曰柔與剛，立人之道曰仁與義。』又曰：『一陰一陽之謂道。』陰陽亦形而下者也，而曰道者，惟此語截得上下最分明，元來只此是道，要在人默而識之也。」〔註37〕陰陽是形而下者，而道是形而上者，這兩者必須「截得分明」。器與道在理論上自應有分疏之處。不可以器爲道，從而銷道於器，又不可執器望道。程顥認爲張載以「清虛一大」言本體，就把道、器混爲一談了。道是超越性的本體，是萬物之源，有了這一形而上的本體，千差萬別的世間萬物才有終極性的保證，所以對形上、形下必須作出區分。

其次，程顥認爲道雖是形而上者，但卻不離形而下的陰陽、剛柔。陰陽、剛柔、仁義是道在天、地、人的表現。實際上，道就體現在陰陽的氣化中，不是離開陰陽而別有所謂道，畢竟是以陰陽爲道，「元來只此是道」。程顥著眼於道的發育流行，無所不在。又說：「形而上爲道，形而下爲器，須著如此說。器亦道，道亦器，但得道在，不繫今與後，己與人。」〔註38〕程顥這番話的意思是，從思維對於對象的把握上，道器有形上和形下之分，我們應該區分抽象（道）和具體（器），即「須著如此說」。但就實際存在來說，道不在陰陽形器之外，道器是相即而不離的。道不離器，器不離道；器中必有道，道即在器中，所以是「器亦道，道亦器」。從本體論的角度講，道是超越的，決定形而下的，道與器不能無分別。道是超越的，器是具體的，兩者不能混而無別。從生成論的角度講，程顥說：「道之外無物，物之外無道」，形而上的道又存在於形而下的陰陽中，道不離陰陽。〔註39〕相對於張載，程顥的表述更爲圓頓。

---

〔註37〕程顥、程頤：《二程集》，第 118 頁。

〔註38〕程顥、程頤：《二程集》，第 4 頁。

〔註39〕程顥認爲，眞正的道不能以清虛一大去表示，界分。因爲這仍舊是一種分解表示方式，乃是「器言」。此分解的器言當然不可能表達那統攝一切，不受限制的道體。程顥認爲若分解地言道是陰陽，已落入一相對的觀念，已非道體之本來面貌。原來「道雖不是陰陽，亦不離陰陽」，故「截得分明」而又圓融。道與器可分又不可分。形上形下的分別只是作爲這圓融境界的背景，是過度至此境界的必需橋梁而已。眞正絕對圓融的道體不只是普遍也必然包括具體，不只是形上必然包括形下，不只是內必然包括外，主客，要描述這種絕對的圓融境界，不能再用一般的分解式說法，而必須做圓頓的（非分解式）的表達。溫偉耀《成聖之道》第 33 頁。

　　張載與程顥對「一陰一陽之謂道」的詮釋表現兩種不同意見：張載認爲：一陰一陽本身就是道。程顥認爲一陰一陽只是形而下，不是道，眞正的道，是形而上，他們的詮釋代表了兩種不同的理解。〔註40〕張、程對此詮釋的不同，原因在於，程顥的「理」和「道」是同一層次的範疇。道是陰陽之所以爲陰陽者，萬物之所以爲萬物者。陰陽是構成萬物的原始物質，陰陽互相感應，往來闔闢，循環不已，創生萬物，萬物有形體，故謂之器。程顥從理本論的角度來解釋道器關係，天、理、道、易、神都是形而上的範疇，器、氣都是形而下的範疇。從主宰、包容遍覆義而言，稱此形而上爲「天」；從它是萬物之源而言，稱之爲「理」；從它落實在實然的經驗世界中，展現爲千差萬別的萬事萬物而言，稱之爲陰陽不測的「神」。而張載的「天」與「道」則是兩個層次的範疇，太虛是「天」，「氣化」是道。這就是說，道不是張載思想中的最高範疇，道是在「太虛」（天）之下的次一個層次的範疇，是指本體對世界的推動而呈現的運動變化，就是「由氣化，有道之名」。〔註41〕由此可知，雖然張、程使用的概念相同，但是概念的內涵卻並不相同，話語語境也因此出現差異。

　　從程頤的角度而言，他對張載本體思想的批評也是從「一陰一陽之謂道」出發的。首先，程頤嚴格將形上與形下，道與器區分開來，強調「道非陰陽，所以一陰一陽者道也」。他說：「離了陰陽更無道，所以陰陽者是道也，陰陽，氣也。氣是形而下者，道是形而上者，形而上者則是密也。」〔註42〕張載認爲「形上」是無形之象，程頤則認爲形而上是「密」。「密」來源於《繫辭》「聖人以此洗心，退藏於密」，程頤引用「密」在於說明「密」是用之源，是本體。他說：「『退藏於密』，密是用之源，聖人之妙處。」〔註43〕這樣，程頤所界定與理解的「形上」指的就是本體。這就是說，張載將「一陰一陽」理解爲道，

---

〔註40〕陸九淵與朱熹對「一陰一陽之謂道」的辯論更能説明當時確實存在著對此一命題的兩種不同的詮釋：一是認爲一陰一陽本身就是道。另一種認爲一陰一陽只是形而下，不是道，眞正的道，是形而上。陸九淵認爲「易之大傳曰：『形而上者謂之道』，又曰『一陰一陽之謂道』。一陰一陽已是形而上者，況太極乎？《宋元學案・濂溪學案》第 611 頁。朱熹認爲「凡有形有象者皆氣也，其所以爲是器之理者則道也。」《宋元學案・濂溪學案》第 617 頁。朱熹認爲：「四象八卦，皆有形狀。至於太極，有何形狀。」《朱子語類》第 3115 頁。
〔註41〕張載：《張載集》，第 9 頁。
〔註42〕程顥、程頤：《二程集》，第 162 頁。
〔註43〕程顥、程頤：《二程集》，第 157 頁。

而道就是氣的運動變化；程頤將「一陰一陽」理解爲氣，而對「一陰一陽」起著支配作用的才是道，或者說，潛存在『一陰一陽』中的那個『密』方是道。」〔註44〕這樣，程頤道和器不僅是有形、無形的關係，主要是「其然」及其「所以然」的關係。通過這樣的詮釋，程頤揭示了無形之本體與有形之現象的關係。

其次，程頤用「理」取代張載的「太虛」。程頤說：「『一陰一陽之謂道』，此理固深，說則無可說。所以陰陽者道，既曰氣，則便是二。言開闔，已是感，既二則便有感。所以開闔者道，開闔便是陰陽。」〔註45〕程頤認爲氣是有形之物，只有無形之道（理），也就是所以陰陽者才是宇宙的本體。針對太虛，程頤說：「亦無太虛。」遂指虛曰：「皆是理，安得謂之虛？天下無實於理者。」〔註46〕認爲理是最具實在性的本體存在。這就改鑄了張載的太虛觀，而用理取代太虛。

在二程看來，張載的太虛本體論存在以下問題：一、張載的「形而上」中夾雜氣的因素，沒有完全擺脫感性成分，所以存在不周延的問題。〔註47〕二、本體與現象之間的貫通不夠暢通，尤其是本體與社會倫理的貫通比較周折。三、太虛畢竟是道家的用語，有必要用儒家的語言取代之。張載本體思想存在的問題正是二程進一步建構本體思想需要克服的問題。

## 二、二程之「天理」觀

天理一詞最早來源於《莊子》，如「依乎天理」，「夫至樂者，先應之以事，順之以天理」，這裏的天理指天然的理則。《樂記》中天理屬於道德範疇，作爲人欲的對立面使用。「理」範疇，在宋代以前發展演變的過程中，已具有條理、規律、倫理道德和宇宙本體等內涵。其中條理和規律的含義爲各家各派所共有，而倫理道德的含義爲儒家所強調，但儒家尚沒有把「理」上升爲宇宙本體，其理論思辨水平較低。北宋時期，很多人物都使用天理一詞，〔註48〕

---

〔註44〕崔大華：《儒學引論》，第 484 頁。

〔註45〕程顥、程頤：《二程集》，第 160 頁。

〔註46〕程顥、程頤：《二程集》，第 66 頁。

〔註47〕崔大華：《儒學引論》，第 484 頁。

〔註48〕張、程之前使用過「天理」概念學者大體有：歐陽修提出：「物無不變，變無不通，此天理之自然也。」天理僅是事物變化的規律，不具有本體的意義。邵雍提出：「能循天理動者，造化在我也。」「得天理者，不獨潤身，亦能潤

但都沒有將天理（或理）作為最高範疇，張載對理有多處界說，已經將「理」
上升到本體的高度，只是沒有作為最高本體。（參「窮理盡性」一節。）

　　從文獻看，二程最早使用天理一詞，大約在 1070 年前後。如程顥在《程
邵公墓誌銘》（1069 年）中用「天理」。對「理」字的使用則更早一些，如程
顥在《定性書》（1059 年）中，用「理」字。這些只是一用而已，並沒有對「理」
的涵義進行任何解說。對天理（簡稱理）有明確解說是在《東見錄》（呂大臨
所記）中。二程以「理」釋「天」，認為「天者，理也」。〔註 49〕這樣就將「天」
與「理」結合起來，「天理」成為他們哲學體系中的最高範疇，使其成為內涵
豐富，外延廣泛，溝通天人，聯繫自然與社會的範疇。二程從各個方面對「天
理」作出解釋，「天理」觀所具備的本體地位清晰可見。所以，在學界，「天
理」作為二程哲學的最高範疇，不存在爭議。在這裏我們需要分析的是，與
張載的太虛觀相比，天理觀更為進步的方面。

　　天理除了具有獨立性、超越性〔註 50〕，根源性、包容性〔註 51〕等本體具
備的特徵之外，更重要的是在本體與社會倫理的貫通中，論證更為圓熟。

　　首先，天理是自然界與人類社會的共同根源。程顥說：「理則天下只是一
個理，故推至四海而準，須是質諸天地，考諸三王不易之理。」〔註 52〕又說：
「萬物皆只是一個天理，己何與焉？至如言『天討有罪，五刑五用哉！天命
有德，五服五章哉！』此都只是天理自然當如此。人幾時與？」〔註 53〕自然
界與人類社會之所以如此，都是天理如此，人的意志不能改變天理自然，人

　　　　心。」這裏的天理指的是自然之理。理在邵雍的哲學體系裏，從屬於道，理
　　　　雖具有事物規律和儒家倫理的含義，但還沒有從中抽象出來作為最高哲學範
　　　　疇。周敦頤對理的論述較少，他說：「愛曰仁，宜曰義，理曰禮，通曰智，守
　　　　曰信。」其理的基本含義是指以禮為代表的倫理道德。新學代表王安石提出
　　　　「天下之理皆致乎一」的觀點，展現出由萬物之理向天下一理演變的軌跡。
〔註 49〕程顥、程頤：《二程集》，第 132 頁。
〔註 50〕「天理」具有獨立性、超越性。「天理云者，這一個道理，更有甚窮已？不為
　　　　堯存，不為桀亡。人得之者，故大行不加，窮居不損。這上頭來，更怎生說
　　　　得存亡加減？是佗元無少次，百理具備。得這個天理，是謂大人。以其道變
　　　　通無窮，故謂之聖。不疾而速，不行而至，須默而識之處，故謂之神。」《二
　　　　程集》，第 31 頁。
〔註 51〕「天理」具有根源性，萬物都從天理來。「所以謂萬物一體者，皆有此理，只
　　　　為從那裏來。『生生之謂易』，生則一時生，皆完此理。人則能推，物則氣昏，
　　　　推不得，不可道他物不與有也。」《二程集》，33 頁。
〔註 52〕程顥、程頤：《二程集》，第 38 頁。
〔註 53〕程顥、程頤：《二程集》，第 30 頁。

只能順應天理。

其次，天理又是人間倫理道德的依據。程顥說：「寂然不動，感而遂通者，天理具備，元無欠少，不爲堯存，不爲桀亡。父子君臣，常理不易，何曾動來？因不動，故言寂然，雖不動，感便通，感非自外也。」〔註54〕天理是完備自足的，宇宙就是本體的呈現。此理不因聖人而存，也不因聖人能推而有所增；理也不因小人而亡，不因小人推不得而有所減。人類社會的父子君臣之理，也是天理如此。這就是說，孝慈忠信等百理不是出自外在的人爲的安排，而是出自內在的天地生生之理，百理在內而不在外，是客觀的，是自然而然的。由此，道德行爲才有共同的、普遍的標準。

再次，天理是最高本源與價值本體的統一。程頤說：「性即理也，所謂理，性是也。天下之理，原其所自，未有不善。」〔註55〕理是人性之所以爲善的價值的源泉。程顥說：「天下善惡皆天理，謂之惡者非本惡，但或過或不及便如此。」〔註56〕天理包括天下萬事萬物，也涵容人間一切善惡，所謂的惡只是做得不夠到位或是過分而已。程頤又說：「自理言之謂之天，自稟受言之謂之性，自存諸人言之謂之心」。〔註57〕理即是最高本源又是人性價值的根據。這樣，本體的理與價值的善合爲一體。

二程以「理」釋「天」，天便抽離掉所有感性的東西而成爲絕對抽象的本體，以「天」釋「理」，理便具有了宇宙本體的意義。這樣，天理作爲最高本體，就抽離掉了所有的感性成分，本體成爲絕對抽象、絕對純粹的範疇。張載「形而上」中的夾雜與不周延的問題就解決了。將天理作爲宇宙本體與價值本體的統一使得天人溝通直接暢通，解決了張載「太虛」觀中本體與社會倫理不夠暢通的問題。天理一詞真正的源出是儒家原典，儒家的本體論表述不再是佛老的詞語。這樣張載本體論思想存在的問題被一一解決，道學本體論的建構初步完成。

「天理」觀的創立完成了自宋以來，思想家們致力於建立一種直接把哲學本體論與儒家倫理學，社會歷史觀統一起來的理論體系。天理成爲絕對主宰與人文法則、宇宙本體與主體精神合爲一體的終極存在。這一終極範疇充滿著儒

---

〔註54〕程顥、程頤：《二程集》，第 43 頁。
〔註55〕程顥、程頤：《二程集》，第 292 頁。
〔註56〕程顥、程頤：《二程集》，第 14 頁。
〔註57〕程顥、程頤：《二程集》，第 296 頁。

家所倡導的人文意義。從客觀而言，它是外在的，普遍的倫理準則；從主觀而言，它是內在的，個體的主體精神。所以，至此，宋明理學的本體範疇完全成熟。天理論的提出標誌著宋代理學的定型和其哲學體系的最終確立。

# 第二節　張載「天人合一」與程顥「天人本無二」

## 一、張載「天人合一」命題之提出

天人關係始終是儒家關注的中心問題之一。儒家天人合一的思想從孔子時代就存在，而「天人合一」的具體命題到張載才正式提出。從孔子「罕言性與天道」，到孟子「盡心知性知天」，荀子「制天命而用之」，再到漢代以董仲舒爲代表的「天人感應」、「災異譴告」之說，儒家對天人關係的探索經歷了一個曲折的過程。直到宋代，天人關係仍然是思想家們建構理論體系的核心問題。〔註 58〕北宋熙寧、元豐之際，儒者爲了打破釋氏虛妄之學，無不致力於從天道與性命之間確立儒家眞實無妄的世界，而對天道性命討論的展開，其最終目標則是爲了使天道與性命之間貫通爲一，也就是天人合一。

張載在探索天人關係的過程中，經歷了艱難的探索過程。針對漢唐以來將天人格化的趨向，張載先將「天」回歸爲「自然之天」。他說「人鮮識天，天竟不可方體，姑指日月星辰處，視以爲天。陰陽言其實，乾坤言其用，如言剛柔也。乾坤則所包者廣。」〔註 59〕張載反對漢唐儒者將天視作人格神之天，他認爲必須對這一「天論」進行改造。張載借用道家的太虛將漢唐人格神之天轉化成自然之天，又將自然之天賦予本體的意義。如果僅是自然之天，那麼這一思想將與道家莊子的天混同。所以，張載又必須賦予「天」以儒家的價值原則。在自然之天的基礎上，張載又將道家之天轉化成儒家的價值之天（價值本體）。在這樣一個思考過程中，張載的天人關係思想經歷了一個逐漸成熟的過程。

在《易說》中，我們一方面可以看到張載強調「天人之別」，他說：「『鼓萬物而不與聖人同憂』，則於是分出天人之道。人不可以混天。」〔註 60〕又說

---

〔註 58〕蒙培元先生認爲：事實上，全部理學範疇都是圍繞天人關係問題展開的。《理學範疇系統》，第 420 頁。
〔註 59〕張載：《張載集》，第 177 頁。
〔註 60〕張載：《張載集》，第 189 頁。

「鼓萬物而不與聖人同憂，天道也。聖不可知也，無心之妙非有心所及也。天不能皆生善人，正以天無意也。」〔註61〕「聖人所以有憂者，聖人之仁也；不可以憂言者，天也。」〔註62〕「天人交勝，其道不一。」〔註63〕這些都說明人有心，天無意，天與人之不同。這正表現出張載在處理天人關係時將人格神之天轉化成自然之天的努力。另一方面又可以看到張載說「天人不須強分」。他說：「天人不須強分，易言天道，則與人事一滾論之，若分別則只是薄乎云爾。自然人謀合，蓋一體也，人謀之所經畫，亦莫非天理。」〔註64〕「亦不可謂天無意，陽之意健，不爾何以發散和一？」〔註65〕這已經表現出張載以德合天的思想。又說：「天地固無思慮。『天地之情』『天地之心』皆放此。」〔註66〕這是強調通過人的行爲表現天的意志。

《易說》中，張載將天與聖對應，表現出將道家之天轉化成儒家的價值之天的努力。他說：「『鼓萬物而不與聖人同憂』，此言天德之至也。與天同憂樂，垂法於後世，雖是聖人之事，亦猶聖人之末流爾。」〔註67〕又說：「神則不屈，無復回易，『鼓萬物而不與聖人同憂』，此直謂天也。天則無心，神可以不詘，聖人則豈忘思慮憂患？雖聖亦人耳，焉得遂欲如天之神，庸不害於其事？聖人苟不用思慮憂患以經世，則何用聖人？天治自足矣。」〔註68〕張載強調天聖之別在於，將道家的自然之天與儒家的價值之天區分開來。因此，他認爲老子所說的「天地不仁，以萬物爲芻狗」是正確的；而「聖人不仁，以百姓爲芻狗」則是錯誤的。在張載看來聖人對「仁」有最大程度地體現。

在《經學理窟》與《語錄》中，張載在知天的前提下，強調只有人能通過自身的努力上達天德，實現天人合一的目標。他說：「人則可以管攝於道，道則管攝人，此『人能弘道，非道弘人』也，人則可以推弘於道，道則何情，豈能弘人也！」〔註69〕又說：「聖人無隱者也，聖人，天也，天隱乎？及有得處，便若日月有明，容光必照焉，但通得處則到，只恐深厚，人有所不能見

---

〔註61〕張載：《張載集》，第189頁。
〔註62〕張載：《張載集》，第189頁。
〔註63〕張載：《張載集》，第226頁。
〔註64〕張載：《張載集》，第232頁。
〔註65〕張載：《張載集》，第231頁。
〔註66〕張載：《張載集》，第127頁。
〔註67〕張載：《張載集》，第189頁。
〔註68〕張載：《張載集》，第189頁。
〔註69〕張載：《張載集》，第315頁。

處。以顏子觀孔子猶有看不盡處。」〔註70〕「天本無心，及其生成萬物，則須歸功於天，曰：此天地之仁也。」〔註71〕人具備主體自覺性，可以通過自身努力去實現天道的要求。所以，張載的天人合一是從價值之天的角度而言的。

　　在《正蒙》中張載正式提出「天人合一」的命題。張載通過批評佛老的「天人不相待」來闡釋儒者「天人合一」的思想。張載批評佛老說：「知虛空即氣，則有無、隱顯、神化、性命通一無二，顧聚散、出入、形不形，能推本所從來，則深於易者也。若謂虛能生氣，則虛無窮，氣有限，體用殊絕，入老氏『有生於無』自然之論，不識所謂有無混一之常；若謂萬象爲太虛中所見之物，則物與虛不相資，形自形，性自性，形性、天人不相待而有，陷於浮屠以山河大地爲見病之說。」〔註72〕張載認爲，佛、道不能合理處理天人關係，儒者將通過道德實踐眞正實現天人合一。接著進一步提出天人合一的思想。他說：「釋氏語實際，乃知道者所謂誠也，天德也。其語到實際，則以人生爲幻妄，以有爲爲疣贅，以世界爲蔭濁，遂厭而不有，遺而弗存。就使得之，乃誠而惡明者也。儒者則因明致誠，因誠致明，故天人合一，致學而可以成聖，得天而未始遺人，《易》所謂不遺、不流、不過者也。彼語雖似是，觀其發本要歸，與吾儒二本殊歸矣。」〔註73〕這是說，儒者能夠由明上達到誠（天的品質），也能由誠（天）下放到明，達到誠明境界，就實現了天人合一（既重天又重人，既重體又重用）的境界。這顯示出張載的天人關係理論已處理的較爲圓融。

## 二、程顥「天人本無二」的思想

　　程顥「天人本無二」的思想是在批評張載「天人合一」思想的基礎上提出的。程顥對「天人合一」思想批評較爲典型的文獻有以下幾則：

　　　　觀天理，亦須放開意思，開闊得心胸，便可見，打揲了習心兩漏三漏子。今如此混然說做一體，猶二本，那堪更二本三本！今雖知「可欲之爲善」，亦須實有諸己，便可言誠，誠便合內外之道。今看得不

〔註70〕張載：《張載集》，第287頁。
〔註71〕張載：《張載集》，第266頁。
〔註72〕張載：《張載集》，第8頁。
〔註73〕張載：《張載集》，第65頁。

一，只是心生。除了身只是理，便說合天人。合天人，已是爲不知
者引而致之。天人無閒。〔註74〕

道，一本也。或謂以心包誠，不若以誠包心；以至誠參天地，不若以
至誠體人物，是二本也。知不二本，便是篤恭而天下平之道。〔註75〕

冬寒夏暑，陰陽也；所以運動變化者，神也。神無方，故易無體。

若如或者別立一天，謂人不可以包天，則有方矣，是二本也。〔註76〕

第一段文字主要的意思有：一、從工夫的角度講，對天理的體悟必須開闊心
胸，克服形體與習心之弊。二、本心當下呈現眞實無妄的狀態（誠）就是合
內外之道。三、合天人只是爲有習心之人而言，是爲引導他們體悟本心而說
的。在程顥看來，以「合天人」來言合，已是力求，有刻意而爲之嫌，其實，
「合天人」只是一種「權說」，是爲不知者易於理解而已。其實天人本來無間，
即從根源意義上講只有一個根據，所以原本就無間，故不存在合不合的問題。
這從「天人無間」的角度表達了「天人本無二」的思想。

第二段文字的主要意思是批評張載「以誠包心」而產生的「二本」思想。
〔註77〕張載所謂的「以心包誠，不若以誠包心」暗含著「心小性大」的思想，
在張載看來只有將人的主體精神發揮到「至誠」的程度，才能達到「體天地
之化」的境界，也便是天人合一的境界。程顥認爲這是分別的觀法，是二本。

第三段文字主要是批評張載「別立一天」而產生的「二本」思想。程顥
認爲，寒暑往來只是陰陽變化，所以運動變化，乃是由於「妙萬物而爲言」
的神的緣故。陰陽寒暑的變化有其方所和形跡，作爲「所以運動變化」根本
法則的不測之「神」則無方所和無形體，作爲萬物之道體的生生之易，同樣
沒有方所、沒有形體，「道一本也」。如果區分開心與誠、人心與天的不同，

〔註74〕程顥、程頤：《二程集》，第33頁。

〔註75〕程顥、程頤：《二程集》，第117頁～118頁。

〔註76〕程顥、程頤：《二程集》，第121頁。

〔註77〕關於程顥所謂的「二本」，溫偉耀說：明道的「一本」多與「二本」相對而言，
而所謂的「二本」在明道的文獻中並無一致的意義：可指人性有內外之別；
可指誠與心的二分但相包容的關係；可以指有彼此對待的觀點去看人天參與
的關係；可以指以分別相去看人以外別立一天的天人關係；可以指在道德實
踐工夫中，致知與格物爲兩回事。也可以更徹底地泛指一切不能開闊心胸，
有分別相的觀法。所謂二本在明道的理解中有極不一致的內涵，因而與之相
對的一本也並非指向某一特定的本源問題。二本就是落於分別，相對角度去
理解世界的道路。那麼一本就是無分別相的觀法。見《成聖之道》，第23頁。

不論是「以心包天」還是「以天包心」、或是以至誠參天地還是體認萬物，乃心外求天，人合於天，都是把天道當作外於人的存在，是分別的觀法，是天人二本。

在批評張載以分別對待的觀法得出「天人合一」的思想後，程顥進一步提出又「天人本無二」的思想。他說：「天人本無二，不必言合」〔註78〕天與人的根源是同一的，心是人的主體性的標誌，「心具天德」，心不可言出入，不可分內外，所以不用言合。程顥「天人本無二」的思想，就其自身思想而言，破除了天人對待的觀法，以更為圓融的方法達到本體與現象的統一。

## 三、「天人合一」與「天人本無二」之差異與會通

程顥對張載「天人合一」思想雖然以「二本」為概括進行了批評，意味著他們之間存在差異，但是這並不意味著他們之間沒有會通。如果將張載、程顥天人思想的前提概括為兩個方面，一是以本體論為前提；二是以工夫去實現，那麼，他們的差異主要表現在本體論，即從本體論而言，張、程的前提是不同的，張載是以虛氣關係為前提，而程顥則是以天理觀為前提；他們的會通則主要表現在工夫論，即從工夫論而言，不管是「天人合一」還是「天人本無二」都需要通過工夫修為實現。

就本體論而言，張載構建哲學思想目的有三：一、闢佛老天人二本，二、去秦漢儒學之大弊，三、建儒家天人合一。「虛氣關係」理論為貫通天人鋪平了道路，張載認為「知人而不知天，求為賢人而不求為聖人」〔註79〕是秦漢以來學者的最大弊端。張載試圖解決「天人二本」之弊，以「貫通天人」。張載說：「由太虛，有天之名；由氣化，有道之名；合虛與氣，有性之名；合性與知覺，有心之名。」〔註80〕這是他構建其哲學體系的四句綱領，說明了天、道、性、心四大範疇的涵義和定位。這表明，第一，在天、道、性、心四大範疇中，天是最高的，具有本體地位。第二，性具有樞紐作用，它是由天道通向人道的橋梁，也是由人道達到天道的中介。第三，心是實現天道目標的能動力量。張載的四句綱領是天人貫通的模式，它通過天、道、性、心四大

---

〔註78〕程顥、程頤：《二程集》，第 81 頁。《程氏粹言》記載，子曰：天人無二，不必以合言；性無內外，不可以分語。《程氏粹言》（心性篇）《二程集》第 1254 頁。

〔註79〕張載：《張載集》，第 386 頁。

〔註80〕張載：《張載集》，第 9 頁。

範疇，建立了一個天人互通的哲學架構。從天、道到性、心是下放的過程；從心、性到道、天是上達的過程。天、道與性、心之間具有雙向互動作用。一方面，性、心以天道本體爲其終極根源；另一方面，天道則是心性工夫的目標。在這裏虛、氣爲天道落實於具體的人生提供了途徑，成爲天人合一的依據。張載將儒家之「天」觀作了提升，使其本體化，具有無限性、普遍性、絕對性、超越性。張載以「太虛」界說「天」，便將自秦漢以來流行的人格神之天的涵義遠遠地排除在作爲本體觀念的「天」之外。作爲以宇宙本體之面目出現的天，具有至廣至大的涵容性和根源性。爲其天人合一奠定了堅實的本體論基礎。

程顥認爲，天理是世界萬物的終極根據，是天人萬象背後所以然的共同終極根基。天人雖萬象，但都歸於天理自然，正是天理令萬事萬物內在地連爲一有機生命宇宙整體，在此整體中，它們息息相通，共同以此整體爲其終極存在、活動場域，而彼此開放，相互內在。正是由於天理擁有全體大用，才使得萬物得以一體無隔，天人得以一體無間，從而有了萬物內在於天地之中而不在其外的現實而眞實的大千世界。人物通爲一體，天人通爲一體，則通常所言的天人合一即變得不甚恰切。程度不同地有隔，方有所謂相合的問題，無隔而彼此相互內在，則言合一顯然即成了多餘。天理就內在於人的生命之中，身與理通而爲一，人即全方位開放而置身於宇宙大化流行之中，不存在理身有隔、天人有間的事實。解除因拘於肉體之小我而所引發的各種或事實或價值的視野障蔽，開放而敞亮起自我，在宏大總體宇宙視域下審視觀照己人物我，一個根乎天理的萬物一體、天人無隔的世界圖景，就會通體展現在人們面前。總之，張載從知人知天，以人達天的思路出發，也就是說從實然的天人未合的角度出發，通過主體的修養工夫，以達到應然的「天人合一」。程顥則是從人心本具天德出發，強調人在當下行爲中呈現此種天德，重在人心「自盡其道」，從而達到「天人無二」。

就工夫論而言，程顥「天人本無二」與張載「天人合一」也有會通之處，也就是說，在實現「天人」一體中，張、程都強調工夫的重要性。在張載看來，天人之所以能夠合一在於人能夠通過自身的道德實踐去完成天的使命，返歸天地之性。張載構建的哲學體系是一個由天道到人道，又由人道到天道的雙向互動、有機統一的整體。從根源看，天道產生人道；從作用看，人道又效法天道。張載認爲，天與人的本原都是太虛，太虛的品性是天人萬物的

共同淵源，因此，天性與人性在本質上是同一的。「天良能本吾良能，顧爲有我所喪爾。」〔註 81〕雖然，從自然觀而言，「天與人，有交勝之理」。〔註 82〕但就價值觀而言，「天人一物」，〔註 83〕「天人之本無二」〔註 84〕。他從「性者，萬物之一源」〔註 85〕和「天地人一，陰陽其氣，剛柔其形，仁義其性」〔註 86〕的前提，推導出天人合一的價值目標。張載從天人的共性得出天人應該合一，而且他還從性的具體內容上論證了天人合一的價值理想特徵。在他看來，至誠、至善是天性的具體價值內涵，因此，天人合一的境界也應該是至誠、至善的完美境界，是聖人的境界。

程顥說：「吾學雖有所受，天理二字卻是自家體貼出來。」〔註 87〕這裏所謂的體貼主要是通過道德修養工夫將天賦予人的使命呈現出來。程顥說：「有德者，得天理而用之，既有諸己，所用莫非中理。」〔註 88〕「要修持佗這天理，則在德，須有不言而信者。言難爲形狀。養之則須直不愧屋漏與愼獨，這是個持養底氣象也。」〔註 89〕人自身對天理的感悟所表現出的本然之心，就是天理的自然流行，程顥正是從這個意義上講天人本一。「如天理底意思，誠只是誠此者也，敬只是敬此者也，非是別有一個誠，更有一個敬也。」〔註 90〕程顥體貼出「理」是「天理」，旨在強調「理」既具有本體意味，又緊扣人倫日用，使得天與人在本體論上實現了完全的統一。不管在早年的「定性」工夫與後來的「識仁」工夫中，程顥都體現出工夫本體合二爲一的、圓頓的工夫特點。

分析張載與程顥的差異與會通之後，可以得出這樣的結論，即他們之間雖然特點不同，但也時有會通，最重要的是他們「各有其立根處。」〔註 91〕其實，這反映出張載、程顥從各自的探索出發對儒家天人關係作出了新的詮釋與發展，使儒家思想更精密化、系統化。

---

〔註 81〕　張載：《張載集》，第 22 頁。
〔註 82〕　張載：《張載集》，第 10 頁。
〔註 83〕　張載：《張載集》，第 64 頁。
〔註 84〕　張載：《張載集》，第 22 頁。
〔註 85〕　張載：《張載集》，第 21 頁。
〔註 86〕　張載：《張載集》，第 235 頁。
〔註 87〕　程顥、程頤：《二程集》，第 424 頁。
〔註 88〕　程顥、程頤：《二程集》，第 14 頁。
〔註 89〕　程顥、程頤：《二程集》，第 30 頁。
〔註 90〕　程顥、程頤：《二程集》，第 31 頁。
〔註 91〕　唐君毅：《中國哲學原論·原教篇》，第 84 頁。

## 第三節　程頤對張載氣論之批評

　　相對於程顥重在對張載天人關係的評說而言，程頤卻對張載氣論與自然現象的評論更多。程頤通過批評張載的氣不滅論，一方面提出「氣有生滅」的觀點，另一方面提出了「眞元之氣」的觀點。

　　程頤提出「氣有生滅」的觀點。對於氣的生滅問題，張載主張「氣不滅」論。他說：「物既消爍，氣復升騰」。〔註 92〕這就是說，張載認爲當生物消失的時候，自身的氣又轉化爲另一種能量而繼續存在。又說：「形聚爲物，形潰反原。」〔註 93〕在張載看來，只有事物有生死存亡，而「氣」卻不存在生死的問題。氣只有各種各樣的轉化形式，但卻無生滅。程頤反對張載的這一觀點，並從以下方面對此提出批評。首先，程頤從有形無形的角度區別理與氣，進而認爲理無生滅，氣有生滅。他說：「心所感通者，只是理也。知天下事有即有，無即無，無古今前後。至如夢寐皆無形，只是有此理。若言涉於形聲之類，則是氣也。物生則氣聚，死則散而歸盡。有聲則須是口，既觸則須是身。其質既壞，又安得有此？乃知無此理，便不可信。」〔註 94〕這就是說，心所感通的只有無形之理，一旦涉及到形、聲之類的都屬於有形的，都是氣。萬物生成的時候就是氣聚的表現，萬物死亡之後，氣則消失散盡。這裏暗含著，理無生滅，氣有生滅的思想。其次，程頤認爲，萬物之生在於「道」（同「理」），並非「氣」。他說：「道則自然生萬物。今夫春生夏長了一番，皆是道之生，後來生長，不可道卻將既生之氣，後來卻要生長。道則自然生生不息。」〔註 95〕萬物生生不息源於道的生生不息，而不是氣的生生不息。再次，基於以上兩點，程頤認爲張載氣無生滅的說法是錯誤的，提出「氣有生滅」的觀點。程頤說：「近取諸身，百理皆具。屈伸往來之義，只於鼻息之間見之。屈伸往來只是理，不必將既屈之氣，復爲方伸之氣。生生之理，自然不息。如復言七日來復，其間元不斷續，陽已復生，物極必反，其理須如此。有生便有死，有始便有終。」〔註 96〕認爲萬物有生就有死，世間有始便有終，永恒存在的只有「理」而已。又說：「若謂既返之氣復將爲方伸之氣，必資於此，

---

〔註 92〕張載：《張載集》，第 178 頁。
〔註 93〕張載：《張載集》，第 66 頁。
〔註 94〕程顥、程頤：《二程集》，第 56 頁。
〔註 95〕程顥、程頤：《二程集》，第 149 頁。
〔註 96〕程顥、程頤：《二程集》，第 167 頁。

則殊與天地之化不相似。天地之化，自然生生不窮，更何復資於既斃之形，既返之氣，以爲造化？近取諸身，其開闔往來，見之鼻息，然不必須假吸復入以爲呼。氣則自然生。人氣之生，生於眞元。天之氣，亦自然生生不窮。至如海水，因陽盛而涸，及陰盛而生。亦不是將已涸之氣卻生水。自然能生，往來屈伸只是理也。盛則便有衰，晝則便有夜，往則便有來。天地中如洪爐，何物不銷鑠了？」〔註97〕程頤認爲「氣」是不能由「既返」變爲「方伸」，而天地造化所以能生生不窮，往來屈伸的只是「理」。這等於說「理」是造化者，天地造化之理，就是形成氣所以生滅，以至萬物存在、變化之所以然的原因。總之，程頤認爲氣是有生滅的，理（道）才是生生不息的存在。

　　程頤提出「眞元之氣」的理論。他說：「眞元之氣，氣之所由生，不與外氣相雜，但以外氣涵養而已。若魚在水，魚之性命非是水爲之，但必以水涵養，魚乃得生爾。人居天地氣中，與魚在水無異。至於飮食之養，皆是外氣涵養之道。出入之息者，闔闢之機而已。所出之息，非所入之氣，但眞元自能生氣，所入之氣，止當闢時，隨之而入，非假此氣以助眞元。」〔註98〕在這裏，眞元之氣與人氣之間的關係，被認爲是所謂的形而上與形而下之間的關係，前者爲後者之根源，後者爲前者所涵養。〔註99〕程頤認爲，就人的生命中之呼吸來說，吸入的氣能夠滋養生命，也偶爾進入元氣，但元氣是來自於眞元，並非來自於吸入的氣，而且呼出的氣並不等同於吸入的氣。同樣，宇宙和自然界也能夠通過其自身的調節而不依賴外在原因，便能永無止息地產生生命，這就是理的作用。理是事物發展所必然遵循的原則。也就是說，程頤認爲我們所見的世界是爲理所主宰的，或用一種更好的表達，是爲理所顯現的，開闔、往來、屈伸以及生生不息的方式，都是某種理的作用。張載所謂的氣化世界，在程頤看來都是理化世界。

---

〔註97〕程顥、程頤：《二程集》，第 148 頁。《程氏粹言》，子曰：凡物既散則盡，未有能復歸本原之地也。造化不窮，蓋生氣也。近取諸身，於出入息氣見闔闢往來之理。呼氣既往，往則不返，非吸既往之氣而後爲呼也。（心性篇）《二程集》第 1253 頁。

〔註98〕程顥、程頤：《二程集》，第 165～166 頁。《程氏粹言》子曰：眞元之氣，氣所由生，外物之氣，不得以雜之；然必資物之氣而後可以養元氣，本一氣也。人居天地一氣之中，猶魚之在水，飮食之眞味，寒暑之節宣，皆外氣涵養之道也。《程氏粹言》（心性篇）《二程集》第 1261 頁。

〔註99〕侯外廬等著《宋明理學史》認爲二程這個說法「不但與道家的說法一致，而且接受了道教胎息說的影響。」第 148 頁。

程頤對張載氣論的批評，一方面，反映出程頤與張載在氣論方面存在的差異（程頤對張載的「氣論」也存在誤讀的成分）；另一方面，程頤的氣論消解了張載氣論中的「大輪迴」色彩。張載的氣不滅論確實與佛教的「輪迴」學說有相似之處。朱熹說：「橫渠闢釋氏輪迴之說。然其說聚散屈伸處，其弊卻是大輪迴。蓋釋氏是個個各自輪迴，橫渠是一發和了，依舊一大輪迴。」〔註100〕程頤以理的不生不滅代替了氣的不生不滅，確實更具說服力。程頤對張載氣論的評論提出了一種預示，即如何合理地界說「理氣關係」將是之後理學家所面臨的重要課題。

另外，因爲張載重視宇宙生化，自然現象，程頤與關學弟子對自然現象也多有討論：大體涉及鬼神、雲雨、香聲、坎離等。〔註101〕由於這些涉及的多屬自然科學，此處不作贅述。

---

〔註100〕黎靖德：《朱子語類》（朱子全書本），第3335頁。

〔註101〕《二程集》中記載以下若干條，正叔言：「蜥蜴含水，隨雨雹起。」子厚言：「未必然。雹儘有大者，豈盡蜥蜴所致也？今以蜥蜴求雨，枉求他，他又何道致雨？」正叔言：「伯淳守官南方，長吏使往茅山請龍，辭之，謂祈請鬼神，當使信嚮者則有應，今先懷不信，便非義理。既到茅山巖，勑使人於水中捕得二龍，持之歸，並無他異，復爲小兒玩之致死。此只爲魚蝦之類，但形狀差異，如龍之狀爾。此蟲，廣南亦有之，其形狀同，只齧人有害，不如茅山不害人也。」《二程集》，第112頁。蘇昞錄橫渠語云：「和叔言香聲。橫渠云：『香與聲猶是有形，隨風往來，可以斷續，猶爲粗耳。不如清水。今以清冷水置之銀器中，隔外便見水珠，曾何漏隙之可通？此至清之神也。』先生云：『此亦見不盡，卻不說此是水之清，銀之清。若云是水，因甚置瓷椀中不如此。」《二程集》，第265頁。問：「張子曰：『陰陽之精，互藏其宅』，然乎？」曰：「此言甚有味，由人如何看。水離物不得，故水有離之象。火能入物，故火有坎之象。」《二程集》，第394頁。張子《正蒙》云：「冰之融釋，海不得而與焉。」伊川改「與」爲「有」。《二程集》，第443頁。

# 第七章　二程對張載心性思想之評說與繼承

　　心性問題是道學創立時期的關鍵問題之一。也是張、程探討的核心問題之一，二程對張載心性思想的評說與繼承大體可以概括為三方面，一、二程對張載心性思想的批評與借鑒，二、程頤對張載「知論」的繼承，三、程頤對張載「命遇」之評說及二者「義命」思想之會通。

## 第一節　二程對張載心性關係之評說與借鑒

### 一、張載、二程心性論概要

　　為了對張、程心性思想關係所涉及的內容給予清晰的分析，需要先介紹張載與二程的心性思想，以便為我們說明其心性關係作鋪墊。

　　張載心性論概要。首先，性在張載哲學體系中的定位。性在張載哲學中是一個大範疇，它既包含人性，也包括物性，它是生成萬物的根源之一。張載說：「性者萬物之一源，非有我之得私也。」〔註1〕這是強調並非只有人具備性，物也具備性，性為人物所共有，是人物生成的根據之一。性之所以是生成萬物的根據之一在於它是「合虛與氣」而產生的。「合虛與氣，有性之名」是張載為其性觀的一個定位。這說明性是太虛本體與氣相即不離互相作用的結果。這涉及到太虛與性的關係問題。張載說：「至靜無感，性之淵源」，〔註2〕「性通極

〔註1〕 張載：《張載集》，第21頁。
〔註2〕 張載：《張載集》，第7頁。

於無」。〔註3〕這就是說，太虛本體是性的根源，性的本原是太虛。所謂「性者萬物之一源」是指太虛本體下移到性就開始生成萬物，而萬物的終極根源則是太虛本體。這就說明性雖然是生成萬物的根源，但卻不是最終根源。性在張載哲學中是處於太虛（天）之下的次級範疇。

其次，張載二重結構的人性論。張載將人性劃分爲天地之性和氣質之性二重結構。〔註4〕關於天地之性，一、張載認爲天地之性具有至善與恒久的特徵。他說：「性之本源，莫非至善」。〔註5〕「天地之性，久大而已矣。」〔註6〕他認爲天地之性是一種久大永恒的純善之性；是湛然純粹的本然狀態。二、張載認爲天地之性是體現天道的。所以說：「性與天道不見乎小大之別」、「性與天道合一」。〔註7〕關於氣質之性，一、張載認爲氣質是指由氣構成的生物實體，它既包括人又包括物。他說：「氣質猶人言性氣，氣有剛柔、緩速、清濁之氣也，質，

〔註 3〕 張載：《張載集》，第 64 頁。
〔註 4〕 關於天地之性與氣質之性二重結構人性論是誰最早提出，在學界存在分歧。有的人認爲是來自道教張伯端的思想；有的人認爲是張載所獨創。侯外廬、邱漢生、張豈之三先生主編的《宋明理學史》中有這樣的論述：「張載關於『天地之性』與『氣質之性』的劃分，是否爲他的獨創，很難作出確切的判斷。與張載同時的道教金丹派創始人張伯端（公元 984～1082 年）也有同樣的說法：『形而後有氣質之性，善反之，則天地之性存焉。自爲氣質之性所蔽之後，如以雲掩月，氣質之性雖定，先天之性則無有。然元性微而質性彰，如君臣之不明而小人用事以蠹國也。且父母構形而氣質具於我矣，將生之際而元性始入。父母以情而育我體，故氣質之性每寓物而生情焉。今則徐徐除，至於氣質盡而本元始見，本元見後可以用事無他。』（《道藏洞眞部・方法類・玉清金笥青華秘文金寶內煉丹訣》卷上，第八。）這段話的首句，與張載所言幾乎相同，但他關於『天地之性』（或稱『本元之性』）與『氣質之性』相互關係的論述，卻不如張載講得那麼深入，很可能張載受了他的影響。」（見《宋明理學史》，第 112 頁）。常裕、孫堯奎對張載二重人性論的劃分作了詳細考證，他們認爲：張載《正蒙》成書早於張伯端《玉清金笥青華秘文金寶內煉丹訣》（以下簡稱《青華秘文》）。張伯端著《青華秘文》，目的是爲了說明和補充《悟眞篇》的，其較《悟眞篇》思想更加完備。張伯端「至熙寧己酉歲（1069 年），82 歲時始於成都遇異人授以丹訣，乃著《悟眞篇》」，即使在熙寧己酉歲張伯端歸於故山，十年後也已是元豐二年，可見，《青華秘文》的成書時間最早也不超過元豐二年（1079 年）。而張載於熙寧十年（1077 年）已去世，決不會見到《青華秘文》一書。（見《張載心性理論對張伯端內丹學說的影響》，山西大學學報（哲學社會科學版），1999 年第 3 期）。以上兩種觀點論證仍不夠充分，關於這一分歧，還有待於進一步研究。
〔註 5〕 林樂昌：《張載佚書孟子說輯考》，《中國哲學史》，2003 年第 4 期。
〔註 6〕 張載：《張載集》，第 24 頁。
〔註 7〕 張載：《張載集》，第 20 頁。

才也。氣質是一物，若草木之生亦可言氣質。」〔註 8〕「大凡寬褊者是所稟之氣也，氣者自萬物散殊時各有所得之氣。」〔註 9〕由於氣擴散開來的狀態萬殊不一，所以人物所稟受的氣也不一樣，形成的事物也千差萬別，氣質之性呈現特殊性。二、張載認爲「形而後有氣質之性」，是說形體形成之後才產生氣質之性。三、從善惡的角度講，氣質之性是善惡相間的狀態。這是張載爲解決現實人性中惡的問題而提供的依據。這裏需要特別強調的是，張載承認氣質之性有合理的一面，即善的一面。例如，他說：「飲食男女皆性也，是烏可滅。」〔註 10〕氣質之性含有攻取之性，〔註 11〕如「攻取，氣之欲。」〔註 12〕這就是說在張載看來，飲食男女這些自然本性屬於氣質之性中合理的一面，這個不可滅，否則，將與佛教一樣要「絕棄人倫」。但是，張載更強調天地之性作爲道德內在根據的重要性，所以，不能離開天地之性說氣質之性。關於天地之性與氣質之性

---

〔註 8〕 張載：《張載集》，第 281 頁。

〔註 9〕 張載：《張載集》，第 329 頁。

〔註 10〕 張載：《張載集》，第 63 頁。

〔註 11〕 關於氣質之性與攻取之性的關係學界有三種說法：一、氣質之性就是攻取之性；馮友蘭先生認爲氣質之性又稱攻取之性。氣質之性是形之欲的根本，人因形體而有的欲求，如飲食男女等，都是氣質之性。見《中國哲學史新編》（五），第 142 頁。侯外廬先生認爲氣質之性猶言生物由物質本性所決定的生理本能、生存本能。……表現在人身上就是人對物質生活的欲望……攻取之性。見《宋明理學史》，第 110 頁。龔傑先生認爲氣質之性就是指生物由物質本性所決定的生理本能。氣質之性又叫氣之欲，攻取之性。見《張載評傳》，第 91～92 頁。二、氣質之性並非攻取之性：程宜山先生認爲攻取之性並非氣質之性，氣質指人的性格，智力、才能及道德品質而言，攻取之性，乃指人的飲食男女之類的物質需求。攻取之性包括在天地之性的範圍內。見《張載哲學的系統分析》，第 78 頁。三、氣質之性包括攻取之性。丁爲祥先生認爲氣質之性就是人的氣秉形賦之性，從實然的角度看，它主要表現爲「心理、生理、生物三串現象之結聚。」所謂生物之性，即氣之屈伸動靜之性；從究極意義上看，它也就是所謂最一般的物性。所謂生理之性，即氣的攻取之性，在植物表現爲「陰陽升降」，在動物表現爲「呼吸」、「聚散」，對於人則表現爲「口腹於飲食，鼻舌於臭味」的飲食男女之性，這是人和動物（包括植物等低級生命）所共有的性。至於心理之性，則主要存在於人和高等動物之間，如由氣之偏全所決定的性之向好（脾性）、剛柔（質性）、強弱（體性）、智愚（智性）、才不才（才性）等，其雖以人的表現爲典型，但仍然是人和動物所共有的。所以，氣質之性是一個外延非常廣闊的概念，它既可以指一般的物性，又可以涵蓋人遠離動物的理智之性。見《虛氣相即》，第 123～124 頁。本文傾向於第三種觀點，氣質之性包括攻取之性，飲食男女這些自然本性屬於氣質之性中合理的一面。

〔註 12〕 張載：《張載集》，第 22 頁。

的關係，張載說：「天所性者通極於道，氣之昏明不足以蔽之。」〔註13〕「形而後有氣質之性，善反之則天地之性存焉。故氣質之性，君子有弗性者也焉。」〔註14〕在人性的二重結構中，天地之性的終極根源是天道，不管氣質是昏是明都不能遮蔽它的本然存在；張載認爲君子是不會把氣質之性作爲道德的根據，君子應該通過「返」的工夫去實現天地之性，只有天地之性才可以作爲道德的根據。〔註15〕

再次，「心」在張載思想體系中的定位。張載說：「合性與知覺，有心之名」。這是張載對「心」的定位。由此看出，張載對心的規定也具有二重結構，他還說「有無一，內外合，（庸聖同），此人心之所自來也。」〔註16〕這裏的有無一體，指的是性，內外結合指的是知覺，無論常人之心，還是聖人之心，都來源於性與知覺的結合。這就是說張載所謂的心包括道德之心和知覺之心兩個層面。

最後，張載的心性關係。張載從兩個方面處理性、心之關係。一方面，從本體的角度而言，張載認爲性對心有決定作用和導向作用。決定作用表現在：第一從心的來源看，張載認爲心產生於性與知覺的結合，這裏性對心的決定作用不言而喻。張載還說；「性，原也；心，派也。」〔註17〕「不知以性成身」必不知「心所從來而後能」。〔註18〕心是性派生的，性對心有決定作用。第二從性與心二者的範圍看，張載認爲「性又大於心」。〔註19〕也就是說性比心的範圍要寬泛。總之，張載認爲性是本原，性高於心。第三性對心還有導

---

〔註13〕張載：《張載集》，第 21 頁。
〔註14〕張載：《張載集》，第 23 頁。
〔註15〕張載二重結構人性論的提出爲儒家人性論思想做出重大貢獻。朱熹認爲：「氣質之說……起於張、程，某以爲極有功於聖門，有補於後學，讀之使人深有感於張、程，前此未曾有人說到此。」（《朱子語類》卷四，第 200 頁）。高度評價了張載的人性論思想。勞思光先生說：張氏對於「性」之理論，影響甚大，蓋「性」觀念之二分，始於張氏。見《新編中國哲學史》（三上），第 137 頁。陳植鍔先生認爲：張載性二元論差不多囊括了前此一切性學研究的不同觀點，在性學史上起到了既總其成又以新面目出現的特殊作用。見《北宋文化史述論》，第 246 頁。這些都說明張載二重結構人性論確實解決了儒學人性論史上的一個長期以來的難題。
〔註16〕張載：《張載集》，第 63 頁。
〔註17〕林樂昌：《張載佚書孟子說輯考》，《中國哲學史》，2003 年第 4 期。
〔註18〕張載：《張載集》，第 25 頁。
〔註19〕張載：《張載集》，第 311 頁。

向作用。因人稟受氣之薄厚清濁之不同而產生的「氣質之性」，爲現實人性的善惡提供理論依據，但它不是人的本然之性；根源於太虛本體的純然的天地之性，爲理想人性提供內在道德根據，此性乃是人之所以爲人的眞正所在，實現它，人方可稱爲人。這樣，性就爲心確立了道德原則和價值導向。另一方面，從道德修養，即工夫角度而言，張載特別強調心對性的能動作用和自覺意識。雖說「性者萬物之一源，非有我之得私也」，「然天地之性人爲貴」，〔註20〕貴就貴在人的能動性和自覺性。心作爲性與知覺的統一有兩方面的強調。就性而言，張載賦予心一種先天的道德屬性；就知覺而言，張載強調人的知覺的重要性。因爲只有人能通過自己的活動來實現、完成本性的要求。張載還說「心能盡性，『人能弘道』也；性不知檢其心，『非道弘人』也。」〔註21〕這裏強調心對性的能動作用，就是說在爲學努力的過程中，心能夠自覺省察和體悟性所賦予的本體論根據，並盡力實現和弘揚天道的原理。當心完全實現了天地之性的要求，則達到了心性合一的程度。牟宗三先生說：張載言心，有心理學的心，更有超越的道德本心，必見到它的主動性，純一性與虛明性，方算是見到心。心之知象由物交之聞見而顯，但滯於聞見與不滯於聞見，卻是聖凡之關鍵。在這關鍵上，即有盡心知性之工夫在。這不是知識的問題，乃是道德心靈是否能躍起之問題。〔註22〕

程顥心性論概要。首先，性在程顥思想體系中的定位。與張載從天道下放、心性上達的雙向結構中界定性、心不同，程顥所謂的性是天理的自然流行，也是既包括人性又包括物性。就人性而言，則是天理對人的稟賦。他說：「蓋上天之載，無聲無臭，其體則謂之易，其理則謂之道，其用則謂之神，其命於人則謂之性，率性則謂之道，修道則謂之教。」〔註23〕這就是說，天理在人身上的體現就是性。在程顥的人性論中有兩個比較突出的地方。第一，程顥借用告子「生之謂性」的命題強調性與生之間的密切關係。他說：「『生之謂性』，性即氣，氣即性，生之謂也。人生氣稟，理有善惡，然不是性中元有此兩物相對而生也。有自幼而善，有自幼而惡，是氣稟有然也。善固性也，然惡亦不可不謂之性也。蓋『生之謂性』、『人生而靜』以上不容說，才說性

〔註20〕林樂昌：《張載佚書孟子說輯考》，《中國哲學史》，2003 年第 4 期。
〔註21〕張載：《張載集》，第 22 頁。
〔註22〕牟宗三：《心體與性體》，第 470 頁。
〔註23〕程顥、程頤：《二程集》，第 4 頁。

時，便已不是性也。凡人說性，只是說『繼之者善』也，孟子言人性善是也。」
〔註24〕這裏所說的「借用」告子的命題在於，「生之謂性」是告子提出的，告
子所說的「生之謂性」，重點強調人與動物所共有的自然屬性的一面。程顥所
說的「生之謂性」，是由本然的天命之性發育流行而自然呈現出來的狀態，這
種呈現即有飲食男女自然屬性的一面，也有仁義禮智社會屬性的一面。程顥
在其自己的義理系統中認可了告子的「生之謂性」說，或者說，程顥通過他
自己的詮釋，已賦予了「生之謂性」以嶄新的內容。〔註25〕在程顥看來，凡
言「生」者必須連著「所生」來談，故他說「人生而靜以上不容說」。此「不
容說」，指的是在人物未生的時候，天命之性即無所表現，甚至連「性」這一
名字也無由確立。因此，我們只能就「已生」處言性，即在具體的「所生」中
體察此天命之性。而既要就所生之物來談性，勢必要涉及到「氣」的問題，
這裏的「性即氣，氣即性」也只能是「圓頓之表示」，即表示氣外無性、性外
無氣。程顥認爲本然之性只有通過氣稟才可能被我們所領會，離此氣稟也就
談不上本然之性，因而說性即是氣，氣即是性。程顥雖然沒有直接將性劃分
成天地之性與氣質之性，生之謂性與「人生而靜以上」的劃分已經隱含了天
命之性和氣質之性的二分，可以說，程顥認爲本然之性就蘊含在氣質之性之
中。從本然的根源處說，性是天命之性，是具超越性的本體；從實然的經驗
世界說，本然之性只是潛存在氣質之中。比起張載分解地講，程顥是圓頓地
講。第二，程顥認爲性無善惡。程顥曾說過：「天下善惡皆天理，謂之惡者未
本惡，但或過或不及便如此，如楊、墨之類。」〔註26〕程顥在這裏不是要用
善惡來指狀天理之屬性，而是認爲理有無所不包的涵容性。在此意義上說，
善惡皆天理，只說的是善惡皆共同地來之於天理這一本源。在程顥看來，「善」
更具有一種原初性，而惡只是善的缺失與偏頗而已。善惡只代表著氣之「精」

〔註24〕程顥、程頤：《二程集》，第 10 頁。龐萬里認爲此句爲程顥語。見《二程哲學
　　　體系》，北京：航空航天大學出版社，1992 年，第 347 頁。

〔註25〕與程顥不同，張載則明確反對告子「生之謂性」之說，他說「以生爲性，既
　　　不通晝夜之道，且人與物等，故告子之妄不可不詆。」《張載集》，第 22 頁。
　　　張載認爲，僅僅把人的生理和自然屬性看作人的本性，既不懂得宇宙生生不
　　　息的創生之道，把人與物等量齊觀，是不可取的。人要以天地之性作爲人的
　　　本性，而決不能像告子那樣完全把氣性或物性作爲人的本性。張載與程顥雖
　　　然對告子的觀點持的是兩種截然相反的觀點，但從本質上而言，他們都看重
　　　人通過道德實踐去實現天賦予人的本性。

〔註26〕程顥、程頤：《二程集》，第 14 頁。

或「雜」之不同，稟得中正精一之氣，是爲善；氣有所偏有所雜，是爲過或不及，所謂的惡，只是過與不及而已。程顥認爲性無所謂善惡，或者說性超乎善惡之對待。善惡作爲一價值判斷，只是從本然之性中派生而來，非性之本身。其次，程顥對「心」的定位。程顥明確提出「心即理」的命題。這即是說，天理、性、心都是同一層面的概念。因爲「心具天德」，此心便不是一個實體的心，而是具有與「天理」同等地位的本體意義的「心」。程顥說：「曾子易簀之意，心是理，理是心，聲爲律，身爲度也。」〔註 27〕以曾子「易簀之意」引出「心即理」的命題，其意正顯示了天理貫通於心靈、踐行活動、人倫日用的整體意義。再次，程顥心性關係論。程顥的心性關係就是「心性合一」。「只心便是天，盡之便知性」是程顥「心性合一」思想最突出的表達。只心便是天，意味著人心就是天地之心，聖人能夠完全實現天地之心的要求，所以天地之心就是聖人之心。他說：「心具天德，心有不盡處，便是天德處未能盡，何緣知性知天？盡己心，則能盡人盡物，與天地參，贊化育。」〔註 28〕聖人做到盡己之心，所以只心便是天。〔註 29〕

　　程頤心性思想概要。首先，性在程頤思想體系中的定位。「性即理」，是程頤對性的明確定位。他說：「性即是理」，〔註 30〕又說：「性即理也，所謂理，性是也。」〔註 31〕這意味著程頤將性提到了與理一樣的高度來論證，性與理屬同一個層面。其次，二重結構人性論。程頤說：「性字不可一概論。『生之謂性』，止訓所稟受也。『天命之謂性』，此言性之理也。今人言天性柔緩，天性剛急，俗言天成，皆生來如此，此訓所稟受也。若性之理也，則無不善，日天者，自然之理也。」〔註 32〕又說：「性即是理，理則自堯、舜至於途人，一也。才稟於氣，氣有清濁。稟其清者爲賢，稟其濁者爲愚。」〔註 33〕這表明程頤用二重結構人性論解釋人性善惡問題。人性不能一概而論在於：從本源的角度講，性是純善無惡的；但就現實層面而言，人受氣稟的影響產生善

〔註 27〕　程顥、程頤：《二程集》，第 139 頁。
〔註 28〕　程顥、程頤：《二程集》，第 78 頁。
〔註 29〕　程顥雖然沒有給我們一個明確的命題，告訴我們心性關係爲何，但我們可以從他的思想中合理地推出，本心就是性體，本心生生不已，則此性也是生生不已，心性不二。見郭曉東：《識仁與定性》，第 108 頁。
〔註 30〕　程顥、程頤：《二程集》，第 204 頁。
〔註 31〕　程顥、程頤：《二程集》，第 292 頁。
〔註 32〕　程顥、程頤：《二程集》，第 313 頁。
〔註 33〕　程顥、程頤：《二程集》，第 204 頁。

惡之分。在程頤看來，「生之謂性」是從氣質之性的角度言性；而天命之性則是從天理的角度言性。這就是說，程頤接受了張載關於二重結構人性論的劃分，〔註34〕只是他將張載的「天地之性與氣質之性」改爲「天命之性與氣質之性」。再次，程頤的心性關係論。程頤的心性關係較爲複雜。大體而言，一方面，程頤與程顥有一些相似的話頭，例如：「在天爲命，在人爲性，論其所主爲心，其實只是一個道」〔註35〕又如：「在天爲命，在義爲理，在人爲性，主於身爲心，其實一也」。〔註36〕這似乎表明程頤主張「心性合一」，但具體解析起來卻並非如此。這句引文說明程頤認爲形上本體，就其本身而言，則是命；就其表現爲價值判斷而言，則在理；就其在人之稟受而言，則爲性；就其如何稟受而言，則爲心。這其實是說，心只是道表現的一個方面，並不是最高之主體。程頤又說：「心一也，有指體而言（原注：寂然不動是也），有指用而言（原注：感而遂通天下之故是也），惟觀其所見如何耳。」〔註37〕這又說明程頤是將心做體用兩層結構劃分：一是形而上，即心之體；一是形而下，即知覺作用之心。《遺書》記載程頤與弟子的一段對話：問：「心有限量否？」曰：「論心之形，則安得無限量？……以有限之形，有限之氣，苟不通之以道，安得無限量？孟子曰：『盡其心，知其性。』心即性也。在天爲命，在人爲性，論其所主爲心，其實只是一個道。苟能通之以道，又豈有限量？天下更無性外之物。」〔註38〕這裏雖然提出「心即性」的命題，但是就此段而言，明確包涵兩層意思。第一、就形氣上來說心，心是有限量的。人如果不知自省心靈之體，便會拘於氣性，滯於對象，障蔽性體之顯現，心不能盡性，此時「心性爲二」。第二、就心之本然上說心，心性合一。這就需要一個前提條件，即心必須能做到「通之以道」，才可以無限量。《遺書》又載程頤與弟子的一段對話，問：「盡己之謂忠，莫是盡誠否？」「既盡己，安有不誠？盡己則無所不盡。如孟子所謂盡心。」曰：「盡心莫是我有惻隱羞惡如此之心，能盡得，便能知性否？」曰：「何必如此數，只是盡心便了。才數著，便不盡。（如數一百，少卻一便爲不盡也。）大抵稟於天曰性，而所主在心。才盡心

---

〔註34〕勞思光先生認爲：伊川此種觀點其實是自橫渠分「天地之性」與「氣質之性」而來。見《新編中國哲學史》（三上），第178頁。

〔註35〕程顥、程頤：《二程集》，第204頁。

〔註36〕程顥、程頤：《二程集》，第204頁。

〔註37〕程顥、程頤：《二程集》，第609頁。

〔註38〕程顥、程頤：《二程集》，第204頁。

即是知性，知性即是知天矣。」（羅本以爲呂與叔問。）〔註39〕就是說盡心是知性的前提，「心性合一」是在這一前提下實現的。將不同前提下的「心性爲一」與「心性爲二」綜合起來，才是程頤心性關係之全貌。

## 二、二程對張載心性關係之評說與借鑒

二程對張載心性關係的批評有兩段較有代表性的話：

「嘗喻以心知天，猶居京師往長安，但知出西門便可到長安。此猶是言作兩處。若要誠實，只在京師，便是到長安，更不可別求長安。只心便是天，盡之便知性，知性便知天（一作性便是天），當處便認取，更不可外求。」〔註40〕

正叔言：「不當以體會爲非心，以體會爲非心，故有心小性大之説。聖人之神，與天爲一，安得有二？至於不勉而中，不思而得，莫不在此。此心即與天地無異，不可小了佗，不可將心滯在知識上，故反以心爲小。」（時本注云：「橫渠云：『心禦見聞，不弘於性。』」）〔註41〕

程顥所說的：「嘗喻以心知天，猶居京師往長安……只在京師，便是到長安」的例子正是其「心性合一」思想的最好表述。程顥以此爲喻，在於批評張載將心性二分，然後通過一系列工夫去「知天」，過於周折。本來天理內在於心，心能包括世界上的萬事萬物，只要在心上反省內求，就可以認識和把握天理。在程顥看來，心性本一，京師就是長安，不用在心之外，再去求一個所謂的「性」。程顥強調的是在當下的行爲中領悟本心的呈現，而不要去向外求索。天理天道已在胸中，故而「更不可外求」。程顥認爲「耳目能視聽而不能遠者，氣有限耳，心則無遠近也。」〔註42〕人的視覺聽覺所得到的東西是有限的，而人們的「心」則是無限的，這裏所謂的心就是「心即理」之心，是本然之心。人是天地萬物的中心，人心是萬物生機的集中表現。當然，程顥對張載心性關係的批評，本身並不排斥其對張載在「天人合一」境界上所實現的心

〔註39〕程顥、程頤：《二程集》，第208頁。
〔註40〕程顥、程頤：《二程集》，第15頁。
〔註41〕程顥、程頤：《二程集》，第22頁。《程氏粹言》記載，子曰：體會必以心。謂體會非心，於是有心小性大之説。聖人之心，與天爲一。或者滯心於智識之間，故自見其小耳。《程氏粹言》（心性篇）《二程集》第1261頁。
〔註42〕程顥、程頤：《二程集》，第119頁。

性合一的思想，但是，在程顥看來，這有可能使人對自身本心的體悟引導到向外求索的方向，所以，他特別強調「心即理」、「不可外求」等。相較於張載的心性關係論，程顥的顯得更爲簡易。這再一次體現出他們思想的不同風格。

如果說，張載與程顥的心性關係論存在較大差異，那麼，張載與程頤的心性關係論卻更爲相近，即「心性合一」都是在工夫的前提下實現的。以下通過對引文第二段的分析說明他們的相近之處。程頤說：「不當以體會爲非心，以體會爲非心，故有心小性大之說」主要是批評張載的「心小性大」之說。「心小性大」之說出自《張子語錄》，張載說「盡天下之物，且未須道窮理，只是人尋常據所聞，有拘管局殺心，便以此爲心，如此則耳目安能盡天下之物？盡耳目之才，如是而已。須知耳目外更有物，盡得物方去窮理，盡了心。性又大於心，方知得性便未說盡性，須有次敘，便去知得性，性即天也。」〔註43〕這主要體現張載修養工夫的次第，知性與盡性是兩個層次，當心有局限不能盡性時，就是「性大心小」的表現。程頤反對張載的心小性大之說，他講「不當以體會爲非心」，在於批評張載將心、性分爲二。這裏看似是差別，細緻分析卻並非然。程頤接著說「聖人之神，與天爲一，安得有二？」這明確的表示，只有聖人才做到了「合二爲一」。也就是說心性合一是在工夫前提下才實現的。這與張載在「天人合一」境界上所達到的心性合一恰好是一致的。張載一方面說「性大心小」；另一方面特別強調破除心的局限性，他所謂的「性又大於心」的心是滯在見聞上的知覺之心，不是能充分體現性之要求的道德本心。也就是說「心之盡性之功未至，則性大心小」。〔註44〕張載一再強調不能將心滯在見聞上，他說：「人本無心，因物爲心，若只以聞見爲心，但恐小卻心。」〔註45〕又說：「有無一，內外合，庸聖同。此人心之所自來也。若聖人則不專以聞見爲心，故能不專以聞見爲用。」〔註46〕這與程頤所說的「此心即與天地無異，不可小了它，不可將心滯在知識上，故反以心爲小。」（時本注云：「橫渠云：『心禦見聞，不弘於性。』」）〔註47〕也是一致

---

〔註43〕張載：《張載集》，第311頁。

〔註44〕唐君毅：《中國哲學原論·原教篇》，第81頁。

〔註45〕張載：《張載集》，第333頁。

〔註46〕張載：《張載集》，第63頁。

〔註47〕程顥、程頤：《二程集》，第22頁。《程氏粹言》記載，子曰：體會必以心。謂體會非心，於是有心小性大之說。聖人之心，與天爲一。或者滯心於智識

的。注文中的引語來自張載《正蒙‧大心篇》曰：「利者爲神，滯者爲物。是故風雷有象，不速於心，心禦見聞，不弘於性。」〔註48〕說的是心被見聞所限制，不能實現天性的要求。雖然，程頤的話是以批評的口吻說出，但是所表達的內涵卻與張載的意思一致。爲了破除心的局限，張載主張「大其心」。他說：「以有限之心，止可求有限之事；欲以致博大之事，則當以博大求之，知周乎萬物而道濟天下也。」〔註49〕又說：「大其心則能體天下之物，物有未體，則心爲有外。世人之心，止於聞見之狹。聖人盡性，不以見聞梏其心，其視天下無一物非我，孟子謂盡心則知性知天以此。天大無外，故有外之心不足以合天心。見聞之知，乃物交而知，非德性所知；德性所知，不萌於見聞。」〔註50〕人本一心，無所謂大小，「世人之心止於聞見之狹而不能盡，所以小也；聖人窮理盡性，不以見聞梏桎其心，故心大。心大而視天下之物無一物非我分內，故能體天下之物而無外。……心大則性無不盡而與天合德也。」〔註51〕「大其心」就是要充分擴展人的主體自覺性，以道德修養工夫爲前提，內省感悟天賦予人的純善本性；體物就是認識事物的本性和本質。也就是說只有做到大心才能夠認識和體悟天下萬物的本性。張載的「大其心」根本是要從「見聞之狹」中解放出來。〔註52〕這是因爲：一、世人之心受到見聞之知的局限，二、人受到私己的牽制。因爲「惟於私己然後昏而不明」，〔註53〕所以「人常脫去己身則自明」。〔註54〕「見聞之狹」與「私己」遮蔽了人們對事物的正確認識，道德修養工夫「大心」就成爲能否「體天下之物」的至關重要的因素。程頤很贊同張載的「大心」說，他說：「人須知自慊之道。自慊者，無不足也。若有所不足，則張子厚謂『有外之心，不足以合天心』者也。」〔註55〕天地本無心，人心就是天地心。有外之心則導致體用殊絕，天人殊途。聖人之心與天地萬物合。由上可知，張載、程頤都反對「見聞之狹」與「私己之累」，都主張通過修養工夫實現心性合一，心性合一的境界也就是聖人的境界。

---

　　之間，故自見其小耳。《程氏粹言》（心性篇）《二程集》，第 1261 頁。

〔註48〕張載：《張載集》，第 23 頁。

〔註49〕張載：《張載集》，第 272 頁。

〔註50〕張載：《張載集》，第 24 頁。

〔註51〕王植：《正蒙初義》，文淵閣四庫全書影印本，臺灣商務印書館，1983 年。

〔註52〕牟宗三：《心體與性體》（上），第 458 頁。

〔註53〕張載：《張載集》，第 256 頁。

〔註54〕張載：《張載集》，第 285 頁。

〔註55〕程顥、程頤：《二程集》，第 130 頁。

## 第二節　程頤對張載「知」論之評說與繼承

### 一、張載「知」論

在心性思想中，張載提出了一對重要的哲理範疇，即德性所知與見聞之知。這就是張載心學思想中的知論。事實上，張載的知論分見聞之知、德性所知、誠明所知三個層次。依靠「知覺」產生的知是知識層面的知，張載稱之爲「見聞之知」；通過道德的修爲，達到對天性的認識所得到的知是道德層面的知，張載稱之爲「德性所知」；依靠對天性的深層體悟得來的知是超道德層面的知，張載稱之爲「誠明所知」。嚴格地說，後兩種知不是一種知識而是一種道德修養工夫，三層面的知有機地「統一於心」。

張載認爲，見聞之知是人的感覺器官與外界事物結合得來的一種知識。他說：「見聞之知，乃物交而知。」〔註56〕「人本無心，因物爲心。」〔註57〕張載進一步認爲感性知識是「內外合」的結果。他說：「人謂己有知，由耳目有受也；人之有受，由內外之合也。」〔註58〕這就是說感性知識是由耳目承接外物而產生的，也就是說見聞之知的產生是主體與客體相互結合的產物。張載肯定耳目見聞的重要性。他說：「聞見不足以盡物，然又須要他，耳目不得則是木石，要他便合得內外之道，若不聞不見又何驗？」〔註59〕「耳目雖爲性累，然合內外之德，知其爲啓之之要也。」〔註60〕這是說耳目有啓發心思的作用，如果沒有耳目，人就會如同木石一樣。耳目見聞是人可資利用而與外部世界溝通的基本手段。

當然，張載也看到見聞之知的局限性。見聞之知是有限之知，他說：「天之明莫大於日，故有目接之，不知其幾萬里之高；天之聲莫大於雷霆，故有耳屬之，莫知其幾萬里之遠也；天之不禦莫大於太虛，故必知廓之，莫究其極也。」〔註61〕這是張載對見聞之知局限性很有見地的一段話。客觀事物是無限的，而人的耳聞目見則是有限的，人的耳目雖有合內外之功，但要窮盡天下事物之理及天下事物之性，認識事物的本質及規律，卻是做不到的。另

---

〔註56〕張載：《張載集》，第 24 頁。
〔註57〕張載：《張載集》，第 333 頁。
〔註58〕張載：《張載集》，第 25 頁。
〔註59〕張載：《張載集》，第 313 頁。
〔註60〕張載：《張載集》，第 25 頁。
〔註61〕張載：《張載集》，第 25 頁。

外，耳目是人身體的一部分，往往受私己的影響，使心受其限制。「若只以見聞爲心，但恐小卻心。」〔註62〕見聞之知不能完成盡心知性知天的目標，所以必須突破見聞之知的局限，進入另一種求知的路徑——德性所知。

在張載的著作中沒有對德性所知給予一個明確的定義，但在他的論述中不難得出德性所知的含義。他說：「見聞之知，乃物交而知，非德性所知；德性所知，不萌於見聞。」〔註63〕王夫之解釋說：「德性之知，循理而及其原，廓然於天地萬物大始之理，乃吾所得於天而即所得以自喻者也。」「萌者，所從生之始也。見聞可以證於知已知之後，而知不因見聞而發，德性誠有而自喻。」〔註64〕這是說德性所知不由經驗生出，德性根源於天性，是天賦予人性中的潛在善因。當然，先天的潛在並不等於其形成，而其形成卻需要道德的因素。德性所知是與見聞之知不同的知。張載所謂的德性所知就是通過一定的修爲方式，依靠道德的提升，挖掘人性中固有的善性所獲得的知。在道德工夫「盡心」、「大心」的基礎上，才能完成「窮理」、「體物」的任務，所以張載把通過大心體物得來的這種知叫做德性所知。獲得德性所知意味著「知」進入了一個新的階段，如果用一個字來形容這種境界，可概括爲「明」的境界。「明」天理並非達到與天理同一的境界。實現與天理同一還需要知的進一步提升，也就是要由「明」進入「誠」。需要由德性所知進入誠明所知。

張載對「誠明所知」有明確的定義，他說「誠明所知乃天德良知」。〔註65〕良知是人性固有的純善之性，誠明所知就是修煉成聖之人完全挖掘出人性中固有的純善之性所達到的狀態。這種狀態是「德盛仁熟之致，非智力能強也。」〔註66〕就是說這種知又不同於德性所知，德性所知「猶可勉而至」，〔註67〕而誠明所知是「非思勉之能強」〔註68〕，「則必在熟」。〔註69〕它的具體表現是「德盛仁熟」、「窮神知化」。〔註70〕顯然，誠明所知比德性所知更高一個層次。

---

〔註62〕張載：《張載集》，第 333 頁。
〔註63〕張載：《張載集》，第 24 頁。
〔註64〕王夫之：《張子正蒙注》，第 122 頁。
〔註65〕張載：《張載集》，第 20 頁。
〔註66〕張載：《張載集》，第 218 頁。
〔註67〕張載：《張載集》，第 216 頁。
〔註68〕張載：《張載集》，第 17 頁。
〔註69〕張載：《張載集》，第 216 頁。
〔註70〕張載：《張載集》，第 17 頁。

達到誠明所知的主要途徑是在盡心的基礎上做盡性的工夫。盡性是指以直覺思維徹悟宇宙萬物的生成根源和造化原理，是貫通性命之源的工夫。張載說「無我而後大，大成性而後聖，聖位天德不可致思謂神。」〔註71〕這就是說盡性要達到成性的狀態，成性才能成聖。如果要盡性與天同一，就要做到「德熟」的程度。「大可為也，大而化不可為也，在熟而已。」〔註72〕如果說「學思以窮理」，那麼「存養以盡性」〔註73〕這就是說德性形成之後，還有一個熟的過程，熟後方能成聖。在張載的著作中「盡性」「天德」「聖」「誠」這幾個概念密切相關甚至可以互通。他說「窮理盡性，則性天德，命天理。」〔註74〕學問修養達到窮理盡性的地步，則人以天德為性，以天理為命。「性天德」亦即「誠」，他說「誠也，天德也」，〔註75〕「聖者，至誠得天之謂」〔註76〕「大人成性則聖也化，化則純是天德也」。〔註77〕誠本是「天所以長久不已之道」，〔註78〕人如果能窮理盡性達到與天同一的地步，就達到誠的境界，就成為聖人。

學術界一般都將張載知論認為是見聞之知、德性所知。而將德性所知與誠明所知認為是同一範疇。然而，程宜山對德性所知與誠明所知的分析很有見地，其不足在於沒有涉及見聞之知與德性所知的關係。〔註79〕張載知論中的三知的關係是：第一，就見聞之知與德性所知的關係而言，見聞之知與德性所知是兩種不同的知。見聞之知是「合內外」的小知，德性所知雖不萌於見聞，但卻是「合內外於耳目之外」〔註80〕的知，是大知。也就是說，依知覺產生知識層面之知，依性產生道德層面之知。此二者是兩種路向，但卻並行不悖，都「統一於心」。張載肯定耳目見聞具有「合內外」、「啟之之要」之功，但也知道感性經驗知識不足以完成天人合一的任務，因此更強調主體的道德自覺在實現天人合一過程中的作用。第二，就德性所知與誠明所知的關

---

〔註71〕張載：《張載集》，第 17 頁。
〔註72〕張載：《張載集》，第 17 頁。
〔註73〕王夫之：《張子正蒙注》，第 96 頁。
〔註74〕張載：《張載集》，第 23 頁。
〔註75〕張載：《張載集》，第 65 頁。
〔註76〕張載：《張載集》，第 9 頁。
〔註77〕張載：《張載集》，第 76 頁。
〔註78〕張載：《張載集》，第 21 頁。
〔註79〕程宜山：《關於張載的「德性所知」與「誠明所知」》，《哲學研究》，1985 年第 4 期。
〔註80〕張載：《張載集》，第 25 頁。

係而言，二者都是基於主體的道德自覺，但程度不同。德性所知是「明」的境界，是靠道德的修為和努力能夠達到的一種境界，是道德層面的知。誠明所知是「誠」的境界，是基於德性所知基礎之上的依靠「熟」而達到的超道德層面的知，是知的最高境界。修煉成聖人就達到誠明境界，也就實現了天人合一的完美境界。張載並未貶低耳目見聞的作用，而是更強調在達到聖人境界，實現天人合一的過程中，道德修養的重要性。因為本體是超驗的，靠見聞和思慮，知覺和理性都是無法實現對它的體認，必須借助道德的修為和直觀體認來完成。

## 二、程頤對張載「知」論之評說與繼承

　　程頤繼承了張載關於見聞之知與德性所知的提法，〔註 81〕並將其作了微妙的改動，首先，將「德性所知」變為「德性之知」，而且不再涉及誠明所知這個層面。由此將張載知論的三個層面轉變為兩個層面。朱熹將這一用法繼承下來，成為理學思想中的重要範疇。〔現代學者們對張載知論的誤解或許是受程朱思想影響的緣故〕。其次，將「不萌於聞見」改成「不假聞見」。他說：「聞見之知，非德性之知。物交物則知之，非內也，今之所謂博物多能者是也。德性之知，不假聞見。」〔註 82〕這裏雖然僅一字之差，卻有細緻的區別在其中：張載所說德性所知不由見聞生出，這裏包涵著借助見聞的可能性；程頤則幾乎是說德性之知不需要借助見聞。這裏涉及的仍然是見聞之知與德性之知的關係問題，這是一個較為複雜的問題。杜維明先生認為處理這一關係有以下方式：一、把德性之知與一般聞見之知區分開來以突出德性之知的特殊作用；二、把一般聞見之知和德性之知統合起來，讓聞見之知在德性之知首出的前提下獲得適當的位置。〔註 83〕這種劃分可以借用於對張載、程頤關於這一問題的說明。雖然張載、程頤一方面強調德性之知的重要性，另一

〔註 81〕聞見之知的觀念是相對於「德性之知」而成立的。把知分為「德性」與「聞見」兩類是宋代儒家的新貢獻。大略地說，這一劃分始於張載，定於程頤，盛於王陽明，而泯於明清之際。參溫偉耀：《成聖之道》第 123 頁。

〔註 82〕程顥、程頤：《二程集》，第 317 頁。《程氏粹言》記載，子曰：見聞之知，乃物交而知，非德性所知。德性所知，不待於聞見。《程氏粹言》（心性篇）《二程集》第 1253 頁。又載，子曰：聞見之知非德性之知，德性所知，不假聞見。《程氏粹言》（心性篇）《二程集》，第 1260 頁。

〔註 83〕劉述先編：《儒家倫理研討會論文集》，（杜維明：《論儒家的「體知」──德性之知的涵義》），東亞哲學研究所出版，2004 年，第 23 頁。

方面，在工夫論的前提下給聞見之知以適當地認可；但是，他們之間仍有不同。從張載的角度而言，聞見之知在德性之知首出的前提下有比較重要的作用，見聞之知是通向德性之知的條件。從程頤的角度而言，一方面，如果沒有工夫在聞見之知與德性之知之間起溝通作用，見聞只是見聞，是外在的經驗知識，而德性之知是內在的道德知識，二者不是同一類知識，沒有必然聯繫。所以說「德性之知，不假聞見。」另一方面，如果通過工夫的實際操練，見聞之知的起點皆可以引至德性之知的體會，這就是程頤後來所講的格物致知。那麼相較而言，程頤的知識論「更具有道德主義的特徵，卻缺乏張載那樣的豐富性」。〔註84〕韋政通先生認為：「德性之知與聞見之知要討論的問題，是『知』的不同性質和聞見之知與道德實踐的關係，以及聞見之知在道德實踐中的地位問題。橫渠把這個問題提出來，從影響來看，似乎比氣質之性說更有功於聖門。」〔註85〕總之，見聞之知與德性之知是張載首先提出，程頤繼續傳承，到朱熹時，匯合成為理學體系中的重要範疇之一。

## 第三節　程頤對張載「命遇」之評說及二者「義命」思想之會通

### 一、程頤對張載「命遇」之評說

程頤對張載「命遇」之論的評說有一段代表性的文字：

> 問：「命與遇何異？」（張橫渠云：「行同報異，猶難語命，語遇可也。」）先生曰：「人遇不遇，即是命也。」曰：「長平之戰，四十萬人死，豈命一乎？」曰：「是亦命也。只遇著白起，便是命當如此。又況趙卒皆一國之人。使是五湖四海之人，同時而死，亦是常事。」又問：「或當刑而王，或為相而餓死，或先貴後賤，或先賤後貴，此之類皆命乎？」曰：「莫非命也。既曰命，便有此不同，不足怪也。」〔註86〕

---

〔註84〕蒙培元：《理學範疇系統》，第 377 頁。

〔註85〕韋政通：《中國思想史》，第 767 頁。

〔註86〕程顥、程頤：《二程集》，第 203 頁。《程氏粹言》記載，張子曰：「性通極於無，氣其一物爾。命同稟於性，遇其適然爾。力行不至，難以語性，可以言氣；行同報異，難以語命，可以言遇也。」或問：「命與遇異乎？」子曰：「遇不遇即命也。」曰：「長平死者四十萬，其命齊乎？」子曰：「遇白起則命也。

這段話是針對張載「性通極於無，氣其一物爾；命稟同於性，遇乃適然焉。人一己百，人十己千，然有不至，猶難語性，可以言氣；行同報異，猶難語命，可以言遇」﹝註 87﹞而言的。對比張載與程頤的話可以看出，張載是從「命與遇」兩個方面闡釋命運觀，而程頤則只是從命之一字闡釋命運觀，反對命遇之二分。這就是說，張載認為，在人的生命歷程中，存在的一種必然性就是命，然而在這種必然性中有「行同報異」的種種差別，不能稱作是命，只能算作是遇。而程頤不贊成這種說法，他認為人的一切遭遇與差別都包涵在命中。這反映出張載、程頤對命運觀的不同看法。

與張載的思想體系相對應，張載的命運觀包括兩個層面，即命與遇。張載將命運觀分為命、遇兩層在於，命是表征人物之根源的純善本性；而遇則是表徵世俗吉凶險勝之範疇。朱熹解釋說：「橫渠言遇，命是天命，遇是人事……」﹝註 88﹞此段詮釋符合張載本意。在張載看來，有形的天地人物之命由天地之性下貫而成，即命是天所賦予人之使命，其展開過程不能以世之吉凶觀念來衡量，只能以其順應天命的方式去實現。而所謂「遇」是與有形跡之氣相聯繫的，「遇」是不能脫離時運而存在的人物的際遇。外圍世界的任何變化，都有可能影響到人物境遇的吉凶禍福。張載將人物之具體境遇界定為「遇」，從而使得「命」範疇提升為純乎自天而定的形而上概念。命自天而定，因而天命的意義在於天道運化與人道的契合，境遇對於人的禍福無涉於天命對於人的作用，人於天命無吉凶悔吝之別。人只有順受其天命才能盡到天所賦予人的使命，而不管天命的展開對於人之「遇」的吉凶如何。換句話說，張載的命、遇之分在於說明，對於所「遇」，人沒辦法去把握，而對於所「命」，人卻可以通過自己的道德修養盡可能地去實現。

與程頤思想體系相對應，程頤認為命就是天理（天道）的下放，理、命合一。他說：「窮理，盡性，至命，一事也。才窮理便盡性，盡性便至命。因指柱曰：「此木可以為柱，理也；其曲直者，性也；其所以曲直者，命也。理，性，命，一而已。」﹝註 89﹞理經由天命落實為性，性就成為具超越義的道德本體。它雖然是潛在的，然而是完滿的絕對的。「理也、性也、命也，三者未

有如四海九州之人，同日而死也，則亦常事爾。世之人以為是駭然耳，所見少也。」《程氏粹言》（心性篇）《二程集》，第 1254 頁。
﹝註 87﹞ 張載：《張載集》，第 64 頁。
﹝註 88﹞ 黎靖德：《朱子語類》（朱子全書本），第 3335 頁。
﹝註 89﹞ 程顥、程頤：《二程集》，第 410 頁。

嘗有異。窮理則盡性，盡性則知天命矣。天命猶天道也，以其用言之則謂之命，命者造化之謂也。」〔註90〕程頤認爲命是造化，是無定的，這就是說，在程頤看來，張載所說的遇不遇都是命之造化的結果。那麼，程頤實現天賦使命的方式就是惟有奉順事天，誠敬從之，順應大化流行，即所謂「天所賦爲命，物所受爲性，保和太和乃利貞。」〔註91〕程頤認爲，天命是超越的、客觀的、不容己的，又是內在的、自主自爲的，具普遍性，所以，通過人的自覺努力，人可以實現天命所賦。

張載、程頤對命之界定代表了理學中兩種不同的命運觀，即一是雙重內涵，一是單一內涵。〔註92〕但是這並不意味著他們之間是對立的。他們對命運觀之所以界定不同，是因爲張載、程頤的本體論思想存在差異，但是，在強調人有實現天命所賦的主體性方面是極其一致的。張載、程頤的這一思想當然是繼承儒學傳統而來。儒家的命運觀，既有《論語》中所說的「死生有命，富貴在天」，講命運客觀性的一面；又有《孟子》「盡人事，順天命」，在承認命運客觀性的同時，強調盡最大可能性發揮人的主體性的一面。當《中庸》提出了「天命之謂性」的命題時，將性、命連接起來，「天命之謂性」，是說天賦予萬事萬物以「本性」，是事物之所以成爲事物的根據；緊接著就提出「修道之謂教」，此則是強調人對天命賦予所負有的担當使命。儒家認爲，人不能最終決定自己的性，因爲天下萬事萬物的性都是天定的，但人可以在盡人事的前提下，順天命，實現天命賦予人的使命。張載、程頤對命運觀的闡釋是在繼承儒家傳統的前提下進行的。

## 二、張載、程頤「義命」思想之會通

張載、程頤都認爲「義」重於「命」。張載強調「義」是「求在我者」，是可以通過道德修爲獲得的。張載「義命」論的哲理基礎是「義命合一存乎理」。這一命題意思是說，合宜與天命結合，便是理。「義者，謂合宜也，以合宜推之，仁、禮、信，皆合宜之事。」〔註93〕張載認爲，命的根源在於天或天道，人對命運的追求是歸結於理的。而所謂理，亦即「道德性命之理」，

---

〔註90〕程顥、程頤：《二程集》，第274頁。
〔註91〕程顥、程頤：《二程集》，第698頁。
〔註92〕崔大華：《儒學引論》，第615～616頁。
〔註93〕張載：《張載集》，第287頁。

這是張載「義命」論的根據。張載借用孟子所謂的「求則得之，舍則失之，是求有益於得也，求在我者也。求之有道，得之有命，是求無益於得也，求在外者也」〔註94〕來闡發他對「義命」之重視。張載說：「富貴貧賤皆命也。今有人均勤苦，有富貴者，有終身窮餓者，其富貴者只是幸會也。求而有不得，則是求無益於得也。道義則不可言命，是求在我者也。」〔註95〕這是說，有一種命是不可控的，是「求」而不能「得」的。富貴貧賤、生死壽夭都是命，這些都是人力所不能左右的，人對之無可奈何，可遇而不可求，其得失不由人自己決定而是由外界因素決定。道義不是這種命，而是另一種命，是根源於天的道德性命，是「求」而能「得」之命。張載又說：「氣之不可變者，獨死生壽夭而已。故論死生則曰『有命』，以言其氣也。」〔註96〕死生壽夭是由人的氣質決定的，不可強求，所以說「有命」。他又說：「富貴之得不得，天也。至於道德，則在己求之而無不得也。」〔註97〕事業成功，富貴顯達是人人追求的，但能否實現取決於「天命」，其中許多事屬於「所乘所遇」，非人力能及。而道德性命則完全在人為，求者必得。所以，正確的人生態度應當是為學由己，努力求道從義。程頤比張載更進一步，他主張「惟義無命」。他說：「賢者惟知義而已，命在其中」〔註98〕「聖人則更不論利害，惟看義當為不當為，便是命在其中也。」〔註99〕這些都說明，聖賢只管從事正義之事，不去計較利害得失，這時的命包涵在義之中。程頤也借用孟子的話來闡發自己的思想，他說：「『求之有道，得之有命』，是求無益於得，言求得不濟事。此言猶只為中人言之，若為中人以上而言，卻只道求之有道，非道則不求，更不消言命也。」〔註100〕又說：「如言『求之有道，得之有命』，是求無益於得，知命之不可求，故自處以不求。若賢者則求之以道，得之以義，不必言命。」〔註101〕這裏都在強調，命之說是因人而異的，而聖賢只在乎道義，不在乎所謂的命。他又說：「聖人言命，蓋為中人以上者設，非為上知者言也。中人以上，於得喪之際，不能不惑，故有命之說，然後能安。若上智之人，

---

〔註94〕趙岐等：《孟子注疏》（李學勤主編十三經注疏本），第352頁。

〔註95〕張載：《張載集》第311頁。

〔註96〕張載：《張載集》，第23頁。

〔註97〕張載：《張載集》，第280頁。

〔註98〕程顥、程頤：《二程集》，第18頁。

〔註99〕程顥、程頤：《二程集》，第176頁。

〔註100〕程顥、程頤：《二程集》，第32頁。

〔註101〕程顥、程頤：《二程集》，第18頁。

更不言命，惟安於義；借使求則得之，然非義則不求，此樂天者之事也。上智之人安於義，中人以上安於命，乃若聞命而不能安之者，又其每下者也。」（孟子曰：「求之有道，得之有命。」求之須有道，奈何得之須有命！）〔註102〕說明中人，賢人、聖人對待命的態度不同。對聖人而言，無所謂命，只安於義，賢人是有命之說才能安，中人以下不知安民命。因此，在程頤看來君子應該只在乎「義」，而無所謂「命」，即事盡天理，就是實現天命的最好方法。

張載、程頤都強調「以義易命」。張載說：「德不勝氣，性命於氣；德勝其氣，性命於德。窮理盡性，則性天德，命天理，氣之不可變者，獨死生修夭而已。」〔註103〕這裏的德指人的道德根據，氣指由氣稟所決定的各種氣質，這是說，如果一個人的道德水平不能勝過其氣質，則人的性與命都由氣質決定，其人性表現爲氣質之性；如果道德水平勝過氣質，則人的性與命都由其道德水平決定。朱熹說：「張子只是說性與氣皆從上面流下來。自家之德，若不能有以勝其氣，則只是承當得他那所賦之氣。若是德有以勝其氣，則我之所以受其賦予者，皆是德。故窮理盡性，則我之所受，皆天之德；其所以賦予我者，皆天之理。氣之不可變者，惟死生修夭而已。蓋死生修夭，富貴貧賤，這卻還他氣。至『義之於君臣，仁之於父子，』所謂『命也，有性焉，君子不謂命也』。這個卻須由我，不由他了。」〔註104〕就是通過道德修養工夫克服天生氣稟之偏雜，如果工夫修養勝過氣稟，則人的層次就達到純是天德的境界，這時人除了死生修夭，富貴貧賤不由自己決定（仍由氣稟決定），其他都由自己的道德決定。程頤比張載更進一步，他認爲主體的自覺性不但可以提升道德，甚至可以延長壽命。他說：「『知天命』，是達天理也。『必受命』，是得其應也。命者是天之所賦與，如命令之命。天之報應，皆如影響，得其報者是常理也；不得其報者，非常理也。然而細推之，則須有報應，但人以挾淺之見求之，便謂差互。天命不可易也，然有可易者，惟有德者能之。如修養之引年，世祚之祈天永命，常人之至於聖賢，皆此道也。」〔註105〕這就是說在人的道德修爲的努力下，是否可以成爲聖賢、是否可以延長壽命等都

---

〔註102〕程顥、程頤：《二程集》，第194頁。
〔註103〕張載：《張載集》，第23頁。
〔註104〕黎靖德：《朱子語類》（朱子全書本），第3308頁。
〔註105〕程顥、程頤：《二程集》，第161頁。

在改變的範圍之內。張載、程頤的「義命」思想，強化了儒學傳統命運觀中對人的主體性的重視。「判定命之必然性就存在於人自身之中，自覺的人生實踐本身，就是對這種必然性的最確當的回應」。〔註106〕

　　總而言之，張載、程頤對「義命」的解說，凸顯了他們對人的道德實踐的重視。徐復觀先生說「道德而歸之於命，則此道德乃超出於人力之上，脫離一切人事中利害打算的干擾，而以一種非人力所能抗拒的力量影響到人的身上，人自然會對之發生無可推委閃避的責任感和信心。」〔註107〕「在惟義所在的理學境界中，……只有自覺的人生實踐、自覺的倫理道德的踐履而帶來的隨遇而安的充實感和最終的慰藉感。」〔註108〕這樣，人一生都不會再有失落感，生命由此而得到安頓。這正是儒家的特色。

---

〔註106〕崔大華：《儒學引論》，第 633～634 頁。
〔註107〕徐復觀：《有關中國思想史中一個基題的考察——釋《論語》「五十而知天命」》，《中國學術精神》，華東師範大學出版社，2004 年，第 23 頁。
〔註108〕崔大華：《儒學引論》，第 633 頁。

# 第八章 二程對張載《西銘》之表彰與詮釋

## 第一節 張載《西銘》釋義

　　《西銘》(原名《訂頑》)，是張載從京師辭官之後回到橫渠鎮講學時，為弟子們寫的座右銘，也可以說是為「有求道之志」的學者而作的立志文章。原本掛在學堂窗戶的西邊，與掛在東邊的《砭愚》相對稱。後來，程頤認為這樣的命名容易引起爭端，就將《砭愚》改為《東銘》，將《訂頑》改為《西銘》。《程氏外書》記載：「橫渠學堂雙牖，右書《訂頑》，左書《砭愚》。伊川曰：『是起爭端。』改之曰《東銘》、《西銘》。」〔註1〕范育編《正蒙》時，又將《西銘》與《東銘》一併收入《乾稱篇》，作為其首尾兩章。朱熹為了表彰《西銘》，又將其從《乾稱篇》抽出，並單獨作了《西銘解》。

　　張載作《西銘》的主要目的是為了教育啟示弟子們，立志求道。他說：「《訂頑》之作，只為學者而言，是所以《訂頑》。天地更分甚父母？只欲學者心於天道，若語道則不須如是言。」〔註2〕為了易於理解和記憶，在文中，張載大量運用比喻的手法，其良苦用心在於引導啟發初學者「心於天道」。

　　《西銘》一文僅 253 字，但卻包涵極其豐富的意蘊。可以說是張載整體思想的一個濃縮，其中包含了張載的宇宙論思想、社會政治思想、工夫論思想、人生觀、生死觀等等。張載用極其凝練的筆法將自己的思想濃縮在這短短的二百多字中。難怪程顥極其感慨地讚歎說：「《西銘》某得此意，只是須

---

〔註1〕程顥、程頤：《二程集》，第 418 頁。
〔註2〕張載：《張載集》，第 313 頁。

得他子厚有如此筆力，他人無緣做得。孟子以後，未有人及此。得此文字，省多少言語。」〔註3〕朱熹的評價更高，他說：「近世之人尊橫渠《西銘》過於《六經》。」〔註4〕為什麼這麼短短的一篇文字會蘊含如此巨大的魅力？這需要從《西銘》本文說起：原文如下：

> 乾稱父，坤稱母；予茲藐焉，乃混然中處。故天地之塞，吾其體；天地之帥，吾其性。民吾同胞，物吾與也。大君者，吾父母宗子；其大臣，宗子之家相也。尊高年，所以長其長；慈孤弱，所以幼其幼。聖其合德，賢其秀也。凡天下疲癃殘疾、惸獨鰥寡，皆吾兄弟之顛連而無告者也。於時保之，子之翼也；樂且不憂，純乎孝者也。違曰悖德，害仁曰賊；濟惡者不才，其踐形，唯肖者也。知化則善述其事；窮神則善繼其志。不愧屋漏為無忝，存心養性為匪懈。惡旨酒，崇伯子之顧養；育英才，穎封人之錫類。不弛勞而底豫，舜其功也；無所逃而待烹，申生其恭也。體其受而歸全者，參乎！勇於從而順令者，伯奇也。富貴福澤，將厚吾之生也；貧賤憂戚，庸玉女於成也。存，吾順事；沒，吾寧也。〔註5〕

翻譯成白話文，大體意思如下：在宇宙這個大家庭中，天，呈現出陽剛至健的乾道，就像宇宙大家庭中的父親一樣；地，呈現出陰柔至順的坤道，就像宇宙大家庭中的母親一樣；我們人類作為宇宙中的一員看起來很藐小，與萬物混合無間地共同生活在宇宙中。天地父母賦予我們人類以形體；統帥天地萬物以成其變化的，就是我們人的天然本性。（所以在宇宙間，人類作為萬物之靈，應該承當起實現天地之性的任務。）所有的人類都是我們的同胞兄弟，萬物（與人類同出於天地）是人類的同伴。在這樣的大家庭中，大君（皇帝）就如同天地父母的宗子；大臣猶如宗子的管家。我們應該尊敬所有的老人，如尊敬自家的老人一樣；我們應該善待所有的孩子，如善待自家的孩子一樣。所謂的聖人，是指同胞中與天地之德相合的人；賢人的才德過於常人，是兄弟中優秀的人。那些年老多病的、身有殘疾的、孤獨無靠的、無婦無夫的人，都是我們同胞兄弟中困苦而無以求助之人。敬畏天命而能及時地保育兄弟們，猶如子女敬對乾坤父母達到極致一樣。樂於保育兄弟而不為己憂，是對

---

〔註3〕 程顥、程頤：《二程集》，第39頁。
〔註4〕 朱熹：《朱子文集‧記林黃中辨易西銘》（朱子全書版），第3408頁。
〔註5〕 張載：《張載集》，第62〜63頁。

乾坤父母最純粹的孝順。若違背了乾坤父母的意旨，謂之「悖德」，損害自己仁德的人，謂之「賊」；助長兇惡的人是乾坤父母不成材之子，謂之「不才」，能夠盡人之天性，與天地相似而不違者，謂之「肖」。聖人乃是天之孝子，能夠把握天地變化之道，善於繼述乾坤父母的事跡，其所行就是天地之事；能夠體悟天地神明之德，善於繼承乾坤父母的志願，就是能秉承天地之心。即便在屋漏隱僻獨處之處也能對得起天地神明、無愧無怍，這就無辱於乾坤父母；時時存仁心、養天性，這便是事天奉天無所懈怠。崇伯之子大禹，是通過避開美酒，來照顧贍養乾坤父母的；潁谷守疆界的潁考叔，是經由點化英才、培育英才，而將恩德施與其同類的。不鬆懈、一直努力而為，使父母達到歡悅，這便是舜對天地父母所做出的貢獻；順從父命，不逃它處，以待烹戮，這是太子申生所以「恭」的緣故。臨終時，將從父母那裏得來的身體完整地歸還給乾坤父母的是曾參；勇於聽從、以順父命的是伯奇。（這些人都是竭誠履行天地賦予人使命的典範。）富貴福澤的環境，是乾坤父母所賜，用以豐厚我們的生活；貧賤憂戚的境遇，是乾坤父母給予的磨練，將成就我們的德性。這樣，活著的時候，我將安心地踐履乾坤父母所賦予我的責任；死去的時候，我將毫無遺憾、安詳地離開這個世界。

通觀這篇文字，我們可以看到，張載運用了儒家《四書》、《五經》中大量的字詞，幾乎每句都有典故。朱熹說：「張子此篇，大抵皆古人說話集來。」〔註6〕觀其文字，確實如此。程顥之所以讚歎張載的筆力，就在於張載能夠嫺熟地凝練與運用儒家經典中的典故，雖是集古人之語，卻完美精練地表達了自己的思想。

首句「乾稱父，坤稱母；予茲藐焉，乃混然中處」是從宇宙觀的視角說明人在宇宙中所處的地位。此句來源於《易傳》，「乾，天也，故稱乎父。坤，地也，故稱乎母。」〔註7〕從《易傳》的角度看，整個宇宙中，天與地是世界萬物（包括人在內）的總父母。父天母地，是宇宙間陰陽創生的象徵，它們具有無限的生化潛能以及無上的生生之德。朱熹說：「天，陽也，以至健而位乎上，父道也；地，陰也，以至順而位乎下，母道也。人稟氣於天，賦形於地，以藐然之身，混合無間而位乎中，子道也。」〔註8〕說明天地人三才在宇

---

〔註6〕黎靖德：《朱子語類》（朱子全書本），第 3312 頁。
〔註7〕王弼注：《周易正義》（李學勤主編十三經注疏本），第 330 頁。
〔註8〕朱熹：《西銘解》（朱子全書本・第十三冊），第 141 頁。

宙中的地位。「『混然中處』，言混合無間，蓋此身便是從天地來。」〔註9〕父
天能夠大生，母地能夠廣生，作爲父天母地「子女」的萬物，就源源不斷被
生化出來。天地遂造就出繁紜複雜的大千世界，於是，天地人物相連爲一體，
相互內在，構成一個無限宏大的生命共同體。而此一共同體，即是一個萬象
無限開放、互相連通著的永恒流轉、永葆鮮活的生命狀態的有機大宇宙整體。
《西銘》首句正是從這種大的宇宙意識爲基本出發點的，它反映了張載以天
道出發、天人貫通的宇宙論哲學。《西銘》其「全部理論便建立在對於這一宇
宙實在的眞切認識上」。〔註10〕這不但爲人類社會的存在奠定了宇宙論的根
據，而且是對佛教否定現實世界的一種有力反駁。

「故天地之塞，吾其體；天地之帥，吾其性。」此句語脈出於《孟子·
公孫丑章句上》，「浩然之氣，養而勿害，則塞乎天地之間。」又曰：「夫志，
氣之帥也。氣，體之充也。」〔註11〕朱熹認爲：「『塞』與『帥』字，皆張子
用字之妙處。塞，乃《孟子》『塞天地之間』；體，乃《孟子》『氣體之充』者；
有一毫不滿不足之處，則非塞矣。帥，即『志，氣之帥』，而有主宰之意。此
《西銘》借用孟子論『浩然之氣』處。若不是此二句爲之關紐，則下文言『同
胞』，言『兄弟』等句，在他人中物，皆與我初何干涉？」〔註12〕人存在的環
境不僅僅是一個相對狹小的人類社會，而是整個天地宇宙，從宇宙中尋找人
類的價值本原，這是儒家思想的一個基本觀念。《西銘》的一個中心論旨便是
要讓人（主要是學者——士）發揚自己在這個大宇宙中的擔當精神。這與范
仲淹「以天下爲己任」的思想是一脈相承的。所以朱熹認爲：「『吾其體，吾
其性』，有我去承當之意。」〔註13〕人由天地創生，是萬物之靈，靈就靈在人
能夠秉承天地之性，能自覺承擔並實現天地之性的使命。所以，此句張載意
在說明或強調人在宇宙間所起的作用與所承當的使命。

「民吾同胞，物吾與也。」此句講明，人處在現實社會中，對待人與物
應有的態度。其句語脈來源於《禮記·禮運》「以天下爲一家，以中國爲一人」

〔註9〕黎靖德：《朱子語類》（朱子全書本），第3312頁。
〔註10〕余英時：《朱熹的歷史世界》，三聯書店，2004年，第151頁。
〔註11〕趙岐注：《孟子注疏》（李學勤主編十三經注疏本），第75頁。朱熹說：「『塞』
只作充塞。橫渠不妄下字，各有來處。其曰：『天地之塞』是用孟子『塞乎天
地』，其曰『天地之帥』是用『志，氣之帥也』。」《朱子語類》（卷五十二）
1724頁。
〔註12〕黎靖德：《朱子語類》（朱子全書本），第3316頁。
〔註13〕黎靖德：《朱子語類》（朱子全書本），第3312頁。

〔註14〕與孟子「親親而仁民，仁民而愛物。」〔註15〕在張載看來，天人關係無非是血緣宗法關係的泛化。從這一觀點出發，宇宙間的一切無不與自己休戚相關，自己的每一作為無不與乾坤、天地息息相通，一切道德活動都是個體應當自覺承擔的義務。由己及人，由人及物，用天地一樣的胸懷將世間萬物包容、觀照，這是人類應有的情懷。張載的「民胞物與」反映了張載「天人合一」、「物我同體」的思想。

「大君者，吾父母宗子；其大臣，宗子之家相也。尊高年，所以長其長；慈孤弱，所以幼吾幼。聖其合德，賢其秀也。凡天下疲癃殘疾、惸獨鰥寡，皆吾兄弟之顛連而無告者也。」此句語脈主要來自於《禮記・禮運》：「不獨親其親，不獨子其子，使老有所終，壯有所用，幼有所長，矜寡孤獨廢疾者，皆有所養。」〔註16〕中國古代是一個宗法家族社會，其特點是：家庭以至家族與國家在組織結構上具有同構性、共同性。在結構上，家庭是國家的縮影，而國家則是家庭（家族）的擴大。故此有「天下之本在國，國之本在家，家之本在身。」〔註17〕張載所構想的理想社會正是按照中國傳統的思維模式構建的。大君指帝王，張載將其比喻成天地父母的宗子，宗子就是古代宗法制中享有繼承權的嫡長子。把君主看成這個大家庭的長子，大臣是宗子家中的管家，疲癃殘疾者是同胞中的弱者。人應當按照孝悌仁愛的原則，將社會上所有的人都看成同出於天地父母的同胞，做到尊卑有等，長幼有序，強弱相扶，和諧相處，各司其職，共同處理好社會上的一切關係，完成天地父母所賦予的使命。這段文字是張載對自己社會觀的一種完整表述，也是對儒家「以孝治天下」、「親親尊尊」的社會倫理觀念的一個精彩概括。

「於時保之，子之翼也；樂且不憂，純乎孝者也。違曰悖德，害仁曰賊；濟惡者不才，其踐形，唯肖者也」。此句中「於時保之」出於《詩經・周頌》「畏天之威，於時保之」。於時：可以理解為「於是」，這裏的第二個「之」可引申指天命，意思是敬天而得到天的護祐。人作為天的子女，應當尊敬（翼：恭敬）天，而所達至的就是：「守身以敬親而事天，則悅親而樂天，無小大之

---

〔註14〕鄭玄注：《禮記正義》（李學勤主編十三經注疏本），北京大學出版社，1999年，第688頁。
〔註15〕趙岐注《孟子注疏》（李學勤主編十三經注疏本），第377頁。
〔註16〕鄭玄注：《禮記正義》（李學勤主編十三經注疏本），第658頁。
〔註17〕趙岐注：《孟子注疏》（李學勤主編十三經注疏本），第192～193頁。

異也」。〔註18〕這裏對孝的讚揚,是與樂而不憂相連的,顯然「孝」是生命情態的原始動力,而「純孝」則把「悅親」和「樂天」貫通,也是對親親感通達於天的揭示。宗法制度的核心是孝道,所以,張載在《西銘》中,將各種美德用「純乎孝者」的方式作了形象地表達。朱熹說:「以父母比乾坤。主意不是說孝,只是以人所易曉者,明其所難曉者耳。」〔註19〕

「知化則善述其事,窮神則善繼其志」。此句語脈出自《周易‧繫辭傳下》「窮神知化,德之盛也」〔註20〕與《禮記‧中庸》:「夫孝者,善繼人之志,善述人之事者也。」〔註21〕張載將其巧妙結合,表達了人應該秉承天地之志,完成天地之使命。朱熹解釋的更爲詳細,他說:「如知得恁地便生,知得恁地便死,知得恁地便消,知得恁地便長,此皆是繼天地之志。隨地恁地進退消息盈虛,與時偕行,小而言之,飢食渴飲,出作入息。大而言之,君臣便有義,父子便有仁,此都是述天地之事。」〔註22〕

「不愧屋漏爲無忝,存心養性爲匪懈」。此句語脈大體出於《詩‧大雅‧抑》「相在爾室,尚不愧於屋漏。」。屋漏;指室內西北角隱僻處;這個方向爲古時開窗受光通煙之處,同時是祭祀、陳屍,或安罩神主的地方。又《小雅‧小宛》:「夙興夜寐,無忝爾所生。」忝是羞辱的意思;以及《孟子‧盡心上》說:「存其心,養其性,所以事天也。」〔註23〕《詩‧大雅‧蒸民》:「夙夜匪解」。「匪」同「非」,「解」通「懈」,這是對祭禮的引申說明,即要通過禮儀的操練,「止惡於幾微,存誠於不息,……以敬親之身而即以昭事上帝矣。」〔註24〕親親的感通性要達至神明,這要在「存心養性」的陶養和涵泳中,即在禮儀的操持中來達到。朱熹認爲:「『於時保之』以下,是做工夫處。」〔註25〕這段是張載指導學者通過工夫去完成天地賦予人的使命。

「惡旨酒,崇伯子之顧養;育英才,穎封人之錫類。不弛勞而底豫,舜其功也;無所逃而待烹,申生其恭也。體其受而歸全者,參乎!勇於從而順令者,伯奇也。」此句的「惡旨酒」,出自《孟子‧離婁下》,孟子曰:「禹惡

---

〔註18〕 王夫子:《張子正蒙注》(卷九),中華書局,1975。
〔註19〕 黎靖德:《朱子語類》(朱子全書本),第 3314 頁。
〔註20〕 王弼注:《周易正義》(李學勤主編十三經注疏本),第 305 頁。
〔註21〕 鄭玄注:《禮記正義》(李學勤主編十三經注疏本),第 1438 頁。
〔註22〕 黎靖德:《朱子語類》(朱子全書本),第 3661 頁。
〔註23〕 趙岐注:《孟子注疏》(李學勤主編十三經注疏本),第 351 頁。
〔註24〕 王夫子:《張子正蒙注》(卷九),中華書局,1975。
〔註25〕 黎靖德:《朱子語類》(朱子全書本),第 3313 頁。

酒而好善言。」〔註 26〕這是從父子關係開始，以禹的「顧養」表達通過親親的方式達到與天相通。「潁封人」即潁考叔，其典故來自《左傳》「潁考叔，純孝也，愛其母，施及莊公。《詩》曰：『孝子不匱，永錫爾類。』其是之謂乎！」〔註 27〕這是對潁考叔純孝的讚美，「錫類」意思是把恩德賜給親親之外的他人，是親親的外展。舜的「底豫」（由不歡到歡樂）之功出自《孟子•離婁上》「舜盡事親之道，而瞽瞍底豫。瞽瞍底豫，而天下化。」〔註 28〕化天下之力量來自於親親之和樂，這是親親之感通性的訴求，也是倫理與政治的統一。「申生」之典故源於《禮記•檀弓》「晉獻公將殺世子申生，……使人辭於狐突曰『……申生受賜而死。』再拜稽首乃卒，是以為恭世子。」〔註 29〕「歸全」，出自《禮記•祭義》：「曾子聞諸夫子曰：『天之所生，地之所養，無人為大。父母全而生之，子全而歸之，可謂孝矣。不虧其體，不辱其身，可謂全矣。』」〔註 30〕能夠一生保護好自己的身體，並完好的歸還於親（天），這也是孝之親親的期望。這裏不只包括肉體，也有倫理的承擔（不辱）。「伯奇」這個典故出自《顏氏家訓•後娶篇》：「吉甫，賢父也，伯奇，孝子也。賢父御孝子，合得終於天性，而後妻間之，伯奇遂放。」〔註 31〕伯奇乃周朝大夫吉甫的兒子，這個例子是對順從親親法則的肯定。朱熹說：「聖人之於天地，如孝子之於父母。」〔註 32〕做天地父母的孝子，就應該將修為指向聖人的目標。以上這些例子都從不同角度詮釋了如何事天地如侍父母，達到孝子之極致的典範。朱熹認為：張載「不是說孝，是將孝來形容這仁；事親底道理，便是事天底樣子。」〔註 33〕

「富貴福澤，將厚吾之生也；貧賤憂戚，庸玉女於成也。」孟子說：「天將降大任於是人也，必先苦其心志，勞其筋骨，餓其體膚，空乏其身，行拂亂其所為，所以動心忍性，曾益其所不能。」〔註 34〕人不應在厄運面前低頭，而應當將人生的苦難當成對自己磨煉的機會。張載在《西銘》中，發揮的正

---

〔註 26〕趙岐注：《孟子注疏》（李學勤主編十三經注疏本），第 224 頁。

〔註 27〕杜預注：《春秋左傳注疏》（李學勤主編十三經注疏本），第 56 頁。

〔註 28〕趙岐注：《孟子注疏》（李學勤主編十三經注疏本），第 211 頁。

〔註 29〕鄭玄等：《禮記正義》（李學勤主編十三經注疏本），第 182 頁。

〔註 30〕鄭玄注：《禮記正義》（李學勤主編十三經注疏本），第 1335～1336 頁。

〔註 31〕顏推之：《顏氏家訓》，中華書局，2008 年，第 12 頁。

〔註 32〕黎靖德：《朱子語類》（朱子全書本），第 3320 頁。

〔註 33〕黎靖德：《朱子語類》（朱子全書本），第 3319 頁。

〔註 34〕趙岐注：《孟子注疏》（李學勤主編十三經注疏本），第 346 頁。

是這樣一種思想。「富貴福澤」是老天對我的厚愛，人應當珍惜這種「幸運」，不可辜負了天地的厚愛。「貧賤憂戚」是老天對我的考驗和鍛鍊，人應當在困境中「增益其所不能」。「玉女」出自《詩・大雅・民勞》「王欲玉女」，即「玉汝」；庸，常的意思。貧賤憂戚是「玉汝於成」，即是天保祐你，促使你走向成功。在這樣的心境下，貧賤憂戚成爲走向成功的階梯，從而不再抱怨，而是勇於前行。

「存，吾順事；沒，吾寧也。」《論語》有曰：「死生有命，富貴在天。」〔註35〕《孟子》有「莫非命也，順受其正。」〔註36〕當我們生的時候，哪怕只有一息尚存，就按照「順事」的原則盡自己對宇宙（包括社會）的各種責任和義務。這樣，當生命終結的時候，便按照「沒寧」的原則安然接受，既不畏懼，也不迴避。這樣的過程中，是在完成了自己對家、國、天下義務之後的一種心靈的平靜、安祥和滿足，這已經超越了肉體生命的限制而達到精神的永存。達到了這種境界，人就不需要成佛或者長生，也可以獲得「安身立命」的終極追求。終極問題必然要涉及生死問題。儒家不像佛教那樣在人世之外預設一個理想的彼岸世界，讓人們通過苦行修煉，在來世獲得終極的報償；儒家也不像道教那樣一門心思追求肉體的長生，以無限延長個體的生命，去脫離死亡。儒家的落腳點就在今生今世，張載從儒家的「親親而仁民，仁民而愛物」的思想出發，破除自我與他人、他物的界限，達到人我無間、天人合一的境界。「我」作爲有限的存在，由於融入了生生不息的宇宙之中，並且完成了上天賦予我的使命，這樣，在現實生活中就超越生死苦樂，達到超然的自由境界。在這裏，儒家倫理精神的內涵擴充到一個由己及人、由人及物、浸潤極廣的範圍，立於這種境界上的儒者，由於精神的覺醒，會感受到生命價值獲得了隨遇皆是的實現，人生總有可欣慰的安頓。這樣，儒學建立了不同於佛老而可以與之抗衡的生死觀。以「生順死安」、兩無所憾作爲安身立命之本，解決了人的終極關懷問題。這就是中國士大夫千百年來所追求的「理想」境界。

《西銘》全篇都貫穿著比喻性的思維，可以說《西銘》所包涵的胸襟之廣闊，氣勢之恢宏，境界之崇高，語言之凝練，超過了千古賢哲。張載的《西銘》之所以被後學千古傳頌，就因爲它爲中國士大夫提供了一個理想的精神家園。《西銘》被後世奉爲經典，其魅力還在於有極大的可詮釋空間。

〔註35〕何晏注：《論語注疏》（李學勤主編十三經注疏本），第159頁。
〔註36〕趙岐注：《孟子注疏》（李學勤主編十三經注疏本），第351頁。

## 第二節　二程對《西銘》之表彰與闡發

如果說二程對張載《正蒙》的有些思想不予認同、表示批評，那麼，二程對《西銘》的態度卻是非常認可、極表讚揚。二程不僅十分推崇《西銘》，而且程顥以「仁體」、「仁孝之理」詮釋，程頤則以「理一而分殊」表彰《西銘》，後又以《西銘》與《大學》開示學者。二程對《西銘》的高度評價，也引發其及門弟子對《西銘》大義的討論和闡發。以下我們分別從表彰與闡發兩個層面論述。

### 一、二程對《西銘》之表彰

首先，稱讚《西銘》的文筆與功績。程顥說：「《西銘》某得此意，只是須得他子厚有如此筆力，他人無緣做得。孟子以後，未有人及此。得此文字，省多少言語。」〔註37〕又說：「《訂頑》之言，極純無雜，秦、漢以來學者所未到。」〔註38〕程顥認為，張載筆力雄厚，用毫無夾雜的凝練的語言，闡釋出儒家的核心思想。孟子之後，還沒有人能夠寫出如《西銘》這樣的作品，可見其評價之高。他認為：「孟子而後，卻只有《原道》一篇，其間語固多病，然要之大意儘近理。若《西銘》，則是《原道》之宗祖也。《原道》卻只說到道，元未到得《西銘》意思。據子厚之文，醇然無出此文也，自《孟子》後，蓋未見此書。」〔註39〕在程顥看來，唐代韓愈作《原道》雖早，但沒有表達出張載《西銘》所包涵的意蘊，所以他認為《西銘》是《原道》之宗祖，是張載文章中最精粹的文字。程頤也認為《西銘》是「橫渠文之粹者也。……橫渠道儘高，言儘醇，自孟子後儒者，都無佗見識。」〔註40〕表達了與程顥一樣的意思。前文提到《西銘》原名《訂頑》，是程頤將《訂頑》改為《西銘》，一直沿用至今。

其次，繼張載之後，最早以《西銘》來啟發教育弟子的是二程。《程氏外書》記載：子曰：「游酢得《西銘》誦之，即渙然不逆於心，曰：『此《中庸》之理也，能求於語言之外者也。』」〔註41〕游酢，字定夫，「程門四先生」之

---

〔註37〕程顥、程頤：《二程集》，第 39 頁。
〔註38〕程顥、程頤：《二程集》，第 22 頁。
〔註39〕程顥、程頤：《二程集》，第 37 頁。
〔註40〕程顥、程頤：《二程集》，第 196 頁。《程氏粹言》記載，子曰：《訂頑》言純而意備，仁之體也；充而盡之，聖人之事也。子厚之識，孟子之後，一人而已耳。《程氏粹言》（論書篇）《二程集》第 1203 頁。
〔註41〕《二程集》第 397 頁。關於這則材料，《外書》另一則記載略有不同：「游酢

一，當他得到《西銘》誦讀的時候，即受到啓發，心胸開闊，領悟《西銘》言語之外所蘊含的意思。《外書》又載：李樸（字先之）請教。先生曰：「當養浩然之氣。」又問。曰：「觀張子厚所作《西銘》，能養浩然之氣者也。」〔註42〕這是程門用張載《西銘》啓發學者存養「浩然」道德之氣的一個例子。另外，記載尹焞初師程頤時，程頤以《西銘》教育他的例子。《外書》載：「某才十七八歲，見蘇季明教授。時某亦習舉業，蘇曰：『子修舉業，得狀元及第便是了也』。……日去見蘇，乃指先生見伊川。後半年，方得《大學》、《西銘》看。」〔註43〕對於此事，朱熹在與弟子的討論中有以下評說。問「尹彥明見程子後，半年方得《大學》、《西銘》看，此意如何？」（朱熹）曰：「也是教他自就切己處思量，自看平時個是不是，未欲便把那書與之讀。」曰：「如此，則末後以此二書併授之，還是以尹子已得此意？還是以二書互相發故？」曰：「他好把《西銘》與學者看。他也是要教他知，天地間有個道理恁地開闊。」〔註44〕

## 二、二程對《西銘》之闡發

除了對《西銘》表彰之外，二程更重要的是在推廣《西銘》的過程中，對其中的思想進行了闡釋與發揮。

首先，程顥對《西銘》仁學思想的闡發。程顥闡釋《西銘》，重在凸顯其「仁」，他所提點的「渾然與物同體」之說，爲從「萬物同體」的角度理解《西銘》提供了一種視角。

這裏穿插介紹一下張載對儒學核心範疇——「仁」的建構。張載對「仁」給予極高重視，並將其放在天道背景下進行論證，以太虛作爲仁之原，用仁來界定天，張載將儒家之仁提到本體論的高度進行論證。〔註45〕除了前文涉及過的一些文獻之外，這裏有一句經典的話可作爲進一步論述的材料。張載

---

於《西銘》，讀之已能不逆於心，言語之外，別立得這個義理，便道中庸矣。（《程氏外書》（卷十）《二程集》第 403 頁。《程氏粹言》記載，游酢得《西銘》誦之，則渙然於心，曰：「此《中庸》之理也。」能求於語言之外也。《程氏粹言》（聖賢篇）《二程集》第 1237 頁。

〔註42〕 程顥、程頤：《二程集》，第 411 頁。
〔註43〕 程顥、程頤：《二程集》，第 437 頁。
〔註44〕 黎靖德：《朱子語類》（朱子全書本），第 3229 頁。
〔註45〕 余敦康認爲「這是張載對理學所作出的最大的理論貢獻」。參見《內聖外王的貫通》，第 301 頁。

說：「天體物不遺，猶仁體事無不在也。」〔註46〕其意是說「仁心即天心，
仁德即天道。」〔註47〕對於張載的這句話，朱熹與弟子反覆進行了討論，朱
熹說：「橫渠謂『天體物不遺，猶仁體事無不在也』。此數句，是從赤心片片
說出來，荀、楊豈能到！」〔註48〕弟子趙共父問：「天體物而不遺，猶仁體
事而無不在也」，以見物物各有天理，事事皆有仁？」（朱熹）曰：「然。天
體在物上，仁體在事上，猶言天體於物，仁體於事。本是言物以天爲體，事
以仁爲體。緣須著從上說，故如此下語。」〔註49〕弟子又問「仁體事而無不
在」。（朱熹）曰：「只是未理得『仁』字。若理會得這一字了，則到處都理
會得。今未理會得時，只是於他處上下文有些相貫底，便理會得；到別處上
下文隔遠處，便難理會。今且須記取做個話頭，久後自然曉得。或於事上見
得，或看讀別文義，卻自知得。」（賀孫錄云：千萬記取此是個話頭！）〔註
50〕在朱熹看來，張載的這句話是從赤心片片中自然呈現，荀子、楊雄都說
不出這樣的話頭。理解這句話的關鍵在「仁」字，「仁」字就是個話頭。朱
熹認爲張載拈出「仁」字這個話頭，是儒家思想的精髓，也是參悟的捷徑。
張載在《西銘》中所表達的「民胞物與」情懷是對仁學思想的進一步擴展與
延伸。由於《西銘》恰當地彰顯了孔孟仁學的眞實意蘊，所以，程顥稱讚《西
銘》是「孟子以後，未有人及此」。程顥正是深刻地感悟到張載《西銘》包
涵的仁學意蘊，所以極力稱讚《西銘》。程顥說：「《西銘》……要之仁孝之
理備於此，須臾而不於此，則便不仁不孝也。」〔註51〕又說：「《訂頑》立心，
便達得天德。」〔註52〕認爲《西銘》樹立了宏闊的仁愛之心，以此修養就能
夠實現天德。

　　在張載仁學思想的基礎上，程顥明確將儒家仁學思想提到本體的高度進行
論證。程顥認爲「民胞物與」講得就是「仁之體」，他說：「《訂頑》一篇，意極
完備，乃仁之體也。學者其體此意，令有諸己，其地位已高。到此地位，自別

〔註46〕張載：《張載集》，第13頁。
〔註47〕牟宗三：《心體與性體》（上），第459頁。
〔註48〕黎靖德：《朱子語類》（朱子全書本），第3299頁。
〔註49〕黎靖德：《朱子語類》（朱子全書本），第3300頁。
〔註50〕黎靖德：《朱子語類》（朱子全書本），第3300～3301頁。
〔註51〕程顥、程頤：《二程集》，第39頁。《程氏粹言》記載，子曰：仁孝之理，備
　　　　於《西銘》之言。學者斯須不在，是即與仁孝遠矣。《程氏粹言》（論道篇）《二
　　　　程集》第1179頁。
〔註52〕程顥、程頤：《二程集》，第77頁。

有見處，不可窮高極遠，恐於道無補也。」〔註53〕程顥認爲「民吾同胞，物吾與也」的宇宙關愛就是仁，它並不高遠，就在每個人的心中。在《識仁篇》中程顥提出「仁者渾然與物同體」的說法，並認爲「《訂頑》意思，乃備言此體」。〔註54〕他認爲學者的入手工夫就是「先識仁」。所謂的仁，是渾然與萬物同體的一種狀態，這樣的「仁」是全德，是義、禮、知、信四德之總匯，（並非五德之首，更不是五德之一）。程顥的仁在這裏有本體的地位，所謂的識仁，也就是體認本體。「本體」是絕對的存在，不能以描述性的詞語來界定它。本體賦予人的「本心」是圓滿自足的，人只須返歸自己的本然之性，就實現了天德，也就達到天人合一的境界，能體會到眞正的大樂。但是如果不能體悟本體賦予人的本然之性，就會人物對待，彼此隔膜，體會不到眞正所樂。程顥認爲張載的《訂頑》對此仁體及其實現進行了充分說明。以《訂頑》所指導的方式存養此仁，是最好的方法。〔註55〕這樣，就把「仁」提升到「天地萬物一體爲仁」的本體境界。在《二程遺書》中，還有幾處程顥論證其仁學思想的極好例子：他說：「仁者無對，放之東海而準，放之西海而準，放之南海而準，放之北海而準。」〔註56〕仁是本體，所以「仁者無對」。程顥認爲：人之所以爲人，在於人性體現了天理。從宇宙論說，仁是天道，而天道即是人道，天之仁的實現最終要由人之仁來完成，因爲只有人才能覺悟到「仁」，並推己及人，在實踐中體現天道的使命。程顥又舉了「不仁」的例子說明什麼是「萬物一體」。他說：

> 醫書言手足痿痺爲不仁，此言最善名狀。仁者，以天地萬物爲一體，莫非己也。認得爲己，何所不至？若不有諸己，自不與己相干。如手足不仁，氣已不貫，皆不屬己。故「博施濟衆」，乃聖之功用。仁至難言，故止曰：「己欲立而立人，己欲達而達人，能近取譬，可謂仁之方也已。」欲令如是觀仁，可以得仁之體。〔註57〕

程顥用手足痿痺來比喻不仁的情況是再形象不過了。手足因麻木而不知痛癢，這時手足就沒有知覺了，天地萬物和人的關係，正如手足和身體的關係。

---

〔註53〕程顥、程頤：《二程集》，第 15 頁。
〔註54〕程顥、程頤：《二程集》，第 17 頁。
〔註55〕郭曉東認爲：「明道『仁者渾然與物同體』之說顯然是受到了橫渠的影響。從境界上說，『仁者渾然與物同體』與『民胞物與』可以認爲確實是完全一致的。」見《識仁與定性》第 112 頁。
〔註56〕程顥、程頤：《二程集》，第 120 頁。
〔註57〕程顥、程頤：《二程集》，第 15 頁。

人和萬物都源自天道，人與萬物是同體的，萬物就是自家的手足，所以人對萬物不能無關痛癢，而是要施之於生命的關愛，普遍的關懷。又說：

> 若夫至仁，則天地爲一身，而天地之間，品物萬形爲四肢百體。夫人豈有視四肢百體而不愛者哉？聖人，仁之至也，獨能體是心而已，曷嘗支離多端而求之自外乎？故「能近取譬」者，仲尼所以示子貢以爲仁之方也。醫書有以手足風頑謂之四體不仁，爲其疾痛不以累其心故也。夫手足在我，而疾痛不與知焉，非不仁而何？世之忍心無恩者，其自棄亦若是而已。〔註58〕

仁者以天地萬物爲自己的一身之體，萬物與己息息相關。聖人達到仁的極致，所以能體會到萬物一體的境界。天地之仁，就是吾心之仁。人之仁心即是天地之心。仁心內外貫通，普照萬物。

　　從張載到程顥，對儒家仁學思想的論證，確實做到了「仁之提綱性已十分挺立」。〔註59〕楊國榮先生也認爲：「宋儒這種民胞物與的觀念，……無疑又使儒家的仁道原則獲得更爲寬廣的內涵。仁道原則與博愛觀念的融合，使儒家的人文精神與暴力原則重新脫鈎，並由此取得較爲純化的形態。就這方面而言，宋明儒學的仁道觀念確實顯得更爲醇厚。從民胞物與到萬物一體，理學的價值取向確實獲得了新的內涵。」〔註60〕

　　其次，程頤對《西銘》的維護與發揮。與程顥不同，程頤對《西銘》的闡發是從「理一分殊」的角度出發的。程頤對《西銘》用「理一分殊」進行闡釋，來自於弟子楊時的質疑。朱熹說：「《西銘》本不曾說『理一分殊』，因人疑後，方說此一句。」〔註61〕這裏的「本不曾說」，是指《西銘》並未直接提出「理一分殊」這一命題，是因爲有人質疑，程頤說出此命題。據《伊川年譜》記載，哲宗紹聖三年（1096年），因楊時懷疑《西銘》「言體而不及用」，便寫信向程頤求教，程頤爲消除楊時之疑，而以「理一分殊」闡釋《西銘》，二人對此進行了討論。程頤《答楊時論西銘書》：

> ……橫渠立言，誠有過者，乃在《正蒙》。《西銘》之爲書，推理以存義，擴前聖所未發，與孟子性善養氣之論同功。（二者亦前聖所未

---

〔註58〕程顥、程頤：《二程集》，第74頁。
〔註59〕牟宗三：《心體與性體》（中），第15頁。
〔註60〕楊國榮：《善的歷程》，華東師範大學出版社，2009年，第253～255頁。
〔註61〕黎靖德：《朱子語類》（朱子全書本），第3229頁。

發。）豈墨氏之比哉？《西銘》明理一而分殊，墨氏則二本而無分。
（老幼及人，理一也。愛無差等，本二也。）分殊之蔽，私勝而失
仁；無分之罪，兼愛而無義。分立而推理一，以止私勝之流，仁之
方也。無別而迷兼愛，至於無父之極，義之賊也。子比而同之，過
矣。且謂言體而不及用。彼欲使人推而行之，本爲用也，反謂不及，
不亦異乎？〔註62〕

這段話表明，程頤認爲張載有過處在《正蒙》，《西銘》不但無過，而且發揮
出前聖所沒有發揮的內容，應該與孟子的養氣之論同樣有功。針對楊時的疑
問，程頤認爲《西銘》揭示的是「理一而分殊」的道理，而墨氏是「二本而
無分」。在程頤看來，過分地強調「分殊」就會導致「私勝而傷仁」，過分地
強調「無分」，即「理一」，就會導致「兼愛而無義」。從「分殊」中體「私勝」
之流弊，這是爲仁之方，否則，沒有分別而過分強調「兼愛」，就會導致「無
父」之流弊，就會成爲「義之賊」。張載沒有明確提出「理一分殊」的命題，
但在他的思想中卻處處包涵著這一思想。〔註63〕在《西銘》中，總體上也蘊

---

〔註62〕 程顥、程頤：《二程集》，第609頁。《程氏粹言》記載，子厚爲二銘，以啓學
者，其一曰《訂頑》，《訂頑》曰云云。楊子問：「《西銘》深發聖人之微意，
然言體而不及用，恐其流至于兼愛。後世有聖賢，而推本而論，未免歸過於
橫渠。夫子盍爲一言，推明其用乎？」子曰：「橫渠立言誠有過，乃在《正蒙》，
至若《訂頑》，明理以存義，擴前聖所未發，與孟子性善養氣之論同功，豈墨
氏之比哉？《西銘》理一而分殊，墨氏則愛合而無分。分殊之蔽，私勝而失
仁；無分之罪，兼愛而無義。分立而推理一，以止私勝之流，仁之方也。無
別而迷兼愛，至於無父之極，義斯亡也。子比而同之，過矣。夫彼欲使人推
而行之，本爲用也。反謂不及用，不亦異乎？」楊子曰：「時也昔從明道，即
授以此書，於是始知爲學之大方，固將終身服之，豈敢疑其失於墨氏比也？
然其書，以民爲同胞，鰥寡孤獨爲兄弟，非明者默識，焉知理一無分之殊哉？
故恐其流至于兼愛，非謂其言之發與墨氏同也。夫惟理一而分殊，故聖人稱
物，遠近親疏各當其分，所以施之，其心一焉，所謂平施也。昔意《西銘》
有平施之心，無稱物之義，疑其辭有未達也。今夫子開諭，學者當無惑矣。」
《程氏粹言》（論書篇）《二程集》，第1202〜1203頁。

〔註63〕 就張載本人的思想而言，他曾說「游氣紛擾，合而成質者，生人物之萬殊：
其陰陽兩端循環不已者，立天地之大義。」（《太和篇》）。「陰陽之氣，散則萬
殊，人莫知其一也；合則混然，人不見其殊也。」（《乾稱篇》）。這是論述宇
宙本體的理一分殊。「『禮儀三百，威儀三千』，無一物而非仁也。」（《天道篇》）。
這是論述價值本體的理一分殊。「仁道有本，近譬諸身，推以及人，乃其方也。」
（《至當篇》）。這是論述爲仁之方的理一分殊。見余敦康《內聖外王的貫通》。
第360頁。

含著這一思想。所以程頤用「理一分殊」概括張載《西銘》，與張載思想並不違背。程頤認爲張載的《西銘》不僅很好地說明了「理一」，即「仁體」，而且非但不是「不及用」，而是欲「使人推而行之」，本身就體現了「用」。因此，在程頤看來，《西銘》所揭示的「理一而分殊」本身就是體用兼舉的，楊時將其與墨氏相比，顯然是不合適的。

從程頤的答書中可以看出，楊時的主要疑問在於說張載之《西銘》「言體而不及用」，如此會出現像墨子「兼愛」那樣的流弊。平心而論，楊時的疑問是有來源的，因爲張載並不避諱「兼愛」之說。他說：「性者萬物之一源，非有我之得私也。惟大人爲能盡其道，是故立必俱立，知必周知，愛必兼愛，成不獨成。」〔註64〕那麼，楊時的批評也就不是無的放矢。這裏關鍵是要明確張載的兼愛與墨子的兼愛是否蘊意一致。張載曾明確批評過墨家的思想，他說：「夷子謂『愛無差等』非也；謂『施由親始』，則施愛固由親始矣。孟子之說，闢其無差等也，無差等即夷子之二本也。」〔註65〕這就是說，張載是在萬物同體的意義上說愛必兼愛，並不包含愛無差等的意思。朱熹說：「孟子所謂『親親而仁民，仁民而愛物』，其等差自然如此。」〔註66〕儒家的倫理社會是按照「愛有差等」的原則建立的，是在人各有分的基礎上建立秩序，張載秉承儒家傳統，當然是在強調「人各有分」的基礎上追求兼愛。因此，張載雖然使用墨家兼愛一語，但內涵卻與墨子有根本的區別。

程頤本人也認爲楊墨之流並非完全錯誤，只是走向了極端，無父無君，以至於遭到批評。他說：「楊子爲我亦是義，墨子兼愛則是仁，惟差之毫釐，繆以千里，直至無父無君，如此之甚。」〔註67〕兼愛的實質與弊端是「無分」，即沒有倫理原則，其極端就是無父。程頤用理一分殊的觀點詮釋儒家的仁愛觀念，一方面使「分」的差等原則不至於產生私的弊端，另一方面使「理一」的仁愛原則不至於產生無父無君的流弊。程頤之論表明，兼愛與仁愛的差別不是在於愛之心的公與私、愛之情的廣或狹，而是在其源頭處的性質不同。在程頤看來「民吾同胞，物吾與也」的倫理判斷是建立在「理一」的宇宙本體論基礎之上的，而墨家卻缺少這一哲學基礎。儒家實際上是不贊同抽象的

---

〔註64〕張載：《張載集》，第21頁。
〔註65〕張載：《張載集》，第311頁。
〔註66〕黎靖德：《朱子語類》（朱子全書本），第3312～3313頁。
〔註67〕程顥、程頤：《二程集》，第171頁。

平等，他們是站在差異立場上追求和諧、共存，這也是禮的根本精神。

「理一分殊」是程頤對《西銘》意蘊的一種再發掘。其由最初對《西銘》的闡釋進而演變成一個重要論題，成爲程頤解說倫理原則的一個重要方法。此後，朱熹詮釋《西銘》，繼承了程頤「理一分殊」的方法；更爲重要的是，經過朱熹的努力，「理一分殊」不僅成了重要的哲學命題，而且也成爲理學家構建哲學體系的方法論。

總而言之，千百年來，中國的學者們之所以對張載《西銘》讚不絕口，就在於他對傳統儒學思想進行了最經典、最通俗的概括。而二程對《西銘》的表彰與闡發對其傳播與發展起了很重要的作用。

# 第九章　張載、二程對佛教之批評及其「聖賢氣象」

## 第一節　張、程對佛教之批評

### 一、張載對佛教之批判

　　張、程道學思想體系的建構與批判佛教是同步進行的，批判佛教與建構思想體系是他們共同的使命。張、程思想（尤其是張載的思想）對治佛教的色彩很強烈，前邊已有所涉及，在此專章論述。

　　在三教融合的背景下，如果說，就一些概念、範疇、命題的使用方面，很難對三教做出區別的話，那麼，就三教的精神方向與基本立場而言，則是區分它們的最顯著的標誌。到了宋代，雖然以禪宗為代表的佛教表現出很明顯的入世傾向，但就精神方向而言，卻仍然不離傳統佛教的捨離此岸世界，進入彼岸世界的終極目的。而儒家的精神方向全在於肯定此岸世界，在儒家看來，天地人所構成的宇宙是最完美的實體，今生今世價值的實現才是最終的、最完美的追求。這正是佛教與儒家的本質區別。所以不管他們的概念使用有多麼相同，工夫有多麼相似，鑒別他們是儒是佛的關鍵就看他們的精神方向。張載、二程都認為：佛教與儒學在終極追求上是對立的。張載說：「道一而已，此是則彼非，此非則彼是，固不當同日而語。」〔註1〕相對於前輩儒

---

〔註 1〕張載：《張載集》，第 64 頁。

者對佛教的批判，張、程批佛的特色是在形而上的層面進行的。這種批判更爲深入，也更中要害。以下從宇宙論、生死觀、體用觀、價值觀等方面，簡要概述張載對佛教的批判。

首先，對佛教宇宙論的批判。佛教世界觀的理論基礎是「緣起性空」說，所謂緣起是指天地萬物是「因緣和合」的結果，世界的存在只是現象上的存在，如果因緣變化，事物就會隨之發生轉變，因此，世界萬物都因條件的變化而變化，所以都沒有自性，是謂「性空」，也即是「假有」。佛教認爲現實世界是虛幻的存在，從而否定客觀世界的眞實存在。如《金剛經》云：「凡所有相，皆是虛妄」，認爲現實世界的一切現象都是虛妄。宗密在《華嚴原人論・直顯眞源第三》云：「心體既顯，自覺一切皆是虛妄，本來空寂。」當修煉達到本心呈現的時候，就會看到世間的存在都是虛妄，那麼，唯一的眞實只有法性。佛教視人生爲苦海，想要擺脫苦海，就必須通過修行，捨離此岸世界，進入涅槃，這也就是佛教否定現實世界的理論根源。在張載看來，佛教這種「以心法起滅天地」〔註2〕的做法本身是不正確的。

張載用「虛無即氣」這一命題批判佛教的宇宙觀。「虛空即氣則無無」是對佛教「世界幻妄」批評的有力論證。張載反覆說：「太虛不能無氣，氣不能不聚而爲萬物，萬物不能不散而爲太虛。循是出入，是皆不得已而然也。然則聖人盡道其間，兼體而不累者，存神其至矣。彼語寂滅者往而不反，徇生執有者物而不化，二者雖有間矣，以言乎失道則均焉。」〔註3〕「知虛空即氣，則有無、隱顯、神化、性命通一無二，顧聚散、出入、形不形，能推本所從來，則深於易者也。……若謂萬象爲太虛中所見之物，則物與虛不相資，……陷於浮屠以山河大地爲見病之說。」〔註4〕「氣之聚散於太虛，猶冰凝釋於水，知太虛即氣，則無無。」〔註5〕這些都是說即便是虛空、太空也充滿著氣，「空」（佛教所謂的「虛幻」）也是氣存在的一種形式而已，宇宙間無所謂絕對的「空」。聖人生活在大宇宙中，盡心完成自己應盡的使命，這才是應有的人生態度。通過這樣的論證，張載肯定宇宙萬物的眞實存在，認爲天道是宇宙間一切存在的最後根據，從而批評佛老之「道」的不正確。

---

〔註 2〕 張載：《張載集》，第 26 頁。
〔註 3〕 張載：《張載集》，第 7 頁。
〔註 4〕 張載：《張載集》，第 8 頁。
〔註 5〕 張載：《張載集》，第 8 頁。

　　張載從幽明、造化等方面也對佛教的宇宙論予以批判。張載說：「盈天地之間者，法象而已；文理之察，非離不相覩也。方其形也，有以知幽之因；方其不形也，有以知明之故。」〔註6〕「氣聚則離明得施而有形，氣不聚則離明不得施而無形。方其聚也，安得不謂之客？方其散也，安得遽謂之無？故聖人仰觀俯察，但云『知幽明之故』，不云『知有無之故』。」〔註7〕以天地見幽明變化，否定佛老的「虛玄」宇宙觀。張載又說：「聖人之意莫先乎要識造化，既識造化，然後其理可窮。彼惟不識造化，以爲幻妄也。」〔註8〕通過先識造化以至於窮理，肯定現實世界的眞實性。

　　其次，張載用鬼神的說明批評佛老的生死觀。他說：「浮屠明鬼，謂有識之死受生循環，遂厭苦求免，可謂知鬼乎？以人生爲妄見，可謂知人乎？天人一物，輒生取捨，可謂知天乎？孔孟所謂天，彼所謂道。惑者指游魂爲變爲輪迴，未之思也。大學當先知天德，知天德則知聖人，知鬼神。今浮屠極論要歸，必謂死生轉流，非得道不免，謂之悟道可乎？悟則有義有命，均死生，一天人，惟知晝夜，通陰陽，體之不二。」〔註9〕在張載看來，如果眞正體悟了「道」，就會明白死生、天人、晝夜、陰陽統統都是道的表現；如果眞正體悟了「道」，就不會爲自己的生死流轉而經營得道，而是要主動承擔其「道」（天）所賦予人的使命，在今生今世好好盡職盡責。

　　再次，張載對佛教的體用觀、價值觀的批評。〔註10〕張載說：「釋氏語實際，乃知道者所謂誠也，天德也。其語到實際，則以人生爲幻妄，以有爲爲

---

〔註 6〕　張載：《張載集》，第 182 頁。

〔註 7〕　張載：《張載集》，第 182 頁。

〔註 8〕　張載：《張載集》，第 206 頁。

〔註 9〕　張載：《張載集》，第 64 頁。

〔註10〕　張載對佛教的批判不止於這些，他還對佛教的以下方面進行批判：1、工夫方面的批評：「學者有息時，一如木偶人，擡搐則動，舍之則息，一日而萬生萬死。學者有息時，亦與死無異，是心死也，身雖生，身亦物也。天下之物多矣，學者本以道爲生，道息則死也，終是偏物，當以木偶人爲譬以自戒。知息爲大不善，因設惡譬如此，只欲不息」《張載集》，267～268 頁。2、生死成壞方面的批評：「萬物生死成壞，均爲有知。」《張載集》，320 頁。3、對佛教致人於小人的批評：「釋氏錙銖天地，可謂至大；然不嘗爲大，則爲事不得，若畀之一錢則必亂矣。至如言四句偈等，其先必曰人所恐懼，不可思議，及在後則亦是小人所共知者事。今所謂死，雖奴隸竈間豈不知皆是空！彼實是小人所爲，後有文士學之，增飾其間，或引入《易》中之意，或更引他書文之，故其書亦有文者，實無所依取。」《張載集》，248～249 頁。

疣贅，以世界爲陰濁，遂厭而不有，遺而弗存。就使得之，乃誠而惡明者也。儒者則因明致誠，因誠致明，故天人合一」〔註 11〕就本體及其超越性這一層面上，張載對佛教是有所肯定的；但涉及到功用即價值層面時，儒與佛又成爲「二本殊歸」的關係了。儒家是誠明一致，所以堅持天人合一；佛教則是「誠而惡明」，因而也就成爲體用兩截了。這又說明，張載不僅準確地把握了佛教的本體論視角及其立場，而且對其本體的內涵以及儒與佛在價值觀上的分歧也有著準確的認識。因此，他不僅可以根據天道本體與其發用流行的關係闡明儒家誠明一致、天人合一的道理，而且還根據這一原則批評佛教。

## 二、二程對佛教之進一步批評

與張載相比，二程對佛教的批判範圍更廣，程度更深。首先，繼張載之後，二程對佛家的宇宙論作了進一步批判。程顥說：「禪學者總是強生事，至如山河大地之說，是他山河大地，又干你何事？至如孔子，道如日星之明，猶患門人未能盡曉，故曰『予欲無言』。如顏子，則便默識，其他未免疑問，故曰『小子何述』，又曰：『天何言哉？四時行焉，百物生焉。』可謂明白矣。」〔註 12〕程顥這段話，明確表明了他以自然界爲人和萬物根源的思想。自然界發育流行，創生萬物，這一過程是「既無始亦無終」的。而佛學以自然界爲幻象是「強生事」，山河大地恒存，不因你而有，也不因你而無，所以程顥反對禪學的「山河大地皆幻」之說。《遺書》記載程頤：或問：「《維摩詰》云：『火中生蓮花』，是可謂希有。在欲而行禪，希有亦如是，此豈非儒者事？」子曰：「此所以與儒者異也。人倫者，天理也。彼將其妻子當作何等物看，望望然以爲累者，文王不如是也。有生者，必有死；有始者，必有終；此所以爲常也。爲釋氏者，以成壞爲無常，是獨不知無常乃所以爲常也。今夫人生百年者常也，一有百年而不死者，非所謂常也。釋氏推其私智所及而言之，至以天地爲妄，何其陋也！張子厚尤所切齒者此耳。」〔註 13〕此段除了涉及對佛教絕棄人倫、以親親爲累、佛教生死觀的批判；主要是對佛教「以天地爲幻妄」的宇宙觀的批判。在這一方面，程頤極其認可張載對佛教的批評。二程認爲，佛教之所以將自然萬物視爲幻妄，就在於不理解成壞、生死乃是

〔註11〕張載：《張載集》，第 65 頁。
〔註12〕程顥、程頤：《二程集》，第 1 頁。
〔註13〕程顥、程頤：《二程集》，第 394 頁。

自然萬物本有之相。所謂「彼其言成住壞空，曰成壞則可，住與空則非也。如小兒既生，亦曰日長行，元不曾住，是它本理只是一個消長盈虛耳，更沒別事」。〔註14〕在佛教的語境中，「住」即靜止、凝住，「空」即無實。二程認為成壞、盛衰是事相本有之理，但「住」、「空」不是事相本有之理。因為，萬物一直歷經著消長盈虛，哪有什麼「住」？萬物時刻在變化，「成壞」亦是實際存在之相，因此也不能說是「空」。那麼，佛教為何以事相為「住」為「空」呢？二程說：「釋氏言成住壞空，便是不知道，只有成壞，無住空。且如草木初生既成，生盡便枯壞也。他以謂如木之生，生長既足卻自住，然後卻漸漸毀壞。天下之物，無有住者。嬰兒一生，長一日便是減一日，何嘗得住？然而氣體日漸長大，長的自長，減的自減，自不相干也。」〔註15〕在二程看來，自然界萬事萬物猶如時刻在生長的嬰兒，消長盈虛是一個自然狀態。佛教將世間萬物斷定為「幻妄」，在於不懂得「成」、「壞」是世間萬物的「常」，而不是「無常」，從而執著於事物「成壞」的偶然性，認定「成」、「壞」難以把握、不可捉摸，並由此進一步斷定自然萬物為「幻妄」。

其次，對佛教人性論的批評。《遺書》載「伯淳先生常語韓持國曰：『如說妄說幻，為不好底性，則請別尋一個好底性來，換了此不好底性著。道即性也。若道外尋性，性外尋道，便不是。聖賢論天德，蓋謂自家元是天然完全自足之物，若無所污壞，即當直而行之；若小有污壞，即敬以治之，使復如舊。所以能使復如舊者，蓋為自家本質元是完足之物。』」〔註16〕韓持國與程顥是好友，他學禪三十年，而程顥卻不信禪。程顥對韓持國說的這番話是以儒家觀點對人性的來源給予說明。人性來源於天道，本身就是完滿自足的，如從道外求性，便是錯誤。程顥依據《中庸》，「天命之謂性，率性之謂道，修道之謂教」的思想進行了發揮，從而批判佛家以萬象皆空否認人性之真實，以人性為妄的說法。

再次，二程對佛教的生死觀也進行了批判。程顥把儒家與佛家對待生死的觀點進行了比較，從而指出：「佛學只是以生死恐動人。可怪二千年來，無一人覺此，是被他恐動也。聖賢以生死為本分事，無可懼，故不論死生。佛之學為怕死生，故只管說不休。下俗之人固多懼，易以利動。至如禪學者，

<hr>

〔註14〕程顥、程頤：《二程集》，第 35 頁。
〔註15〕程顥、程頤：《二程集》，第 195～196 頁。
〔註16〕程顥、程頤：《二程集》，第 1 頁。

雖自日異此,然要之只是此個意見,皆利心也。」〔註17〕這是說,佛家以生死的理論打動人,而儒家把生死看作生命分內的事,並不懼怕,所以不特別討論生死的問題。佛教把生死看得很重要,所以不斷地在發揮。一般學佛的人對死表現出懼怕,出於私己之心去學佛。總之,都是出於私利之心。程頤在批判佛教生死觀時,也有同樣言論,他說:「釋氏之學,又不可道他不知,亦盡極乎高深,然要之卒歸乎自私自利之規模。何以言之?天地之間,有生便有死,有樂便有哀。釋氏所在便須覓一個纖奸打訛處,言免死生,齊煩惱,卒歸乎自私。」〔註18〕程頤認爲佛教也有極高深的方面,只是爲求自身得道拋棄社會責任的做法,最終是自私自利的緣故。佛教把人的生老病死看成是痛苦的事,爲了斷絕生死煩惱,脫離苦難,達到涅槃境界,需要拋家捨業,入廟修持,這從本質上說都是自私自利的表現。對於儒者而言,不討論生死,絕不是不注重人在俗世人生中的意義,恰恰相反,儒家注重以彰顯俗世人生之價值以處理死的問題。換言之,儒家不屑談論的是生命之死的狀態,其對生命的現實過程則特別關注。佛家則是執著於生命結束之相,並由這種執著轉變爲對生的價值的否定。

第四,對佛教有體無用的批評。程顥說:「釋氏說道,譬之以管窺天,只務直上去,惟見一偏,不見四旁,故皆不能處事。聖人之道,則如在平野之中,四方莫不見。」〔註19〕儒家有「敬以直內」和「義以方外」之說,要求修之於心,形諸於外,即以修身爲本,而至齊家治國平天下。而佛學則不然,只有「敬以直內」,沒有「義以方外」。「彼釋氏之學,於『敬以直內』則有之矣,『義以方外』則未之有也,故滯固者入於枯槁,疏通者歸於肆恣,此佛之教所以爲隘也。」〔註20〕這都表現出佛教的局限性。程頤說:「《中庸》之說,其本至於『無聲無臭』,其用至於『禮儀三百,威儀三千』。自『禮儀三百,威儀三千』,復歸於『無聲無臭』,此言聖人心要處。與佛家之言相反,儘教說無形跡,無色,其實不過無聲無臭,必竟有甚見處?大抵語論間不難見。如人論黃金曰黃色,此人必是不識金。若是識金者,更不言,設或言時,別自有道理。張子厚嘗謂佛如大富貧子。橫渠論此一事甚當。」〔註21〕此段涉及的是對佛教有體無用思想

---

〔註17〕程顥、程頤:《二程集》,第 3 頁。
〔註18〕程顥、程頤:《二程集》,第 152 頁。
〔註19〕程顥、程頤:《二程集》,第 138 頁。
〔註20〕程顥、程頤:《二程集》,第 74 頁。
〔註21〕程顥、程頤:《二程集》,第 307 頁。

的批判。此句中「張子厚嘗謂佛如大富貧子」之語可能來源於「今聞說到中道，無去處，不守定，又上面更求，則過中也，過則猶不及也。不以學為行，室則有奧而不居，反之他而求位，猶此也。是處不守定，則終復狂亂。」〔註22〕就是說佛教，只注重向上面一截用功，而忽視人倫日用中的切實工夫，這種「重體不重用」的做法最終也還是找不著依託的。

最後，二程對佛教違背倫常的批判。程顥說：「其術大概是絕倫類，世上不容有此理。又其言待要出世，出那裏去？又其跡須要出家，然則家者，不過君臣、父子、夫婦、兄弟，處此等事，皆以為寄寓，故其為忠孝仁義者，皆以為不得已耳。……彼言世綱者，只為些秉彝又殄滅不得。故當忠孝仁義之際，皆處於不得已，直欲和這些秉彝都消殺得盡，然後為至道也。然而畢竟消殺不得。如人之有耳目口鼻，既有此氣，則須有此識。所見者色，所聞者聲，所食者味，人之有喜怒哀樂者，亦其性之自然。今強曰：必盡絕為得天真，是所謂喪天真也。」〔註23〕程頤說：「釋氏之學，更不消對聖人之學比較，要之必不同，便可置之。今窮其說，未必能窮得他，比至窮得，自家已化而為釋氏矣。今且以跡上觀之。佛逃父出家，便絕人倫，只為自家獨處於山林，人鄉裏豈容有此物？大率以所賤所輕施於人，此不惟非聖人之心，亦不可為君子之心。釋氏自己不為君臣父子夫婦之道，而謂他人不能如是，容人為之而己不為，別做一等人，若以此率人，是絕類也。至如言理性，亦只是為死生，其情本怖死愛生，是利也。」〔註24〕又說：「釋氏有出家出世之說。家本不可出，卻為他不父其父，不母其母，自逃去，固可也。至於世，則怎生出得？既道出世，除是不載皇天不履后土始得，然又卻渴飲而饑食，載天而履地。」〔註25〕二程在高度肯定儒家倫理綱常的前提下，對佛教違背人倫，放棄社會責任與義務的做法給予強烈批判。當然，二程對佛教的批判也不止於此：另外還有在對待「聞見」的態度、「屏事不問」、「率人為賤」等方面也作了批評，此不贅述。

總之，張載與二程對佛教存在的消極因素從形而上的高度進行了批評，雖然批評的未必完全得當，但卻對儒學的復興及其與佛老的抗衡都起到積極的作用。

---

〔註22〕張載：《張載集》，第 266～267 頁。
〔註23〕程顥、程頤：《二程集》，第 24 頁。
〔註24〕程顥、程頤：《二程集》，第 149 頁。
〔註25〕程顥、程頤：《二程集》，第 195 頁。

## 第二節　張、程之「聖賢氣象」

### 一、學以成聖的共同目標

「致學而可以成聖」是張載、二程共同致力的修爲目標。他們一方面從理論上對這一目標進行論證，提出了聖賢之論與修養工夫；另一方面又通過自身的道德實踐在體證聖賢這一目標。

張載把道德修養工夫的實踐過程分爲三個階段，即學者階段、大人階段、聖人階段。他說：「由學者至顏子一節，由顏子至仲尼一節，是至難進也。二節猶二關。」〔註26〕這裏的顏子是大人的代表，而仲尼是聖人的代表，達到大人的境界與達到聖人的境界都是很不容易的事情，故謂之「至難進」，而大人、聖人二節也謂之「二關」。大人階段可用「精義入神」描述，聖人階段可用「窮神知化」概括。程顥雖然不強調修爲的階段性，但並不代表他不重視工夫。〔註27〕他將爲學的表現分爲聖人之學與賢人之學，他說：「《易》之《乾》卦言聖人之學，《坤》卦言賢人之學」。〔註28〕張、程對聖賢差別與聖賢氣象有精到的評說。例如，張載說：「大與聖難於分別，大以上之事，……然其心與眞仲尼須自覺有殊。」〔註29〕程頤說：「孔、孟之分，只是要別個聖人賢人。如孟子若爲孔子事業，則儘做得。只是難似聖人。譬如剪綵以爲花，花則無不似處，只是無他造化功。」〔註30〕這是說，賢人與聖人所作之事相同，但「心」達到的程度卻存在差別。程顥也有一段話描述聖賢氣象之不同，他說：

---

〔註26〕張載：《張載集》，第 278 頁。

〔註27〕以往對程顥工夫論存在誤區，以爲「不須致纖毫之力」就可以成爲聖賢，這是對程顥工夫論的誤讀。《遺書》載：「持國嘗論克己復禮，以謂克卻不是道。伯淳言：『克便是克之道。』持國又言：『道則不須克。』伯淳言：『道則不消克，卻不是持國事。在聖人，則無事可克；今日持國，須克得己便然後復禮。」《二程集》，第 28 頁。這裏說得很明白，「無事可克」是聖人的事情，韓持國還沒有達到這個程度，所以還須作克己的工夫。顧涇陽先生認爲：學者極喜舉程子「識仁」，但昔人是全提，後人是半提。「仁者，渾然與物同體。義、禮、知、信皆仁也」，此全提也；後人只說得「渾然與物同體」，而遺卻下句，此半提也。「識得此理，以誠敬存之而已，不須防檢，不須窮索」，此全提也；後人只說得不須兩句，而遺卻上句，此半提也。《宋元學案》，第 658 頁。也就是說學者誤讀程顥是因爲「半提」的緣故。溫偉耀也強調：悟可以是「頓悟」，修一定是漸修。《成聖之道》，第 51 頁。這些都說明程顥絕對是重視工夫的。

〔註28〕程顥、程頤：《二程集》，第 20 頁。

〔註29〕張載：《張載集》，第 77 頁。

〔註30〕程顥、程頤：《二程集》，第 44 頁。

「仲尼，元氣也；顏子，春生也；孟子，並秋殺盡見。……仲尼，天地也；顏子，和風慶雲也；孟子，泰山岩岩之氣象也。……仲尼無迹，顏子微有迹，孟子其迹著。」〔註31〕以孔子、顏子、孟子三位聖賢為代表，呈現三種不同境界與氣象。聖人的典範是孔子，賢人的典範是顏子，次於顏子的則是孟子。張、程對聖賢的品評為學者提供目標與典範。

張、程之間的相互品評說明聖賢目標不但是他們對自身的要求，也是其評價他人的標準和依據。〔註32〕首先以二程對張載的評價看。第一，張載有「知人」之才。知人是一件很難的事情，二程曾說：「人不易知」，張載也認為：「人誠知之為艱」。〔註33〕但即便如此，張載通過觀察人的說話言語便可以判斷人。程頤說「昔橫渠嘗以此觀人，未嘗不中，……後來其弟戩亦學他如此，觀人皆不中，此安可學。」〔註34〕並認為「藻鑒人物，自是人才有通悟處，學不得也。張子厚善鑒裁。」〔註35〕這是說張載具備「通悟」潛質，善於鑒裁人物。第二，張載才學過人，能夠獨立開創自己的理論體系。程顥說：「子厚則高才」，〔註36〕又說：「張子厚、邵堯夫，善自開大者也。」〔註37〕程頤說：「橫渠道盡高，言盡醇，自孟子後儒者，都無佗見識。」〔註38〕第三，二程對張載絲毫不惑於異端表示欽佩。程顥說：「某接人多矣，不雜者三人：張子厚、邵堯夫、司馬君實。」〔註39〕程頤也說：「世之信道篤而不惑異端者，洛之堯夫、秦之子厚而已。」〔註40〕神宗問明道以張載、邢恕之學，奏云：「張載臣所畏，邢恕從臣遊。」〔註41〕通過二程對張載的評價我們可以

---

〔註31〕程顥、程頤：《二程集》，第 76 頁。
〔註32〕呂思勉說：宋儒好以聖賢氣象論人。見《理學綱要》第 66 頁。
〔註33〕程顥、程頤：《二程集》，第 116 頁。
〔註34〕程顥、程頤：《二程集》，第 263 頁。
〔註35〕程顥、程頤：《二程集》，第 186 頁
〔註36〕程顥、程頤：《二程集》，第 38 頁。
〔註37〕程顥、程頤：《二程集》，第 60 頁。子曰：子厚、堯夫之學，善自開大者也。堯夫細行或不謹，而其卷舒運用亦熟矣。《程氏粹言》（聖賢篇）《二程集》第 1233 頁。
〔註38〕程顥、程頤：《二程集》，第 196 頁。
〔註39〕程顥、程頤：《二程集》，第 21 頁。
〔註40〕程顥、程頤：《二程集》，第 70 頁。子曰：世之博聞強識者眾矣，其終未有不入於禪學者。特立不惑，子厚、堯夫而已，然其說之流，亦未免於有弊也。《程氏粹言》（聖賢篇）《二程集》，第 1241 頁。
〔註41〕程顥、程頤：《二程集》，第 443 頁。

看到張載具備很高的道德素養。另外，在二程看來，如果以聖人標準對照，張載沒有達到「熟」的程度。《程氏外書》記載：張橫渠著《正蒙》時，處處置筆硯，得意即書。伯淳云：「子厚卻如此不熟。」〔註42〕又載，「橫渠嘗言：『吾十五年學個恭而安不成。』明道曰：『可知是學不成，有多少病在。』」〔註43〕這說明二程以聖人爲標準來評價張載認爲他未達到「熟」（聖）的程度。其次，以張載對二程的評價看。張載說：「學者不可謂少年，自緩便是四十五十。二程從十四歲時便銳然欲學聖人，今盡及四十未能及顏閔之徒。小程可如顏子，然恐未如顏子之無我。」〔註44〕這是說程頤可以與顏子相比，但還沒有做到顏子的「無我」。《遺書》又載：子厚謂：「昔嘗謂伯淳優於正叔，今見之果然；其救世之志甚誠切，亦於今日天下之事盡記得熟。」〔註45〕這些說明張載也是以聖人標準評判二程的。從這些評判中，我們可以看出張、程都達到了大賢的境界。

## 二、張載、二程之氣象

張載在范仲淹的引導下，尋找名教之樂；二程在周敦頤的教導下，「尋孔顏樂處」，經過多年的不斷探索與修煉，他們確實找到了儒家所謂的樂處，實現了自己追求的目標。張載曾說：「學至於樂則自不已，故進也。」〔註46〕程顥有詩云：「雲淡風輕近午天，望花隨柳過前川。旁人不識予心樂，將謂偷閑學少年。」〔註47〕「閑來無事不從容，睡覺東窗日已紅。萬物靜觀皆自得，四時佳興與人同。道通天地有形外，思入風雲變態中。富貴不淫貧賤樂，男兒到此是豪雄。」〔註48〕《遺書》記載程頤語，「某自十七八讀《論語》，當時已曉文義，讀之愈久，但覺意味深長。《論語》，有讀了後全無事者，有讀了後其中得一兩句喜者，有讀了後知好之者，有讀了後不知手之舞之足之蹈之者。」〔註49〕這些都表現出張載、二程真正找到了名教之樂、孔顏之樂。

〔註42〕程顥、程頤：《二程集》，第 427 頁。
〔註43〕程顥、程頤：《二程集》，第 424 頁。
〔註44〕張載：《張載集》，第 280 頁。
〔註45〕程顥、程頤：《二程集》，第 115 頁。
〔註46〕張載：《張載集》，第 282 頁。
〔註47〕程顥、程頤：《二程集》，第 476 頁。
〔註48〕程顥、程頤：《二程集》，第 482 頁。
〔註49〕程顥、程頤：《二程集》，第 261 頁。

　　與名教之樂相對應，張、程都達到了大賢氣象。《遺書》記載，「周茂叔窗前草不除去，問之，云：『與自家意思一般』。」（子厚觀驢鳴，亦謂如此。）〔註50〕又載「張子厚聞生皇子，喜甚；見餓莩者，食便不美。」〔註51〕由此可見，張載有著博大的淑世情懷，確實能夠以萬物為一體。呂思勉說：「理學家中，規模闊大，制行堅卓，實無如張子者。張子之學，合天地萬物為一體，而歸結於仁。……是真能以民胞物與為懷者。〔註52〕」游酢說：「張子厚學成德尊，識者謂與孟子為比。」〔註53〕

　　張九成曾言「明道書窗前有茂草覆砌，或勸之芟，曰『不可。欲常見造物生意。』又置盆池，畜小魚數尾，時時觀之，或問其故，曰：『欲觀萬物自得意。』草之與魚，人所共見，唯明道見草則知生意，見魚則知自得意，此豈流俗之見可同日而語！」〔註54〕程顥書窗前臺階上的小草，因生命力旺盛而生長格外茂密，以致將臺階覆蓋得嚴嚴實實。人勸程顥除掉這些草，程顥不同意，說是為了經常觀照、體認到造物的盎然生機。後來，又在院子裏建造了一個盆子一般大小的水池，在其中蓄養了幾尾小魚，不時來此駐足，觀賞、體認魚兒怡然自適的勃然生意。在程顥的情懷中，能真切地感受到人與物的休戚相關，彼此感通。《外書》載：「朱公掞見明道於汝州，歸謂人曰『光庭在春風中坐了一個月』。」〔註55〕以程顥的學問、人品、人格境界，學者遂斷定程顥近乎顏子。程頤編管涪州時身處患難貧賤之中，《外書》載：「伊川歸自涪州，氣貌容色髭髮皆勝平昔。門人問何以得此？先生曰：『學之力也。』」〔註56〕此皆達到賢者氣象者。陳亮說：「世以孟子比橫渠，而謂二程為顏子。〔註57〕姑且不論這一比喻是否恰當，由此我們可知張、程所達到的大賢境界是世人所公認的。

　　在儒學復興並與佛道抗衡的過程中，儒家學者中是否能夠呈現通過自身理論修煉而成的大德大賢，至關重要，這直接影響理學思想在現實生活中的效力以及影響。張載與二程不但在理論方面而且在實踐中，為儒家「學以成

〔註50〕程顥、程頤：《二程集》，第 60 頁。
〔註51〕程顥、程頤：《二程集》，第 60 頁。
〔註52〕呂思勉：《理學綱要》，第 65 頁。
〔註53〕程顥、程頤：《二程集》，第 334 頁。
〔註54〕黃宗羲、全祖望：《宋元學案》（黃宗羲全集本），第 699 頁。
〔註55〕程顥、程頤：《二程集》，第 429 頁。
〔註56〕程顥、程頤：《二程集》，第 430 頁。
〔註57〕《陳亮集》《伊洛正源》序，中華書局，1987 年，第 252 頁。

聖」的目標做出了最好的詮釋。〔註58〕由於自身修養的高度，他們得到世人敬仰，從學弟子眾多，形成兩大學派，在學術領域產生重大影響，這爲以後理學取得正統地位奠定了深厚的基礎。

---

〔註58〕周敦頤已是從工夫體驗到本體的人物。雖然受佛道影響，但已有氣象。「百物先天地，無形本寂寥，能爲萬物主，不逐四時凋」《宋元學案・濂溪學案》第638頁。邵雍亦曾言「學不至於樂，不可謂之學。」《觀物外篇下》。

# 結　語

　　關洛學派關係的研究，如果就宏觀而言，應該包括兩個方面，一是歷史的考察，主要包括兩學派人物之間的生平交往、學術交流、思想傳播等；二是邏輯的考察，重在對學派思想本身及其關係的分析與梳理，主要包括哲學家思想互動、學說的特點、學說內在的繼承與發展、各自完成的道學任務等。如果以這樣的模式全面鋪開，則涉及的內容太多、範圍太大，不是一篇論文所能夠完成的任務。所以，本文只選擇了其中最重要的一部分，以時間為主線將關洛關係分為兩個階段，即張載身前與身後；將兩階段中，張載、二程的思想交點連接起來，就成為本文論述的主要內容。這樣的揀擇主要是為了使得文章的論域更為集中。

　　毫無疑問，關洛學派思想關係的核心內容是張載與二程的思想關係。在學派關係發展的兩個階段中，第一階段，張載與二程既有學術交往也有思想互動。「京師論易」是他們共致道學的開始，這次論學中所隱含的三個問題，預示著他們的學術走向。張載與程顥對定性問題的討論顯示他們在修為工夫方面所遇到的棘手問題，對此的探索不但有助於他們克服工夫論方面的難題，而且有助於他們工夫理論的形成。張載與程頤對「虛無即氣」的討論則顯示出張載本體論思想大約在熙寧三年（1070 年）初就已經形成，而對於「勿忘勿助」的討論則推進他們在工夫論方面的繼續探索。對「窮理盡性以至於命」的討論則再次顯示出張、程工夫論的差異與特點。這些內容說明：就工夫論而言，張、程對工夫的反覆討論，不但反映他們是從探索工夫著手，建構理學體系；而且顯示他們創立了兩種風格各異的工夫路徑。就本體論而言，則表明張載本體論思想的成熟比二程要早一步。另外，張載與二程涉及對「政

術」的論述，說明他們是關心政治，「道學」兼「政術」，懷抱社會民生的大儒，而非一般的俗儒。第二階段，張載去世，關洛關係則轉變爲單向的二程對張載思想的總結批評、借鑒吸收。這一階段，二程對張載思想的核心內容進行批評與繼承，不斷推進理學體系走向完善與深化。本文對以往研究中涉及的主要問題給予重新梳理與論述。首先，對二程如何從批評張載的太虛本體思想發展出「天理」本體思想作了深入細緻地分析，既肯定了張載在理學本體論建構中所做出的貢獻，又展現了二程在理學本體論任務中所作出的完成性貢獻。其次，在心性論方面，既闡釋了程顥、程頤心性思想不同於張載之處，又重點分析了程頤對張載心性思想傳承的一面。再次，張載《西銘》受到二程極力地表彰與發揮，他們不但以此闡發自己的思想，而且以此來教育弟子。在二程的大力宣揚與推動下，《西銘》成爲後世能與「六經」並駕齊驅的經典文獻，成爲理學家共同的精神家園。概括而言，張載與二程思想關係的特點在於「會而不同，異而相通」。這正反映出他們作爲理學奠基者的特色與風格。

　　如果將張載與二程的思想放在理學建構的整體過程中來觀察，那麼，張載、程顥、程頤的思想有一種層層遞進的關係。正如唐君毅所說：張載的終點正是二程的起點。〔註1〕在第一階段的論學中，張載的探索積極主動，每一次關鍵的論題都是張載先提出，之後徵求二程的意見，二程以作答的形式表現自己的觀點。從文獻看來，張載的觀點與思想比較明確系統，二程的思想則比較零散。第二階段，在洛學創立初期，程顥承擔著主要的學派創立任務，而程頤只起輔助作用。在此期間，二程做出的最大理論貢獻就是在張載「太虛」本體論的基礎上，建立了絕對抽象純粹的「天理」本體思想，理學本體論的建構基本成熟。程顥去世後，程頤承擔起繼續發展道學的任務。在本體論方面，程頤繼續闡釋「天理」觀，並發展出「理一分殊」與「體用一源，顯微無間」的理論作爲處理本體與現象之間的主要原則，從而使得本體論思想變得更爲周密細緻。在工夫論方面，程頤從對「勿忘勿助」的探討發展出「主敬」之說；從「窮理盡性」發展出「格物致知」；最後概括形成他的「涵養須用敬，進學則在致知」的工夫論。在心性論方面，他繼承了張載關於二

---

〔註 1〕 唐君毅先生說：「程子之學無論其自覺不自覺，吾人皆可說之乃以橫渠之學之所終，爲其學之所始」。見著《中國哲學原論‧原教篇》中國社會科學出版社，2005 年，第 82 頁。

重人性結構的劃分與「聞見之知與德性之知」的理論，並作了進一步發展。在這一過程中，程頤的思想顯示出與程顥諸多的不同之處。其異於其兄的地方，與其說是差異，毋寧說是對張載與程顥思想的進一步發展。

　　張載思想體系，規模宏闊，不僅創立了一系列新的理學範疇，如虛氣關係，天地之性與氣質之性，見聞之知與德性所知，民胞物與等，而且對儒家核心內容，如仁、禮、天人合一等思想進行了新的詮釋，提高到了本體的高度。張載對《正蒙》曾經有這樣的評價：「吾之作是書也，譬之枯株，根本枝葉，莫不悉備，充榮之者，其在人功而已。又如晬盤示兒，百物具在，顧取者如何爾。」〔註 2〕這就是說張載對於自己在理論方面的建構有著清醒地認識，如果將理學體系比成一棵繁茂的大樹，那麼張載認爲他已經將樹的枝幹構築起來，也就是說已經將理學的框架建立起來，其餘的則是如何讓它的枝葉更豐茂。二程不管是批評抑或讚揚張載，在很大程度上，二程的思想都是接著張載的思想繼續發展，二程不如張載那樣重視宇宙論問題，但是二程對人生論哲學的探索與挖掘卻比張載更深入細密。從張載到二程，理學建構的主要問題，不管是從廣度，還是從深度上都一一展現出來，欠缺的只是精緻化。由於這樣的鋪墊，到了南宋，朱熹最終將北宋四子——周敦頤、張載、程顥、程頤的思想進行了匯總，從而形成了成熟完備的理學體系。朱熹對張載、二程思想的繼承與發展是多方面的，而且已是水乳交融，難以細分。就大體而言，主要集中在以下三方面：首先，宇宙論哲學方面，朱熹在消化吸收二程「天理」觀、周敦頤「太極」觀、張載「氣化」思想的基礎上，用「理氣關係」的命題清晰地解決了宇宙本體論與宇宙生成論之關係問題。其次，心性論方面，朱熹繼承了張載、程頤的二重人性論思想，並以程頤的「性即理」與張載的「心統性情」闡釋其心性理論，從而完成了心性思想的統合任務。再次，工夫論方面，朱熹的「主敬以立其本，窮理以進其知」大體繼承程頤的「涵養須用敬，進學則在致知」而來，這與張載以「變化氣質」與「虛心相表裏」爲主的修養工夫有很大不同。但在一些具體的修爲方法上，例如，承認見聞之知在認知方面的作用，對讀書、窮理的重視等方面仍有相近之處。朱熹與張載、程頤思想都表現出「合內外」的特點，即從內、外兩方面做工夫，這就既給聞見之知以適當的地位，又爲德性之知的高揚提供了依據。另

---

〔註 2〕張載：《張載集》，第 3 頁。

外，朱熹對佛教進行了批判，而且繼二程之後極力維護與推崇《西銘》。這樣，關洛思想在朱熹的詮釋下，又彙入博大精深的閩學體系。

最後需要強調的是，由於筆者視閾不夠開闊，理論功底不夠深厚，所以對哲學問題的解析不夠透徹；加之，宏觀駕馭問題的能力與微觀處理問題的能力都顯得不足，導致對問題本身的解決不夠周密。這些問題，希望在以後的學習與研究中，能夠不斷改進。

# 參考文獻

## 一、古籍類

### 基礎古籍

1. 〔宋〕張載，張載集〔M〕，北京：中華書局，1978 年。
2. 〔宋〕程顥、程頤二程集〔M〕，北京：中華書局，2004 年。
3. 〔宋〕朱熹，伊洛淵源錄（朱子全書本）〔M〕，上海：上海古籍出版社，2002 年。
4. 〔清〕黃宗羲著，全祖望補修，宋元學案（黃宗羲全集本）〔M〕，杭州：浙江古籍出版社，2006 年。
5. 〔清〕王梓材、馮雲濠，宋元學案補遺〔M〕，北京：北京圖書館出版社，2002 年。

### 相關古籍

1. 〔魏〕王弼等，周易正義（李學勤主編十三經注疏本）〔M〕，北京：北京大學出版社，1999 年。
2. 〔魏〕何晏等，論語注疏（李學勤主編十三經注疏本）〔M〕，北京：北京大學出版社，1999 年。
3. 〔漢〕趙岐等，孟子注疏（李學勤主編十三經注疏本）〔M〕，北京：北京大學出版社，1999 年。
4. 〔漢〕鄭玄等，禮記正義（李學勤主編十三經注疏本）〔M〕，北京：北京大學出版社，1999 年。
5. 〔南北朝〕顏推之，顏氏家訓〔M〕，北京：中華書局，2008 年。
6. 〔宋〕周敦頤，周子全書〔M〕，上海：上海古籍出版社，2000 年。
7. 〔宋〕朱熹、呂祖謙，近思錄（朱子全書本）〔M〕，上海：上海古籍出版社，2002 年。

8. 〔宋〕朱熹，四書章句集注（朱子全書本）〔M〕，上海：上海古籍出版社，2002 年。

9. 〔宋〕黎靖德編，朱子語類（朱子全書本）〔M〕，上海：上海古籍出版社，2002 年。

10. 〔宋〕陳亮，陳亮集〔M〕，北京：中華書局，1987 年。

11. 〔宋〕陳淳，北溪字義〔M〕，北京：中華書局，1983 年。

12. 〔元〕脫脫，宋史〔M〕，北京：中華書局，1997 年。

13. 〔明〕馮從吾撰，關學編（附續編）〔M〕，北京：中華書局，1987 年。

14. 〔清〕王夫之，張子正蒙注〔M〕，北京：中華書局，1975 年。

15. 〔清〕王植，正蒙初義（文淵閣四庫全書本）〔M〕，臺北：臺灣商務印書館，1983 年。

16. 〔清〕皮錫瑞著，周予同注釋，經學歷史〔M〕，北京：中華書局，2008 年。

## 二、著作類

### 專著類

1. 張岱年，張載——十一世紀中國唯物主義哲學家（張岱年全集·第三卷）〔M〕，石家莊：河北人民出版社，1996 年。

2. 姜國柱，張載的哲學思想〔M〕，瀋陽：遼寧人民出版社，1982 年。

3. 陳俊民，張載哲學思想及關學學派〔M〕，北京：人民出版社，1986 年。

4. 程宜山，張載哲學的系統分析〔M〕，上海：學林出版社，1989 年。

5. 朱建明，張載思想研究〔M〕，臺北：文津出版社，1990 年。

6. 龔傑，張載評傳〔M〕，南京：南京大學出版社，1996 年。

7. 丁爲祥，虛氣相即——張載哲學體系及其定位〔M〕，北京：人民出版社，2000 年。

8. 楊立華，氣本與神化〔M〕，北京：北京大學出版社，2008 年。

9. 陝西省哲學學會編，氣化之道——張載哲學新論〔M〕，西安：陝西人民教育出版社，1991 年。

10. 葛榮晉等，張載關學與實學〔M〕，西安：西安地圖出版社，2000 年。

11. 趙吉惠、劉學智，張載關學與南冥學研究〔M〕，北京：社會科學文獻出版社，2004 年。

12. 葛艾儒著，羅立剛譯，張載的思想（1020～1077）〔M〕，上海：上海古籍出版社，2010 年。

13. 徐遠和，洛學源流〔M〕，濟南：齊魯書社，1987 年。

14. 潘富恩、徐餘慶，程顥程頤理學思想研究〔M〕，上海：復旦大學出版社，1987 年。

15. 盧連章，二程學譜〔M〕，鄭州：中州古籍出版社，1988 年。

16. 龐萬里，二程哲學體系〔M〕，北京：北京航空航天大學出版社，1992 年。

17. 程鷹，伊洛學派及其教育思想〔M〕，北京：教育科學出版社，1993 年。

18. 蔡方鹿，程顥程頤與中國文化〔M〕，貴陽：貴州人民出版社，1996 年。

19. 徐洪興，曠世大儒——二程〔M〕，石家莊：河北人民出版社，2000 年。

20. 盧連章，程顥程頤評傳〔M〕，南京：南京大學出版社，2001 年。

21. 溫偉耀，成聖之道——北宋二程修養功夫論研究〔M〕，開封：河南大學出版社，2004 年。

22. 郭曉東，識仁與定性〔M〕，上海：復旦大學出版社，2006 年。

23. 河南社科院哲學所主編，二程思想研究文集〔M〕，鄭州：河南人民出版社，1986 年。

24. 河南哲學學會編，洛學與傳統文化〔M〕，北京：求實出版社，1989 年。

25. 趙金昭主編，二程洛學與實學研究〔M〕，北京：學苑出版社，2005 年。

26. （英）葛瑞漢著，程德祥譯，中國的兩位思想家：二程兄弟的新儒學〔M〕，鄭州：大象出版社，2000 年。

## 哲學史類

1. 謝无量，中國哲學史〔M〕，臺北：臺灣中華書局，1977 年。

2. 胡適，中國哲學史〔M〕，北京：東方出版社，2003 年。

3. 馮友蘭，中國哲學史（二卷本）〔M〕，北京：人民出版社，1989 年。

4. 侯外盧主編，中國思想通史〔M〕，北京：人民出版社，1959 年。

5. 張岱年，中國哲學大綱〔M〕，北京：中國社會科學出版社，1982 年。

6. 朱伯崑，易學哲學史〔M〕，北京：北京大學出版社，1986 年。

7. 馮友蘭，中國哲學史新編〔M〕，北京：人民出版社，1988 年。

8. 張岱年，中國古代哲學範疇要論〔M〕，北京：中國社會科學出版社，1989 年。

9. 葛榮晉，中國哲學範疇通論〔M〕，北京：首都師範大學出版社，2001 年。

10. 任繼愈，中國哲學通史〔M〕，北京：人民出版社，2003 年。

11. 牟宗三，中國哲學十九講〔M〕，上海：上海古籍出版社，1997 年。

12. 韋政通，中國思想史〔M〕，上海：上海書店出版社，2003 年。

13. 勞思光，新編中國哲學史〔M〕，桂林：廣西師範大學出版社，2005 年。

14. 唐君毅，中國哲學原論·原教篇〔M〕，北京：中國社會科學出版社，2006 年。

15. （日）渡邊秀方著，劉侃元譯，中國哲學史概論〔M〕，臺北：臺灣商務印書館，1977 年。

16. 呂思勉，理學綱要〔M〕，北京：東方出版社，1996 年。

17. 陳鍾凡，兩宋思想述評〔M〕，北京：東方出版社，1996 年。

18. 錢穆，宋明理學概述〔M〕，臺北：臺北學生書局，1977 年。

19. 侯外廬、邱漢生、張豈之主編，宋明理學史〔M〕，北京：人民出版社，1984 年。

20. 蒙培元，理學範疇系統〔M〕，北京：人民出版社，1989 年。

21. 陳植鍔，北宋文化史述論〔M〕，北京：中國社會科學出版社，1992 年。

22. 牟宗三，心體與性體〔M〕，上海：上海古籍出版社，1996 年。

23. 徐洪興，思想的轉型——理學發生過程研究〔M〕，上海：上海人民出版社，1996 年。

24. 余敦康，內聖外王的貫通——北宋易學的現代闡釋〔M〕，上海：學林出版社，1997 年。

25. 崔大華，儒學引論〔M〕，北京：人民出版社，2001 年。

26. 張立文，宋明理學研究〔M〕，北京：人民出版社，2002 年。

27. 錢穆，中國學術思想史論叢（五）〔M〕，合肥：安徽教育出版社，2004 年。

28. 陳來，宋明理學〔M〕，上海：華東師範大學出版社，2004 年。

29. 于浩編，宋明理學家年譜〔M〕，北京：北京圖書館出版社，2005 年。

30. 向世陵，理氣性心之間——宋明理學的分系與四系〔M〕，北京：人民出版社，2008 年。

## 相關著作

1. 錢穆，朱子新學案〔M〕，成都：巴蜀出版社，1986 年。

2. 王立文等編，中國古代易學叢書〔M〕，北京：中國書店出版社，1992 年。

3. 湯用彤，湯用彤全集（卷二）〔M〕，河北人民出版社，2000 年。

4. 陳來，朱子哲學研究〔M〕，上海：華東師範大學出版社，2000 年。

5. 梁紹輝，周敦頤評傳〔M〕，南京：南京大學出版社，2000 年。

6. 劉學智，儒道哲學闡釋〔M〕，北京：中華書局，2002 年。

7. 田浩，朱熹的思維世界〔M〕，西安：陝西師範大學出版社，2002 年。

8. 漆俠，宋學的發展和演變〔M〕，石家莊：河北人民出版社，2002 年。

9. 陳俊民，三教融合與中西會通〔M〕，西安：陝西師範大學，2002 年。

10. 束景南，朱子大傳〔M〕，上海：華東師範大學出版社，2003 年。

11. 牟宗三，宋明理學的問題與發展〔M〕，上海：華東師範大學出版社，2004 年。

12. 徐復觀，中國思想史論集〔M〕，上海：上海書店出版社，2004 年。

13. 徐復觀，中國學術精神〔M〕，上海：華東師範大學出版社，2004 年。

14. 余英時，朱熹的歷史世界——宋代士大夫政治文化研究〔M〕，北京：三聯書店，2004 年。

15. 湯用彤，魏晉玄學論稿〔M〕，上海：上海古籍出版社，2001 年。

16. 陳鼓應，周易今注今譯〔M〕，商務印書館，2005 年。

17. 梁紹輝，濂溪學研究〔M〕，長沙：湖南大學出版社，2005 年。

18. 張豈之、劉學智主編，中國學術思想編年（宋元卷）〔M〕，西安：陝西師範大學出版社，2006 年。

19. 金景芳、呂紹鋼，周易全解〔M〕，上海：上海古籍出版社，2006 年。

20. 余敦康，漢宋易學解讀〔M〕，北京：華夏出版社，2006 年。

21. 陳鼓應，易傳與道家思想〔M〕，北京：商務印書館，2007 年。

22. 陳鼓應，莊子今注今譯〔M〕，北京：中華書局，2007 年。

23. 陳榮捷，近思錄詳注集評〔M〕，上海：華東師範大學出版社，2007 年。

24. 陳榮捷，朱學論集〔M〕，上海：華東師範大學出版社，2007 年。

25. 余英時，士與中國文化〔M〕，上海：上海人民出版社，2009 年。

26. 楊國榮，善的歷程〔M〕，上海：華東師範大學出版社，2009 年。

## 三、論文類

1. 姜國柱，「關學」與「洛學」〔J〕，哲學研究，1982 年（9）。

2. 姜國柱，洛學的產生及其思想淵源〔J〕，中州學刊，1984 年（2）。

3. 陳俊民，張載正蒙邏輯範疇結構論〔J〕，陝西師範大學學報，1984 年（3）。

4. 程宜山，關於張載的「德性所知」與「誠明所知」〔J〕，哲學研究，1985 年（4）。

5. 李錦全，從洛學與關學的比較看二程思想的地位〔J〕，哲學研究，1988 年（2）。

6. 邵顯俠，論張載的「知禮成性」說〔J〕，哲學研究，1989（4）年。

7. 李存山,「先識造化」與「先識仁」——從關學與洛學的異同看中國傳統哲學的特質及其轉型〔J〕,人文雜誌,1989（5）年。

8. 李景林,二程心性論之異同與儒學精神〔J〕,中州學刊,1991年（3）。

9. 劉學智,關於張載哲學研究的幾點思考〔J〕,哲學研究,1991年（12）。

10. 康中乾,論張載「氣」範疇的邏輯矛盾——兼論關學衰落的理論根源〔J〕,人文雜誌,1992年（2）。

11. 余敦康,張載哲學探索的主題及其出入佛老的原因〔J〕,中國哲學史,1996年（1）。

12. 常裕、孫堯奎,張載心性理論對張伯端內丹學說的影響〔J〕,山西大學學報（哲學社會科學版）,1999年（3）。

13. 屠承先,張載的本體功夫思想及其影響〔J〕,浙江大學學報,1999年（5）。

14. 湯勤福,太虛非氣：張載「太虛」與「氣」之關係新說〔J〕,南開學報（哲學社會科學版）,2000年（3）。

15. 林樂昌,張載對儒家人性論的重構〔J〕,哲學研究,2000年（5）。

16. 屠承先,程顥、程頤本體功夫思想之比較〔J〕,浙江大學學報（人文社會科學版）,2000年（5）。

17. 丁為祥,張載虛氣觀解讀〔J〕,中國哲學史,2001年（2）。

18. 林樂昌,張載答范育書三通與關學學風之特質〔J〕,中國哲學史,2002年（1）。

19. 丁為祥,張載太虛三解〔J〕,孔子研究,2002年（6）。

20. 成中英、楊柱才,二程本體哲學的根源與架構〔J〕,南昌大學學報2003年（1）。

21. 盧連章,論程頤理學思想的傳承〔J〕,洛陽大學學報,2003年（1）。

22. 李承貴,認知與誤讀——宋代儒士佛教思想論略〔J〕,現代哲學,2003年（3）。

23. 林樂昌,張載佚書孟子說輯考〔J〕,中國哲學史,2003年（4）。

24. 林樂昌,張載「心統性情」說的基本意涵和歷史定位〔J〕,哲學研究,2003年（12）。

25. 林樂昌,20世紀張載哲學研究的主要趨向反思〔J〕,哲學研究,2004年（12）。

26. 林樂昌,張載成性論及其哲理基礎研究〔J〕,中國哲學史,2005年（1）。

27. 楊立華,張載哲學中的感與性〔J〕,中國哲學史,2005年（2）。

28. 向世陵,張載「合兩」成性義釋〔J〕,哲學研究,2005年（2）。

29. 湯一介,論「天人合一」〔J〕,中國哲學史,2005年（2）。

30. 徐洪興，「太虛無形，氣之本體」——略論張載的宇宙本體論及其成因和意義〔J〕，復旦學報，2005 年（3）。

31. 林樂昌，張載理觀探微〔J〕，中國哲學史，2005 年（8）。

32. 李祥俊，仁學本體論的建構——北宋諸儒仁論特質闡釋〔J〕，中國哲學史，2006 年（3）。

33. 金春峰，中國哲學之與「兩個世界」〔J〕，湖南大學學報（哲學社會科學版），2006 年（3）。

34. 葉文英，張載「性」論四題〔J〕，江西社會科學，2006 年（3）。

35. 徐洪興，論二程思想之異同〔J〕，復旦學報（社會科學版）2006 年（5）。

36. 王新春，仁與天理通而爲一視域的程顥易學〔J〕，周易研究，2006 年（6）。

37. 姜錫東，北宋五子的理學體系問題〔J〕，文史哲，2007 年（5）。

38. 林樂昌，張載禮學論綱〔J〕，哲學研究，2007 年（12）。

39. 林樂昌，張載兩層結構的宇宙論哲學探微〔J〕，中國哲學史，2008 年（4）。

40. 金春峰，宋明理學若干特性的再認識〔J〕，陝西師範大學學報（哲學社會科學版），2008 年（4）。

41. 李景林，孟子的「闢楊墨」與儒家仁愛觀念的理論内涵〔J〕，哲學研究，2009 年（2）。

42. 謝寒楓，程顥哲學研究〔D〕，北京：中國社會科學院研究生院，2002 年。

43. 胡元玲，張載易學與道學研究〔D〕，北京：北京大學，2004 年。

44. 李任群，兩宋理學與道家思想〔D〕，上海：復旦大學，2005 年。

45. 陳瑞波，天理與仁的貫通〔D〕，濟南：山東大學，2006 年。

46. 王帆，張載哲學體系〔D〕，濟南：山東大學，2007 年。

47. 蕭發榮，論朱熹對張載思想的繼承與發展〔D〕，西安：陝西師範大學，2007 年。

# 致　謝

　　時光荏苒，好像是在轉眼間，三年的博士生活已接近尾聲。此時此刻的我，心中有諸多的情愫交織在一起，一時，竟不知該如何表達。……總之，三年的學習生活，雖然辛苦，但卻很充實；雖然清貧，但卻有意義。

　　回顧這幾年的經歷，有太多的情誼需要銘記，有太多的人需要感謝，是他們，或是指導、幫助，或是鼓勵、支持，才成就了我今天的學業。如果說，我的才疏學淺也成就了一點點學問的話，那麼，這其中的功勞應該屬於每一位伴我同行的人。

　　首先，感謝我的導師林樂昌先生與師母孫康寧老師。林老師的氣質儒雅和藹；但在學業上對我們的要求卻非常嚴格。跟隨林老師學習六年來，他的教導時時縈繞在我耳邊。他引導我們確立認真細緻的爲學態度，他說：「哲學雖然不是科學，但做學問一定要有科學精神，馬虎不得」。他培養我們正確運用文獻的習慣，他說：「有一份材料說一分話」。哲學史不以文獻爲基礎很容易導入空論而失去研究的價值，在他的訓練下，我打下了較爲深厚的文獻功底。他還教導我們爲學需下苦功夫，他說：「最聰明的人也得下最笨的工夫」。爲此，我們不以聰明爲上，而以勤奮爲佳。他還讓我們端正爲學的心態，他說：「爲學要勤勉，心態要放緩」。每當我心有懈怠、徘徊不前的時候，我就用前半句督促自己；每當我急於求成、欲速不達的時候，我就用後半句提醒自己。在林老師的引導下，我從一個資質愚鈍、「無從下手」的初學者，逐漸成長爲一個有問題意識、有評判能力的博士生，走上真正的「爲學之路」。我磨礪的過程中凝聚了導師多少辛苦，只有我心裏清楚。六年中，點點滴滴彙聚起來的師生情誼，怎是一個「謝」字了得？……師母的幫助與鼓勵更多地

是在生活中。她的熱情周到、善解人意，在我們同學之間是眾所周知的。每次見到她，都能感受到關懷；生活中每有不如意，總想與她說說，也總能得到恰當的建議。導師與師母對我的幫助與關懷，我將銘記終生。

其次，感謝哲學系的各位老師。他們各有所長，共同構築了我們的知識結構。陳俊民先生雖然給我們帶課不多，但他「爲學問而學問」的精神，卻成爲我們學習的榜樣。劉學智先生在宗教學方面開啓了我對佛教的興趣，他的三教關係專題講座也強化了我的問題意識。丁爲祥老師豪爽而富有情趣，他從生命體驗的角度啓發我們對中國哲學的研究。康中乾老師對中國古代「形而上」問題的研究，將中國哲學提升到「純化」的程度，爲我們提供新的研究思路。金延老師則培養了我對西方哲學的興趣。正是老師們多方面的啓發與引導，爲我們的研究提供了豐富的知識，廣闊的視閾。

再次，感謝我的師兄弟姐妹們。郭勝、劉晨、王振華，楊承嗣、魏濤、魏冬、陳衛斌，韓豔秋、陳張林、張波、邸利平、孫秀偉、潘曉玲。我們在學習中相互辯論、相互啓發、相互鼓勵；在生活中互相幫助、互相依靠、互相關照；偶爾偷閒會在一起運動、娛樂、甚至開懷大笑；這些都爲我的學習生活增添了繽紛的色彩。

最後，感謝我的親人們。他們默默的支持與無私的奉獻，爲我分擔了本是我該盡的責任與義務，使我能夠以最輕的壓力從事並完成學業。

另外，感謝內蒙古集寧師院的于傑勇校長與政史系的喬志忠老師，內蒙古師範大學的竇伯菊老師與曹永年老師，中國社科院的張志強老師與周勤勤老師。在我求學的道路上，他們曾給予過我無私的幫助，讓我有勇氣克服困難，自信地前進。

求學路上，坎坎坷坷。正是因爲有這麼多值得我感恩的人，才讓我的學業生活變得如此美好，令我永生難忘！